E. F. Engelhardt

Coole Projekte mit Raspberry Pi

E. F. Engelhardt

Coole Projekte mit
Raspberry Pi

- Praxis, Wissen, fertig los ...
- Raspberry-Pi-Projekte und Lösungen
- Raspberry als Smart-TV, AirPrint-Server und im Heimnetzwerk
- Schritt für Schritt zum perfekten System

Bibliografische Information der Deutschen Bibliothek

Die Deutsche Bibliothek verzeichnet diese Publikation in der Deutschen Nationalbibliografie;
detaillierte Daten sind im Internet über http://dnb.ddb.de abrufbar.

Lektorat: Ulrich Dorn
Satz: DTP-Satz A. Kugge, München
art & design: www.ideehoch2.de
Druck: C.H. Beck, Nördlingen
Printed in Germany

ISBN 978-3-645-60244-0

Vorwort

Nicht einmal 34 Euro kostet ein Raspberry Pi – mit etwas Glück bekommen Sie auf dem Flohmarkt dafür ein über zehn Jahres altes Gebrauchtgerät, das noch allerhand Zusatzinvestitionen erfordert, damit es seinen vorgesehenen Zweck erfüllt. Deutlich besser ist das Geld in einen Raspberry Pi angelegt, mit dem Sie beispielsweise nach der Ersteinrichtung und Konfiguration sämtliche Mediendateien zu Hause zusammenführen und ihn anschließend als HD-Mediaplayer im Wohnzimmer nutzen können. Insbesondere extern angeschlossene Festplatten und Netzteile beeinflussen die Lärmentwicklung im Wohnzimmer entscheidend. Wer nicht davon gestört werden möchte, greift auf Netzwerkfreigaben zurück und verfrachtet die Festplatten, NAS-Server etc. in Räumlichkeiten wie Keller, Dachboden oder das Arbeitszimmer. Oder Sie nutzen den scheckkartengroßen Computer als Steuerzentrale für sämtliche Netzwerkdienste – angefangen vom Datei- und Druckerzugriff bis hin zum drahtlosen AirPrint-Drucken lässt sich so ziemlich alles mit dem Raspberry Pi anstellen.

Die Installation und Konfiguration des Raspberry Pi ist kein Hexenwerk, erfordert aber etwas Zeit und Geduld sowie den Willen, auftretende Probleme selbst zu lösen. Denn ein gut konfigurierter Raspberry Pi zeichnet sich dadurch aus, dass Sie aus den Arbeitsspeichermodulen die maximale Leistung herauskitzeln oder einfach nur nicht benötigte Programme und Dienste abschalten, um Ressourcen für das Betriebssystem freizugeben. Änderungen im grundlegenden Setup des Raspberry Pi sollten Sie grundsätzlich nur ausführen, wenn Sie in Sachen Linux und Shell-Umgang wirklich fit sind – und das sind Sie, wenn Sie dieses Buch nutzen. Doch wenn eine Änderung nicht den gewünschten Effekt bringt oder ein Fehler die Konfiguration gründlich verdorben hat, bietet es sich an, die vorgenommenen Änderungen rückgängig zu machen und den Ursprungszustand wiederherzustellen. Mit diesem Buch werden Sie zum Raspberry-Pi-Experten – dann bringt kein unzulässiger Eintrag ein in der Konfiguration passendes Betriebssystem zum Stillstand.

Passend bedeutet hier: Der Raspberry Pi nutzt einen ressourcenschonenden ARM-Prozessor, der auch in NAS-Systemen, Routern, Smartphones, Tablets und dergleichen zum Einsatz kommt und vor allem den Vorteil hat, wenig Strom zu verbrauchen. Gerade deshalb ist der Raspberry Pi auch für den Dauerbetrieb nahezu perfekt. Für diesen besonderen Prozessortyp sind ebenfalls besondere Betriebssysteme notwendig, hier stehen angepasste Versionen von Arch Linux, Fedora oder Debian mit allerhand Erweiterungen zur Verfügung. Am häufigsten wird Debian eingesetzt, der Wechsel von Release 6 Squeeze zu Version 7 mit Raspbian Wheezy ist in der stetig wachsenden Community hier auch schon vollzogen. Debian Wheezy gilt derzeit als das angesagte Betriebssystem für den Raspberry Pi – wer es bereits auch ohne Raspberry Pi testen möchte, greift zum kostenlosen Raspberry Pi-Image, das Sie in einer virtuellen Maschine auf Ihrem Computer betreiben können.

Inhaltsverzeichnis

1 Raspberry Pi als virtuelle Maschine testen

Wer mit dem Kauf eines Raspberry Pi noch warten will oder aufgrund der großen Nachfrage und der damit verbundenen langen Lieferzeiten noch warten muss, aber bereits vorher einen Blick auf die Möglichkeiten des Raspberry Pi werfen möchte, nutzt einfach eine dazu passende Emulation auf dem Computer – konkret eine virtuelle Maschine, auf der das Betriebssystem des Raspberry Pi läuft. Hierfür benötigen Sie auf dem Computer lediglich das entsprechende Betriebssystem-Image des Raspberry Pi sowie eine Virtualisierungssoftware, die das Betriebssystem auf dem Computer als virtuelle Maschine zur Verfügung stellt. Dafür stehen für die gängigsten PC-Betriebssysteme wie Windows, Mac OS und Linux verschiedene Lösungen zur Verfügung – die wichtigsten sind:

Oracle Virtualbox (*http://www.virtualbox.org/wiki/Downloads*) sowie VMware (*www.vmware.com/go/get-player-de*), die beliebig skalierbar sind. Egal welche von beiden Sie nutzen – auch unabhängig davon, ob Sie die Vollversion oder die kostenlose Abspiel-(Player-)Version im Einsatz haben –, für das Starten und Betreiben der Raspberry Pi-Maschine sollten Sie 512 MByte Arbeitsspeicher sowie 2 GByte an benötigter Festplattenkapazität auf dem Computer reservieren. Damit sind Sie auf der sicheren Seite, wenn Sie möchten, dass Ihre Raspberry Pi-Emulation einigermaßen flott läuft und es zu keinen unnötigen Wartezeiten kommt.

1.1 Raspberry in VMware oder Virtualbox

Die erste Anlaufstelle für den Bezug des passenden Image ist natürlich die Webseite des Raspberry Pi-Projekts (*www.raspberrypi.org*) im Forum unter der Adresse *www.raspberrypi.org/forum/general-discussion/official-image-packaged-for-vmware-and-virtualbox-emulation*. Hier ist die Wahrscheinlichkeit am größten, dass Sie eine möglichst aktuelle und funktionierende Version erhalten.

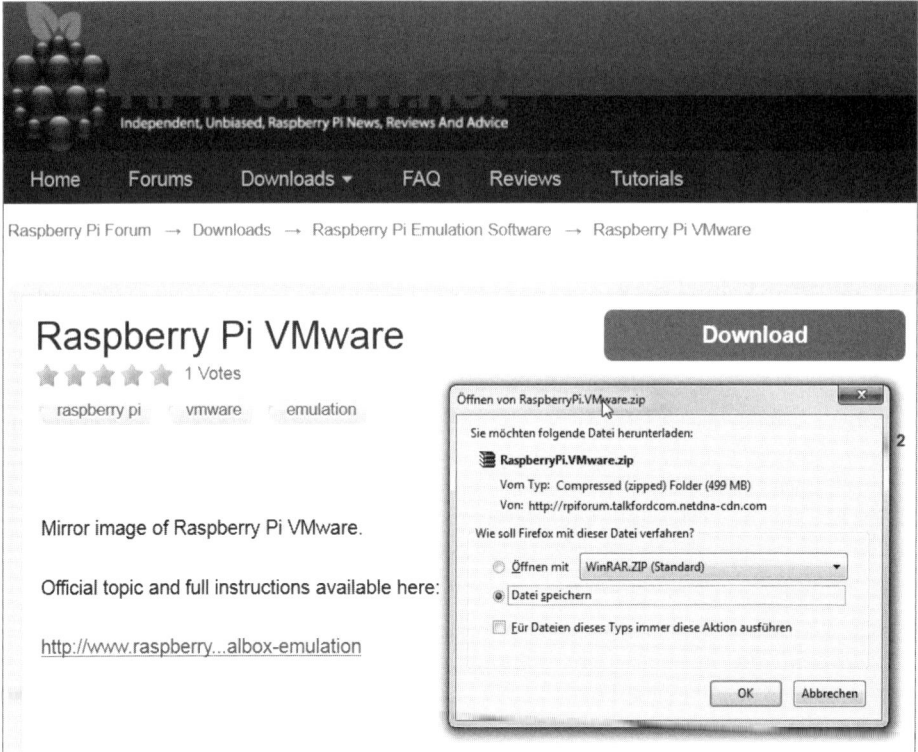

Bild 1.1: Erst nach der Anmeldung und Vorstellung im Begrüßungs-Thread ist der Download-Link für die virtuellen Maschinen (VMware und Oracle Virtualbox) für den Benutzer im *RPIForum.net* verfügbar.

Nach dem Download entpacken Sie die Datei in einem eigenen Verzeichnis und starten entweder die entsprechende `RaspberryPi.vmx`-Datei (VMware) oder die `RaspberryPi.ova`-Datei (Oracle Virtualbox). In diesem Fall wird die Virtualisierungssoftware automatisch gestartet, die das gewählte Image in Betrieb nimmt.

Hier hat der virtuelle Raspberry natürlich keine »echte«, sondern eine »virtuelle« Festplatte – auf dem Computer nichts anderes als eine Containerdatei, die von Virtualbox oder VMware eingerichtet wird, um dann als »Festplatte« für die virtuelle Maschine, in diesem Fall Raspberry, zu dienen.

Nach dem Start der Virtualisierungsumgebung loggen Sie sich nun erstmalig auf dem virtuellen Raspberry Pi ein. In der Regel lautet der entsprechende Benutzername `pi` – das dazugehörige Standardpasswort ist `raspberry` (alles kleingeschrieben).

Das Ausschalten des Raspberry Pi über die Konsole erfolgt einfach über den Befehl `sudo init 0` oder über die grafische Benutzeroberfläche. In diesem Buch wird nun, falls nicht explizit darauf hingewiesen, für die Realisierung des Raspberry Pi in der virtuellen Maschine das VMware-Image verwendet.

1.1.1 Aktuell bleiben: Raspberry per Update frisch halten

Grundsätzlich wäre es ja egal, welche Version das Betriebssystem des Raspberry Pi im genutzten Image hat. Denn, einen schnellen Breitbandinternetanschluss vorausgesetzt, ist das Betriebssystem in wenigen Minuten per Kommandozeile auf den aktuellen Stand gebracht. Hierfür geben Sie nach der Anmeldung auf dem Raspberry Pi folgende Befehle ein (das zweite Kommando holt zu den aktuell installierten Paketen die neuesten Informationen):

```
sudo apt-get install
```

```
sudo apt-get update
```

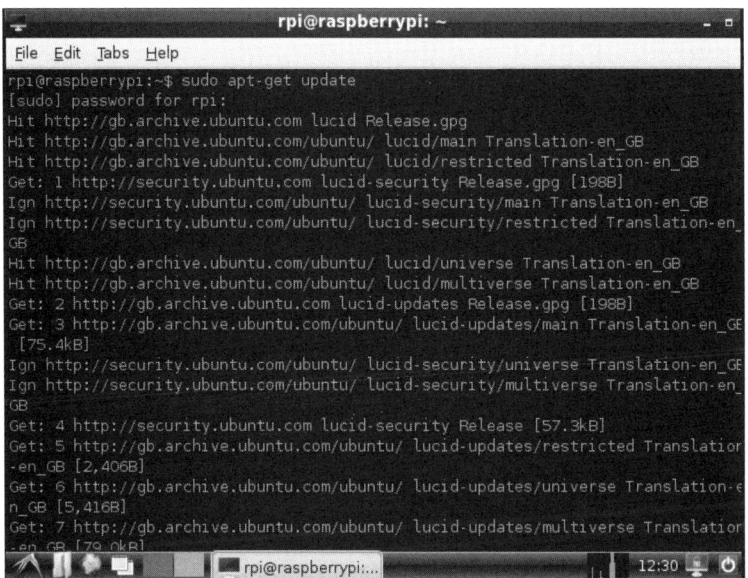

Bild 1.2: Die Aktualisierung und Inbetriebnahme der Updates funktioniert natürlich nur dann, wenn auch die Netzwerkverbindung des virtuellen Raspberry Pi funktioniert.

Mit dem Befehl

```
sudo apt-get upgrade
```

aktualisieren Sie das Betriebssystem und die installierten Anwendungen – theoretisch: Wer sich – wie der Autor – für die Nutzung des VMware-Image entschieden hat, wird nach dem ersten Start der virtuellen Maschine gleich auf die erste Hürde stoßen: Das Netzwerk für den Raspberry Pi ist nicht verfügbar.

Der Grund: Die benötigte eth0-Netzwerkschnittstelle stand auf dem Raspberry Pi nicht zur Verfügung. Um diesen Fehler zu beheben, muss auf dem virtuellen Raspberry Pi manuell nachgebessert werden. Ist das geschehen, holen Sie die genannten Befehle nach, um den Raspberry Pi auf den aktuellen Stand zu bringen.

1.1.2   Netzwerkkopplung: VMware und Raspberry Pi

Grundsätzlich haben Sie verschiedene Möglichkeiten, den virtuellen Host und den physikalischen Computer in Sachen Netzwerk zusammenzubringen bzw. den virtuellen Host in das heimische Netz einzuschließen. Die am meisten genutzte Variante ist der sogenannte Bridged-Mode, in dem die virtuelle Maschine ihre eigene IP-Adresse vom DSL/WLAN-Router in Ihrem Heimnetz zur Verfügung gestellt bekommt.

Auch der NAT-Mode (*Network Address Translation*), in dem sich die virtuelle Maschine und der physikalische Computer die IP-Adresse sozusagen teilen, ist zwar technisch möglich, hat das Problem aber auf dem umgekehrten Weg – sprich, wenn Sie eine Verbindung von außen oder einem anderen Computer im Heimnetz mit dem Gastsystem aufnehmen wollen, ist erst mal Fehlersuche angesagt, um herauszufinden, warum die Verbindung nicht auf Anhieb klappt.

Deshalb: Nutzen Sie also den Bridge-(Brücken-)Anschluss der Virtualisierungssoftware – egal ob Sie das Oracle- oder VMware-Produkt nutzen.

1.2   Netzwerkverbindung eth0 wiederherstellen

Um die benötigte Netzwerkschnittstelle eth0 zu aktivieren, reicht unter VMware das Löschen des sogenannten Mac-Adress-Caches. Hier nutzen Sie diesen Befehl:

```
sudo rm /etc/udev/rules.d/70-persistent-net.rules
```

Nach dem Neustart des Raspberry Pi via

```
sudo reboot
```

steht nun die Netzwerkschnittstelle zur Verfügung, was per `ifconfig`-Befehl in der Konsole überprüft werden kann. Anschließend steht der Aktualisierung des Systems via `sudo apt-get update` nichts mehr im Wege.

1.3   Deutsche Tastatureinstellungen verwenden

Wer in der Konsole des virtuellen Raspberry Pi den einen oder anderen Unix-Befehl genutzt hat, dem wird möglicherweise bei der Angabe von Parametern oder Optionen aufgefallen sein, dass das, was auf den Tasten draufsteht, und das, was in der Konsole ankommt, ein klein wenig unterschiedlich ist – sprich, eine falsch konfigurierte Tastatureinstellung ist aktiv. Wer die deutsche Tastatureinstellung samt Nutzung der Umlaute in der Konsole verwenden möchte, der gibt in der Konsole zunächst den Befehl

```
sudo dpkg-reconfigure console-setup
```

ein, um die Konfiguration der Konsole zu starten.

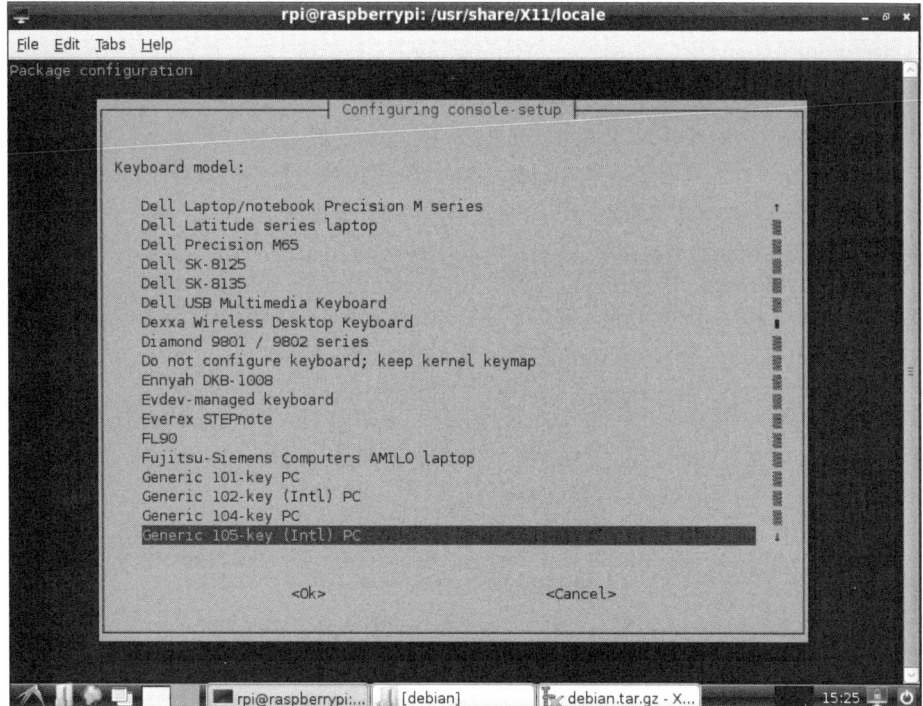

Bild 1.3: Anschließend fragt der Assistent verschiedene Dinge zur genutzten Tastatur sowie Sprache ab, die per Richtungstasten und Tab -Taste selektiert werden können.

Hier erwarten Sie zig Konfigurationsseiten, die allesamt auf Deutsch/German umgestellt werden. Diese haben wir aus Platzgründen hier nicht alle abgedruckt.

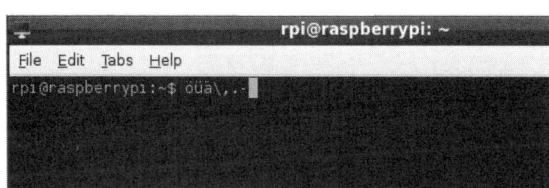

Bild 1.4: Erfolgreich: Nun funktionieren auch die deutschen Umlaute in der Konsole.

Falls Sie sich bei einer Option nicht sicher sind, behalten Sie einfach die Default-Einstellungen bei. Die gemachten Einstellungen werden nach Abschluss des Assistenten umgehend aktiv.

1.4 Bequemer surfen und Browser nachrüsten

Je nach genutztem Raspberry Pi-Image in der virtuellen Maschine steht auch ein Internetbrowser zur Verfügung: Aufgrund der geringen Systemressourcen ist dies meist der

Midori-Browser. Doch auch alte Bekannte wie Mozilla Firefox und Google Chrome (Chromium) lassen sich mit wenigen Handgriffen nachrüsten:

Dafür öffnen Sie bei gestartetem X-Windows ein Terminalfenster und geben den entsprechenden Installationsbefehl ein, der das Herunterladen des Firefox-Browsers startet:

```
sudo apt-get install firefox
```

Die Portierung von Google Chrome stoßen Sie mit diesem Befehl an:

```
sudo apt-get install chromium-browser
```

Für die Installation von Mozilla Firefox nutzen Sie den Befehl

```
sudo apt-get install firefox
```

Egal welchen Browser Sie nutzen möchten: Weniger ist mehr, legen Sie sich aus Platzgründen am besten auf nur einen Browser fest.

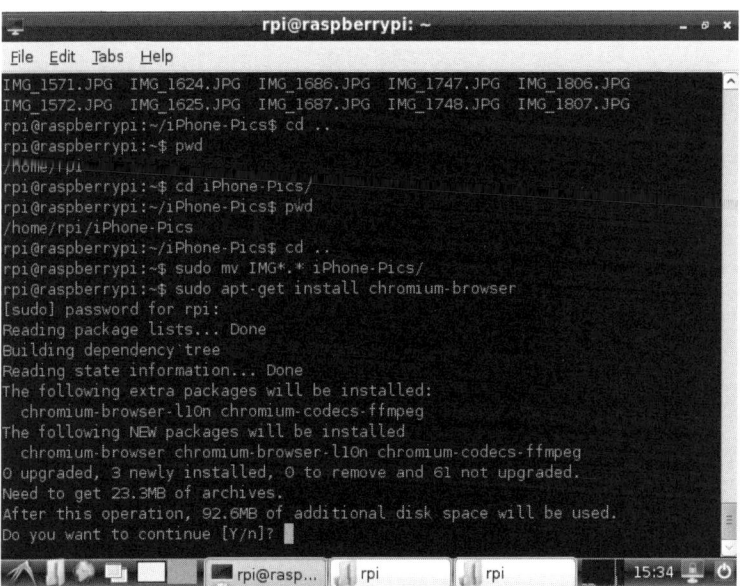

Bild 1.5: Nach dem Herunterladen der Paketinformationen fragt der Installer erst mal nach, ob das Paket heruntergeladen werden soll, und liefert hierzu auch Informationen dazu, wie viel Platz das Paket in etwa auf dem Raspberry Pi beanspruchen wird.

Achtung: In einer virtuellen Maschine ist in der Regel der Speicherplatz en masse vorhanden, auf einer SD-Karte oder auf dem Raspberry Pi jedoch nicht. Deswegen sollten Sie schon jetzt mit zusätzlichen Paketen ein wenig geizen und nur die Pakete herunterladen und installieren, die Sie wirklich benötigen. Sie bekommen so etwas mehr Fingerspitzengefühl und Übung mit den Programmen, die dann später auch zur Verfügung stehen.

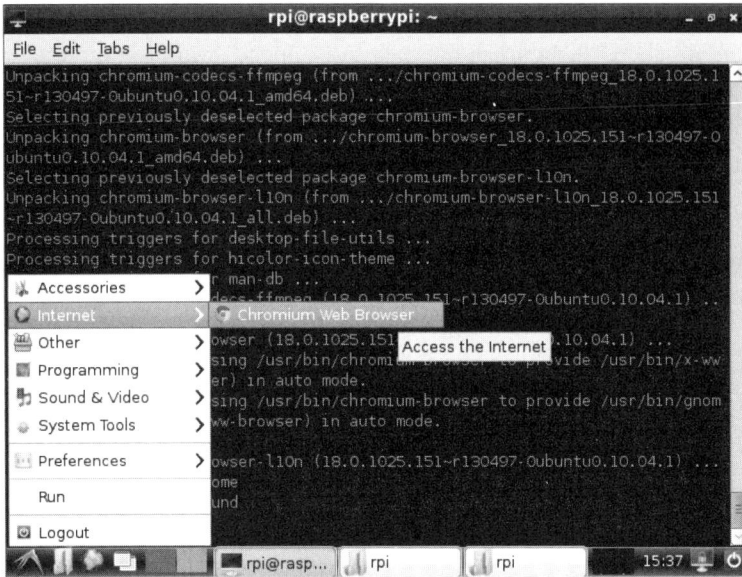

Bild 1.6: Nach der Installation erscheint der installierte Webbrowser unter *Applications/Internet/Chromium Web Browser* in der grafischen Benutzeroberfläche.

Nach dem Start des Links erscheint der installierte Webbrowser auf der schicken Raspberry Pi-Oberfläche in der virtuellen Maschine.

Bild 1.7: Google ist überall: Selbst für die kleinen Selbstbaurechner stellt Google eine angepasste Chrome-Version bereit.

Das Arbeiten und Ausprobieren des Raspberry Pi in der virtuellen Maschine ist im Vergleich zum »echten« Raspberry Pi natürlich nur halb so spannend – wirklich interessant wird der Einsatz der scheckkartengroßen Platine erst in der Praxis. Haben Sie sich vorab bereits über den Raspberry Pi im Internet informiert, haben Sie bestimmt schon gelesen, dass es hier unterschiedliche Revisionen gibt.

2 Welches Modell: Raspberry A, B oder B2?

Die Entwicklung schreitet nicht nur in der IT allgemein, sondern auch beim Raspberry Pi-Projekt fort. Alle paar Monate gibt es sowohl auf der Software- als auch auf der Hardwareseite eine Weiterentwicklung zu vermelden: Während der erste Raspberry Pi, Modell A, mit nur einem USB-Port und ohne Netzwerkanschluss ausgeliefert wurde, war der Nachfolger, Modell B, bereits mit zwei USB-Ports und einer RJ45-10/100-MBit-Netzwerkschnittstelle ausgerüstet.

Bild 2.1: Alle Anschlüsse an Bord: Oben mittig ist die Rückseite der HDMI-Buchse zu sehen, links oben befindet sich die RJ45-LAN-Buchse, anschließend kommen zwei USB-Anschlüsse, dann die 3,5-mm-Audioklinkenbuchse, der FBAS-Videoausgang und rechts der breite SD-Kartenslot an der Unterseite sowie die Micro-USB-Buchse der Stromversorgung.

Im Herbst 2012 wurde das Modell B von einem zweiten B-Modell (Revision v2) abgelöst, das im Vergleich zu seinem Vorgänger mit mehr Arbeitsspeicher ausgestattet ist. Während die ersten Modelle mit 256 MByte Kapazität bestückt sind, bietet das Modell B2 nunmehr 512 MByte – also doppelt so viel RAM.

Raspberry Pi-Modelle			
	Model A	Model B	Model B2
CPU	700 MHz ARM1176JZF-S core (ARM11)		700 MHz ARM1176JZF-S
SoC	Broadcom BCM2835 (CPU + GPU + DSP + SDRAM)		Broadcom BCM2835 (CPU + GPU + DSP + SDRAM)
GPU	Broadcom VideoCore IV, OpenGL ES 2.0, 1080p30 h.264/MPEG-4-AVC-Decoder		Broadcom VideoCore IV, OpenGL ES 2.0, 1080p30 h.264/MPEG-4-AVC-Decoder
Speicher	256 MByte (geteilt mit GPU)		512 MByte (geteilt mit GPU)
USB-2.0-Anschlüsse	1	2 (eingebauter USB-Hub)	2 (eingebauter USB-Hub)
Videoausgang	Composite RCA (PAL & NTSC), HDMI (rev 1.3 & 1.4), HDMI-Auflösung von 640 x 350 bis 1.920 x 1.200 (PAL und NTSC)		Composite RCA (PAL & NTSC), HDMI (rev 1.3 & 1.4), HDMI-Auflösung von 640 x 350 bis 1.920 x 1.200 (PAL/NTSC)
Audioausgang	3,5-mm-Klinke, HDMI		3,5-mm-Klinke, HDMI
Onboard-Steckplätze	SD-/MMC-/SDIO-Kartenslot		SD-/MMC-/SDIO-Kartenslot
Onboard-Netzwerkanschluss	Keiner	10/100 Ethernet	10/100 Ethernet
Low-Level-Anschlüsse	8 x GPIO[1], UART, I²C bus, SPi bus, +3.3 V, +5 V, Erdung		8 x GPIO[1], UART, I²C bus, SPi bus, +3.3 V, +5 V, Erdung
Stromaufnahme	500 mA (2,5 W)	700 mA (3,5 W)	700 mA (3,5 W)
Größe	85,60 x 53,98 mm		85,60 x 53,98 mm

Um nach Kauf und Lieferung zu kontrollieren, welche Version des Raspberry Pi genau geliefert wurde, geben Sie in der Kommandozeile folgenden Befehl ein:

```
cat /proc/cpuinfo
```

Damit lassen Sie sich die Hardwareinformationen wie die CPU-Prozessorinformationen ausgeben. In der tabellarischen Ausgabe suchen Sie nach dem Eintrag Revision – hier steht für Code 1 das Modell A.

```
pi@raspberrypi ~ $ cat /proc/cpuinfo
Processor       : ARMv6-compatible processor rev 7 (v6l)
BogoMIPS        : 697.95
Features        : swp half thumb fastmult vfp edsp java tls
CPU implementer : 0x41
CPU architecture: 7
CPU variant     : 0x0
CPU part        : 0xb76
CPU revision    : 7

Hardware        : BCM2708
Revision        : 0003
Serial          : 00000000        e0
pi@raspberrypi ~ $
```

Bild 2.2: Für den B-Nachfolger wird Code 2 bzw. eine weitere unwesentlich geänderte Revision 3 genutzt. Für das Modell B Revision 2 werden die Codes 4, 5 und 6 genutzt.

Um möglichst das aktuellste und schnellste Modell mit den 512 MByte zu bekommen, sollten Sie den Kauf bei dem Raspberry-Distributor Farnell präferieren. Zwar gibt es zahlreiche Händler, die über die bekannten Verkaufsplattformen im Internet ebenfalls Raspberry Pi-Platinen verkaufen, doch kommt es hin und wieder vor, dass noch immer Altbestände abverkauft werden.

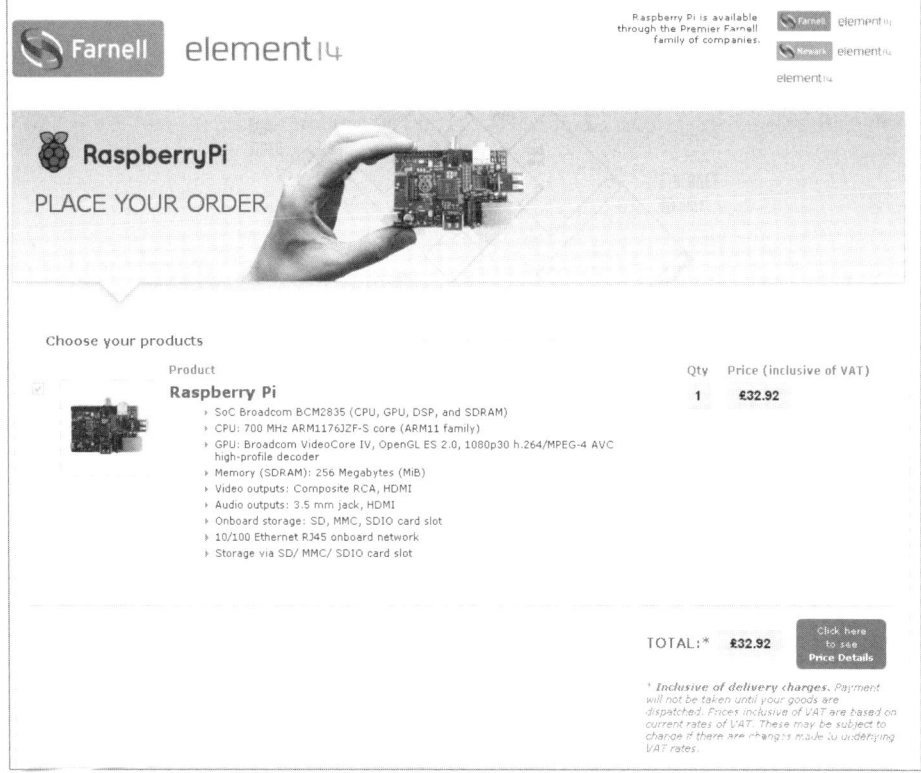

Bild 2.3: Knapp 34 Euro werden für die Raspberry Pi-Platine beim Kauf auf der Farnell-Seite fällig. Nach der Bestellung kann es zu Wartezeiten kommen – in unserem Fall warteten wir fast vier Wochen, bis wir den Raspberry in den Händen halten durften.

In diesem Fall sollten Sie von Ihrem Umtauschrecht Gebrauch machen. Bei Privatkäufen ist das jedoch eine zähe Angelegenheit. Wie auch immer: Ungeduldige, die den Raspberry möglichst heute noch in den Händen halten wollen, zahlen bei Auktionsplattformen hier einen satten Aufschlag: So sind Preise um die 55 Euro für die nackte Raspberry Pi-Platine nichts Ungewöhnliches. Kaufen Sie zumindest bei einem gewerblichen Verkäufer, falls Sie Wert auf Garantie und Rückgaberecht legen.

2.1   Nötiges Zubehör für den Raspberry-Betrieb

In der Zeit, in der Sie auf die Lieferung Ihres Raspberry Pi warten, können Sie sich schon mal einen Überblick über das vorhandene und notwendige Zubehör zur Inbetriebnahme des Geräts verschaffen. Je nach vorgesehenem Anwendungszweck ist dieses Zubehör höchst unterschiedlich, da der Raspberry Pi doch sehr flexibel ist.

So lässt sich beispielsweise der Raspberry mit Bildschirmausgabe über den vorhandenen HDMI-Ausgang oder über die FBAS-Buchse konfigurieren, aber auch der Betrieb ohne angeschlossenen Bildschirm ist möglich. Dies ist vor allem dann praktisch, wenn der Raspberry im Stillen und unbeobachtet seinen Dienst beispielsweise als Steuerung für eine Überwachungskamera oder eine Türklingel verrichten soll.

Zwingend notwendig in jedem Fall ist die Stromversorgung, die über eine Micro-USB-Buchse auf der Raspberry Pi-Platine hergestellt wird.

2.1.1   Micro-USB-Kabel und Netzteil

Mini vs. Micro: Bei der schier unüberschaubaren Stecker- und entsprechenden Buchsenvielfalt des USB-Anschlusses ist für den Raspberry das gegenüber dem Mini- etwas flachere Micro-USB-Kabel gefragt, das vorwiegend bei Mobilgeräten wie Smartphones und Navigationssystemen zum Einsatz kommt. In Sachen Netzteil ist für den stabilen Betrieb des Raspberry Pi ein 5-W-Netzteil (5 V, 1.000 mAh) das richtige. Hier haben wir das herumliegende Netzteil (5,4 V, 1.000 mAh) eines Garmin Nüvi 3790 T zweckentfremdet, da dieses in unserem Fall ohnehin nur im Auto zum Einsatz kommt.

Bild 2.4: Um die 5 Euro werden für ein leistungsfähiges Netzteil für den Raspberry Pi fällig. Wegen des Micro-USB-Anschlusses und des geringen Stromverbrauchs eignen sich vor allem Netzteile aus dem Handyzubehörmarkt.

Beim Kauf eines ähnlichen Netzteils können Sie so um die 5 Euro veranschlagen – am besten bei einem Kommunikationsfachhändler wie niebauer.com, der auch weitere sinnvolle Ergänzungen wie schnelle SD-Speicherkarten, Bluetooth-Handytastaturen, die sich auch für den Raspberry Pi nutzen lassen, Minibildschirme etc. in seinem Sortiment hat. So haben Sie, sollte mal etwas nicht funktionieren, den Vorteil, dort umgehend vorstellig werden zu können – einschließlich Umtausch –, bei einem anonymen Anbieter über das Internet geht hier erst das Hin- und Herschreiben von E-Mails los.

2.1.2 Bildschirm und Raspberry: HDMI, FBAS oder nichts

Für den Anschluss an einen Bildschirm bietet der Raspberry Pi einen HDMI-Anschluss und alternativ einen sogenannten FBAS-Anschluss. Je nach vorgesehenem Anwendungszweck ist auch der Betrieb ohne angeschlossenen Bildschirm möglich, etwa für die Steuerung einer Klingelanlage oder Videoüberwachung etc., wenn der Raspberry Pi ausschließlich Steuer- oder Kontrollaufgaben erledigen soll.

Bild 2.5: Fast teurer als der ganze Raspberry Pi: Für Nullachtfünfzehn-Zubehör verlangen manche Hobbyhändler eine Stange Geld.

Die Bildschirmkonfiguration nehmen Sie über die Konfigurationsdatei `config.txt`, die sich auf der FAT32-Partition der SD-Speicherkarte befindet, vor. Wie das funktioniert, lesen Sie im Abschnitt »Kein Bildschirm angeschlossen? – Bootprobleme beheben« auf Seite 29. Abgesehen vom Multimedia-Einsatz via OpenELEC, bei dem der Raspberry Pi direkt per HDMI-Anschluss am TV angeschlossen ist, ist der Raspberry Pi für Hintergrunddienste wie AirPrint, AirPlay etc. bestens geeignet und kommt hier ohne Bildschirm und Tastatur aus.

2.1.3   Raspberry-Modding: passive Kühlkörper

Waren früher leistungsfähige Computer in einem stabilen Metallkäfig samt geräuscharmen Lüftern untergebracht, kommt die heutige Generation der Minicomputer wie der Raspberry Pi komplett ohne aktive Lüfter aus und wird gar ohne Gehäuse verkauft. Doch allein schon aus optischen Gründen ist die Anschaffung eines passendes Gehäuses sinnvoll. Andere Angebote wie beispielsweise passive Kühlkörper für den Raspberry Pi erinnern dagegen wieder an die Zeiten der billigsten Hinterhofwerkstatt, als die Computer noch von selbst ernannten Spezialisten billig zusammengebaut wurden.

Bild 2.6: Sinn oder Unsinn? Allein die Kühlkörper kosten mit Versand mehr als ein Viertel des Preises eines Raspberry Pi.

Lange Rede, kurzer Sinn: Sparen Sie das Geld und investieren Sie es besser in ein passendes Netzteil. Denn ein neuer Raspberry Pi kostet knapp 34 Euro, die Kühlkörper mit 8 Euro plus Versand betragen also mehr als ein Viertel des Preises. Auch wenn der Verkäufer hier eine Leistungssteigerung im Beschreibungstext verspricht, stellt sich die Frage, woher die wohl kommen soll – ebenso wie die Frage nach der Qualität der Klebefolie, gerade wenn man sich an die baumelnden Prozessorlüfter in früheren PC-Zeiten erinnert.

3 Raspberry Pi: Selbstbau in zwei Minuten

Je nach Anwendungszweck und persönlichen Vorlieben wird die kleine, scheckkarten-große Raspberry Pi-Platine von den Hartgesottenen ohne jeglichen Schutz in Form eines Gehäuses etc. betrieben. Je nach Ablageort der Platine und eventuellen Witterungsein-flüssen ist dies nicht nur nicht ratsam, sondern ein Gehäuse kann sogar zwingend erfor-derlich sein. Seien Sie verantwortungsbewusst genug und verwenden Sie eine für den Anwendungszweck angemessen dimensionierte und sichere Lösung. Ideen und Beispiele für den Selbstbau bzw. den Zusammenbau eines Gehäuses bietet das Raspberry Pi-Forum im Speziellen und das Internet im Allgemeinen zuhauf. Sie benötigen nur ein wenig Zeit und Kreativität, um ein persönliches Schmuckstück für den Raspberry Pi zu gestalten.

3.1 Das Gehäuse: selber bauen oder kaufen

Wer keine kreative Selbstbauader hat, der bedient sich in der Ramschzone des Internets in den Auktionshäusern und sucht sich dort bei den zahlreichen Anbietern ein passen-des Gehäuse aus. Hier achten Sie vor allem auf die Typbezeichnung für das Raspberry Pi-Gehäuse – zwar sind die Raspberry Pi-Modelle nahezu identisch, doch die Anzahl der Anschlüsse ist je nach Modell A/B1/B2 unterschiedlich, und das wirkt sich somit auch auf das Gehäuse und die Buchsen aus. Es ist anzunehmen, dass auch die Nachfolge-modelle ähnlich kompakt gebaut und übersichtlich designt sind.

Grundsätzlich lässt sich der Raspberry Pi aufgrund der kleinen und robusten Bauform auch ohne Gehäuse betreiben. Je nach Anwendungszweck und Aufstellort sollten Sie jedoch trotzdem über die Verwendung eines Gehäuses nachdenken – gerade wenn der Raspberry Pi beispielsweise im Wohnzimmer am TV platziert wird und kleine Kinder-finger im Haushalt auf Entdeckungsreise gehen.

3.1.1 Plexiglasgehäuse zum einfachen Zusammenstecken

Sie bekommen spottbillige Gehäuse auf dem Markt – daran ist nicht zu zweifeln. Wie alles in der Welt hat aber auch ein ordentliches Gehäuse seinen Preis. Das beginnt bei der Optik: Je billiger ein Gehäuse ist, desto langweiliger sieht es normalerweise aus. Die Auswahl des richtigen Gehäuses hängt vorwiegend vom Einsatzzweck und natürlich vom Preis ab. Grundsätzlich gilt: Je hübscher, desto besser ist die Verarbeitung und desto höher der Preis. Für einen guten Kompromiss in Sachen Preis und Optik sorgen in diesem Fall durchsichtige Plexiglasplatten.

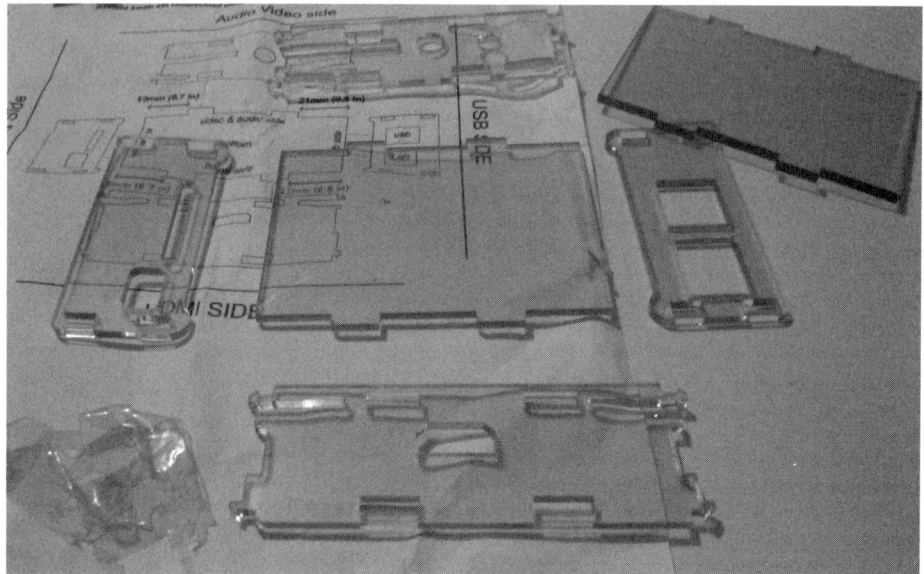

Bild 3.1: Bastelstunde: Zunächst legen Sie sich die Einzelteile so bereit, dass Sie Schritt für Schritt das Gehäuse um den Raspberry Pi herum zusammenstecken können.

Gute Gehäuse für den Raspberry Pi haben viele kleine Erleichterungen beim Zusammenbau zu bieten. Da wird die Platine in eine Gehäusehalterung geklemmt, die Sie zum leichteren Zusammenbau einfach zusammenstecken und die auch sonst einen robusten Eindruck macht.

Bei den Plexiglaslösungen für den Raspberry Pi müssen Sie etwas sanfter mit den Klemmverschlüssen umgehen, denn schnell ist ein Beinchen abgebrochen. Das ist zwar zunächst nicht weiter schlimm, da ja noch drei weitere vorhanden sind, die das Gehäuse zusammenhalten. Allzu häufig auseinander- und zusammenbauen sollten Sie das Gehäuse aber nicht. Das ist in der Regel auch nicht nötig, da die besseren Gehäuse die Raspberry Pi-Anschlüsse passend aussparen und diese somit auch bequem genutzt werden können.

Bild 3.2: Fertig: Abgesehen vom GPIO-Anschluss lassen sich nun sämtliche Anschlüsse des Raspberry Pi nutzen – auch die SD-Karte kann bequem gewechselt werden.

3.1.2   Kreativ und bunt: Legogehäuse aus der Spielzeugkiste

Steht vom Sohnemann noch eine Kiste Legosteine im Keller und staubt dort vor sich hin, ist die Anschaffung des Raspberry Pi eine Gelegenheit, den Staub von der Kiste herunterzuklopfen und mit den vorhandenen Legosteinen ein passendes Gehäuse zu bauen.

Bild 3.3: Einfach, praktisch, gut: Beim Gehäusebasteln achten Sie darauf, dass für die spätere Inbetriebnahme die Anschlüsse noch gut erreichbar bleiben.

Hier können Sie Ihrer Kreativität freien Lauf lassen: Sparen Sie beim Zusammensetzen der Legosteine einfach die Stellen für die jeweiligen Anschlüsse – Stromversorgung, je nach Anwendungszweck USB- und/oder LAN- bzw. HDMI/FBAS-Ausgang für den Anschluss des Bildschirms – aus.

4 Raspberry Pi einrichten und konfigurieren

Nach dem Zusammenbau des Raspberry Pi und dem Betanken der SD-Karte mit dem gewünschten Image für den neuen »Computer« erfolgt die Inbetriebnahme. Bevor Sie die SD-Karte in den Raspberry Pi einsetzen, sollten Sie zumindest die Konfigurations-parameter für den Raspberry Pi kennen, um damit den kleinen Minicomputer auf den Anwendungszweck zuzuschneiden. Die Konfigurationsparameter werden in der Text-datei `config.txt` festgelegt, die sich im Bootverzeichnis der jeweils genutzten Linux-Distribution befindet. Nach dem Einschalten des Raspberry Pi über das Netzkabel wird diese beim Systemstart gelesen und entsprechend interpretiert. Wird beispielsweise kein Bildschirm am Raspberry Pi genutzt, ist auch das in der `config.txt`-Datei entsprechend einzustellen.

4.1 Kein Bildschirm angeschlossen? – Bootprobleme beheben

Keinen Mucks nach dem Einschalten des Stromkabels? Der Fall trat nämlich beim ersten Start des Raspberry Pi auf, als es darum ging, diesen ohne angeschlossenen Bildschirm in Betrieb zu nehmen. Bei der Ersteinrichtung sollte man eine USB-Tastatur und einen Bildschirm anschließen, um zumindest die SSH-Serverfunktion einschalten zu können. Damit lässt sich der Raspberry Pi anschließend bequem via SSH aus der Ferne mit dem Computer administrieren. Wie das funktioniert, lesen Sie im Kapitel »Raspberry Pi über SSH steuern: PuTTY, Terminal & Co. im Einsatz« auf Seite 59.

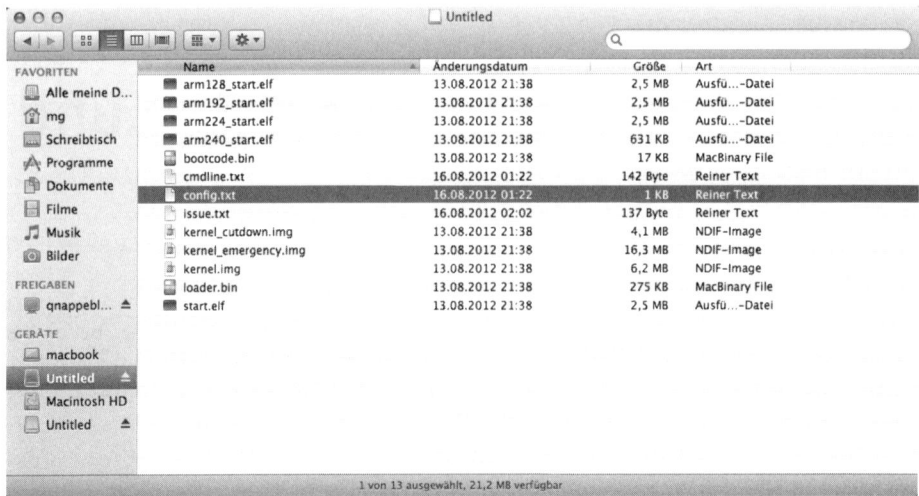

Bild 4.1: Ist die Speicherkarte in das Lesegerät eingelegt und mit dem Computer verbunden, finden Sie auf der kleinen Systempartition (/boot) verschiedene Dateien. Zunächst ist hier die Konfigurationsdatei config.txt wichtig.

Öffnen Sie diese Datei direkt auf der Speicherkarte und nutzen Sie einen Unix-kompatiblen Texteditor, der in Sachen Zeilenumbrüche und Zeichencodierung korrekt arbeitet. Während Sie bei Betriebssystemen aus der Unix-Familie wie Mac OS X mit Bordmitteln zurechtkommen, nutzen Sie unter Windows besser Editoren wie Notepad++, Primalscript oder UltraEdit, die allesamt empfehlenswert sind. Hier suchen Sie in der Datei nach einem möglichen Übeltäter – in der Praxis sind einmalig wegen der HDMI-Bildschirmausgabe Änderungen notwendig, falls kein Bildschirm angeschlossen werden soll. In diesem Fall ist die Option hdmi_force_hotplug=1 zu setzen – also in diesem Fall auszukommentieren.

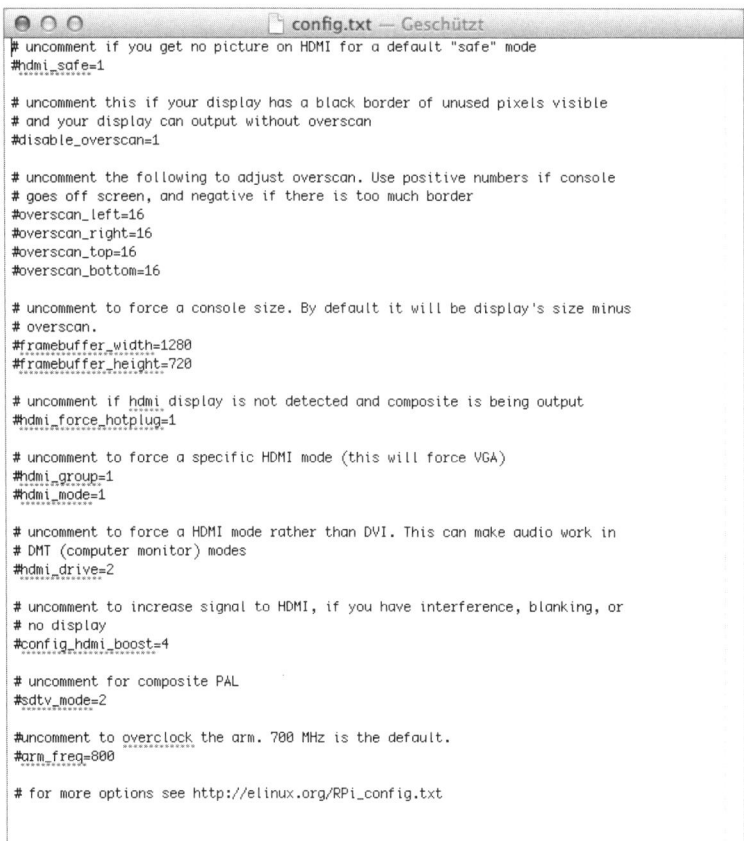

```
● ● ○                    config.txt — Geschützt
# uncomment if you get no picture on HDMI for a default "safe" mode
#hdmi_safe=1

# uncomment this if your display has a black border of unused pixels visible
# and your display can output without overscan
#disable_overscan=1

# uncomment the following to adjust overscan. Use positive numbers if console
# goes off screen, and negative if there is too much border
#overscan_left=16
#overscan_right=16
#overscan_top=16
#overscan_bottom=16

# uncomment to force a console size. By default it will be display's size minus
# overscan.
#framebuffer_width=1280
#framebuffer_height=720

# uncomment if hdmi display is not detected and composite is being output
#hdmi_force_hotplug=1

# uncomment to force a specific HDMI mode (this will force VGA)
#hdmi_group=1
#hdmi_mode=1

# uncomment to force a HDMI mode rather than DVI. This can make audio work in
# DMT (computer monitor) modes
#hdmi_drive=2

# uncomment to increase signal to HDMI, if you have interference, blanking, or
# no display
#config_hdmi_boost=4

# uncomment for composite PAL
#sdtv_mode=2

#uncomment to overclock the arm. 700 MHz is the default.
#arm_freq=800

# for more options see http://elinux.org/RPi_config.txt
```

Bild 4.2: Ist in der Konfigurationsdatei `config.txt` die Option `hdmi_force_hotplug=1` gesetzt, lässt sich der Raspberry Pi auch ohne angeschlossenen Bildschirm in Betrieb nehmen.

Startet der Raspberry Pi noch immer nicht, sollten Sie die verwendete SD-Karte aus dem Raspberry Pi nehmen und genauer inspizieren. Der Grund: Nicht jede SD-Karte lässt sich mit dem Raspberry Pi mit jedem Betriebssystem nutzen – hier gibt es abhängig von der Geschwindigkeitsklasse der SD-Karte unterschiedliche Erfahrungen.

4.2 SD-Karten: der Unterschied zwischen schnell und langsam

Liest man im Internet in zahlreichen Foren zum Thema Raspberry Pi mit, hat man den Eindruck, dass die Auswahl der passenden SD-Karte heutzutage ein Glücksspiel ist: Hier ist die weitverbreitete Meinung, dass Sie das Risiko eines Fehlkaufs nur dann minimieren können, wenn Sie die schnelleren Karten, die in der Regel Kapazitäten größer als 16 GByte aufweisen, meiden.

Bild 4.3: Normal, High Speed, Ultra, Extreme, Gold: Viele Farben, viele Bezeichnungen, viel Speicher – der Raspberry Pi kommt jedoch nicht mit allen SD-Karten zurecht.

Neben den klassischen SD-Karten mit Kapazitäten von 8 MByte bis 2 GByte gibt es Karten, die entweder mit der SDHC-Technik (SD 2.0) mit Kapazitäten von 4 GByte bis 32 GByte oder der SDXC-Technik (SD 2.0) mit Kapazitäten zwischen 48 GByte und maximal 2 TByte ausgestattet sind.

Für den Raspberry Pi kommen hier vor allem die SDHC-Karten infrage – nicht zuletzt aus Kostengründen. Grundsätzlich werden SDHC-Karten in unterschiedliche Geschwindigkeitsklassen aufgeteilt, die auch auf den Karten aufgedruckt sind. Das heißt, eine mit Class 6 gelabelte SD-Karte besitzt eine Schreibgeschwindigkeit von mindestens 6 MByte pro Sekunde. Im Gegensatz dazu lässt sich die Lesegeschwindigkeit nicht direkt aus der Geschwindigkeitsklasse ermitteln. Meist liegt sie deutlich über der angegebenen minimalen Schreibgeschwindigkeit, und höherklassige Modelle erzielen in der Regel auch höhere Lesegeschwindigkeiten als niedriger eingestufte SD-Karten.

Der Einsatz bzw. die Auswahl der richtigen SD-Karte hängt vornehmlich auch vom Einsatzzweck des Raspberry Pi ab: In unserem Fall setzen wir für den Raspberry Pi in Zusammenhang mit dem OpenELEC-Projekt (Wohnzimmer-PC 3.0, siehe Seite 91) eine Class 10 Sandisk Extreme mit 16 GByte ein, die bereits seit drei Monaten im Dauerbetrieb ihren Dienst versieht.

Auf einem anderen Raspberry Pi, der Netzwerkdienste im Heimnetz bereitstellt, ist hingegen eine langsamere 8-GByte-Class-4-Karte im Einsatz. Für den Einsatz des Raspberry Pi mit einer speicherplatzlastigen Zoneminder-Installation stellt hingegen eine 8-GByte-Karte wieder das Minimum dar – haben Sie hier jedoch viele Verzeichnisse und Daten außerhalb der SD-Karte, beispielsweise auf den USB-Anschluss, auf einen USB-Stick oder auf Netzwerkfreigaben umkonfiguriert, kann dies wieder mehr als ausreichend sein.

4.2.1 Speicherkarte checken mit CrystalDiskMark

Wer seine alte Speicherkarte aus der Schreibtischschublade auf seine Raspberry Pi-Tauglichkeit prüfen möchte, kann sich mit dem kleinen Benchmark-Programm CrystalDiskMark (*http://crystalmark.info/software/CrystalDiskMark/index-e.html*) behelfen. Damit lassen sich die konkreten Leistungswerte des angeschlossenen USB-Datenträgers ermitteln.

Bild 4.4: Wer ist der Schnellste? Um die tatsächliche Geschwindigkeit des Flashspeichers herauszufinden, nutzen Sie das kleine Benchmark-Programm.

Die Geschwindigkeitsprüfung ist vor allem dann sinnvoll, wenn Sie mehrere Flashspeicher, sprich SD-Karten, zur Verfügung haben, die alle in Sachen Kapazität für den Raspberry Pi ausreichend sind, Sie aber nicht wissen, welcher von ihnen der schnellste ist. Da die veröffentlichten Betriebssystem-Images für den Raspberry Pi eine 2 GByte große Karte benötigen und somit auch entsprechend große Partitionen vorhalten, sollte diese Größe das unterste Minimum darstellen. Voraussetzung für diesen Benchmark sind Administratorrechte unter Windows. Hier navigieren Sie zum Programmpfad, klicken mit der rechten Maustaste auf die Programmdatei und wählen die Option *Als Administrator ausführen* aus.

4.3 Image auswählen und auf SD-Card installieren

Für die Auswahl und Installation des passenden Betriebssystems für den Raspberry Pi stellt die stetig wachsende Netzgemeinde passende Images zur Verfügung, die Sie kostenlos und unverbindlich ausprobieren können. Die Download-Adressen der verschiedenen Betriebssystem-Images für den Raspberry Pi sind in der nachstehenden Tabelle aufgeführt.

Betriebssystem	Quelle
Arch Linux	*www.raspberrypi.org/downloads*
Debian 7 Wheezy	*www.raspberrypi.org/downloads*
Debian 6 Squeeze	*www.raspberrypi.org/downloads*
Fedora	*http://files.velocix.com/c1410/fedora/installer/windows/fedora-arm-installer-1.0.0.zip*
OpenELEC	*http://openelec.tv/*
QtonPi	*www.raspberrypi.org/downloads*

Betriebssystem	Quelle
Raspbian	*www.raspbian.org/RaspbianImages*
Raspbmc	*http://wiki.xbmc.org/index.php?title=Raspbmc*
XBian	*http://wiki.xbmc.org/index.php?title=XBian*

Auf den ersten Blick erschließt sich für den Einsteiger nicht, was sich hinter der jeweiligen Distribution und Multimedia-Center-Zusammenstellung verbirgt. Selbst eingefleischte, fortgeschrittene Linux-Profis tun sich dabei schwer, die Unterschiede gerade bei den XMBC-Builds zu bewerten. Zudem hat jeder Anwender bekanntlich seine eigenen Vorlieben, doch mit dem Einsatz des Raspbian/Debian-Image auf Ihrem Raspberry Pi machen Sie zunächst nichts verkehrt: Es gehört zu den beliebtesten Betriebssystemen auf dem Raspberry Pi.

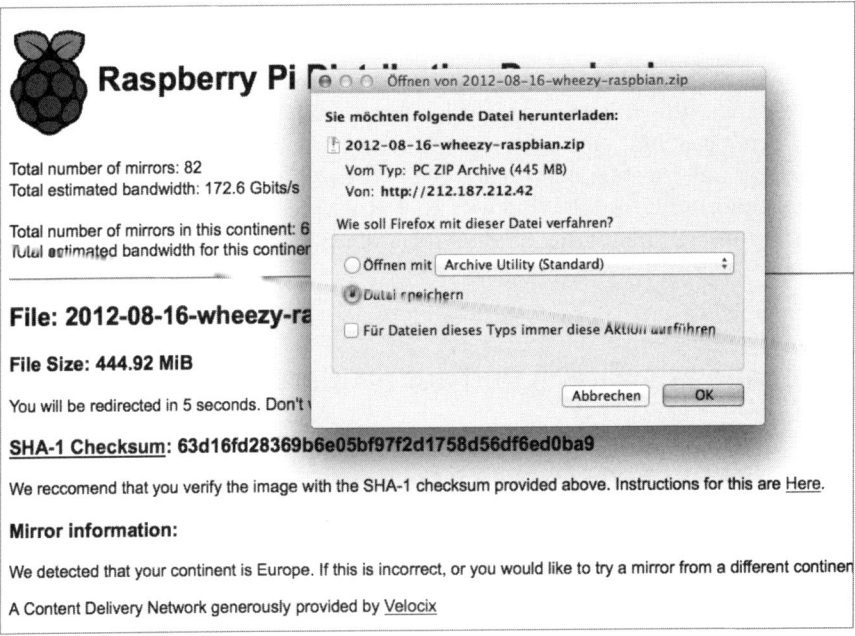

Bild 4.5: Egal ob Windows, Mac OS oder Linux – das SD-Karten-Image für den Raspberry Pi ist für alle gleich. Das Überspielen auf die Speicherkarte gelingt auf Mac und Linux am einfachsten via Kommandozeile im Terminal – für Windows gibt es ein spezielles Tool dafür.

Alle paar Wochen werden auf den einschlägigen Raspberry Pi-Seiten wie *www.raspberrypi.org* neue Versionen der Imagedateien veröffentlicht – in diesem Beispiel nutzten wir das Wheezy-Raspian-Paket mit Datum 16.08.2012. Dieses lässt sich später im laufenden Betrieb in wenigen Augenblicken aktualisieren – das Herunterladen und Installieren des Image auf die SD-Speicherkarte ist demnach eine einmalige Sache.

4.3.1 Inbetriebnahme: root oder pi?

Ist das Betriebssystem frisch installiert und sind noch keine Tastatur- und Sprachanpassungen vorgenommen worden, erfolgt die Erstanmeldung hier mit dem Standardbenutzer und dem Standardkennwort, das je nach verwendetem Betriebssystem unterschiedlich ist.

Betriebssystem/Image	Standardbenutzer	Standardkennwort
Debian Squeeze	pi	raspberry
Debian Wheezy	pi	raspberry
Raspbian	root	raspbian
OpenELEC	root	openelec
Raspbmc	pi	raspberry
Arch Linux	root	root

Ist beispielsweise der SSH-Server auf dem Raspberry Pi zunächst deaktiviert, ist auch eine direkte Anmeldung am Raspberry Pi möglich, sofern eine Tastatur und ein Bildschirm angeschlossen sind.

Wegen der voreingestellten US-Tastatur liegt der Buchstabe »y« des Passworts *raspberry* auf der angeschlossenen deutschen Tastatur noch auf dem Buchstaben »z«. In diesem Fall nutzen Sie das Kennwort *raspberrz*. Egal welches Image bzw. Betriebssystem Sie einsetzen – nach dem erstmaligen Anmelden am Raspberry Pi ändern Sie das Kennwort des Benutzers mit dem *passwd*-Kommando, was für größere Sicherheit im Betrieb sorgt.

4.3.2 Via Mac OS X-Konsole: Raspberry-Image aufspielen

Ist die Speicherkarte am Mac-Computer eingesteckt, öffnen Sie ein Terminalfenster. Mit dem Befehl

```
df -h
```

prüfen Sie nicht nur die Speicherkapazität, sondern erfahren auch, welches Blockdevice für die SD-Speicherkarte zuständig ist. Im nachfolgenden Beispiel ist die eingelegte SD-Karte das Gerät an `/dev/disk6s1`. Passen Sie dieses bei den nachfolgenden Befehlen an Ihre Umgebung an. Nun können Sie die SD-Speicherkarte per Terminalkommando wieder aushängen:

```
sudo diskutil umount /dev/disk6s1
```

Merken Sie sich, dass es sich bei der Speicherkarte um `disk6s1` handelt.

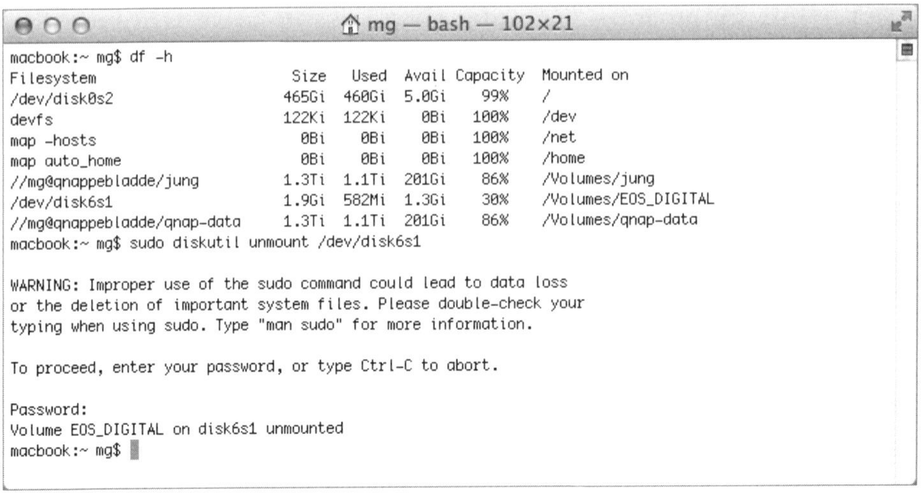
mg — bash — 102×21
macbook:~ mg$ df -h
Filesystem Size Used Avail Capacity Mounted on
/dev/disk0s2 465Gi 460Gi 5.0Gi 99% /
devfs 122Ki 122Ki 0Bi 100% /dev
map -hosts 0Bi 0Bi 0Bi 100% /net
map auto_home 0Bi 0Bi 0Bi 100% /home
//mg@qnappebladde/jung 1.3Ti 1.1Ti 201Gi 86% /Volumes/jung
/dev/disk6s1 1.9Gi 582Mi 1.3Gi 30% /Volumes/EOS_DIGITAL
//mg@qnappebladde/qnap-data 1.3Ti 1.1Ti 201Gi 86% /Volumes/qnap-data
macbook:~ mg$ sudo diskutil unmount /dev/disk6s1
WARNING: Improper use of the sudo command could lead to data loss
or the deletion of important system files. Please double-check your
typing when using sudo. Type "man sudo" for more information.
To proceed, enter your password, or type Ctrl-C to abort.
Password:
Volume EOS_DIGITAL on disk6s1 unmounted
macbook:~ mg$

Bild 4.6: Nach dem Prüfen der SD-Speicherkarte werfen Sie die Karte per `umount`-Befehl aus der Liste der eingehängten Speicher heraus. Dafür fordert Mac OS zunächst das Administratorkennwort an.

Im nächsten Schritt entpacken Sie schon mal das heruntergeladene Debian-Wheezy-Image für den Raspberry Pi. In der Regel legt das Archivierungsprogramm im selben Verzeichnis, in dem sich die ZIP-Datei befindet, ein gleichnamiges Verzeichnis an, in dem Sie anschließend den Inhalt der Archivdatei finden.

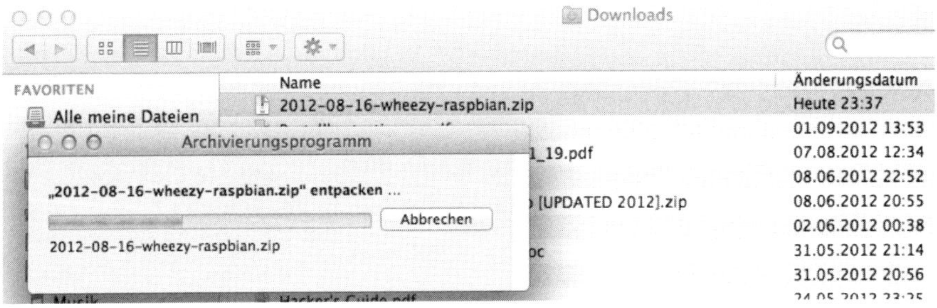
Downloads
FAVORITEN
Alle meine Dateien
Name
2012-08-16-wheezy-raspbian.zip
Änderungsdatum
Heute 23:37
01.09.2012 13:53
07.08.2012 12:34
08.06.2012 22:52
08.06.2012 20:55
02.06.2012 00:38
31.05.2012 21:14
31.05.2012 20:56
Archivierungsprogramm
„2012-08-16-wheezy-raspbian.zip" entpacken ...
Abbrechen
2012-08-16-wheezy-raspbian.zip

Bild 4.7: Nach wenigen Augenblicken liegt die ZIP-Archivdatei in einem eigenen Verzeichnis entpackt zur weiteren Verwendung bereit.

In dem Verzeichnis liegt nun das komplette Speicherkarten-Image des Raspian-Systems und ist für eine Speicherkartengröße von 2 GByte vorgesehen. Auch wenn Sie eine größere Speicherkarte einsetzen, verwenden Sie zunächst diese Imagedatei. Das Anpassen des freien Speicherplatzes erfolgt erst, nachdem das Image per Kommandozeile auf die SD-Karte übertragen worden ist. Für das Kopieren der `img`-Datei verwenden Sie den `dd`-Befehl, für das Ziellaufwerk ist hier – wie oben festgestellt – `disk6` richtig.

Für den Raw-Zugriff nutzen Sie hier das Gerät /dev/rdisk6:

```
sudo dd bs=1m if=~/Downloads/2012--08-16-wheezy-raspian.img of=/dev/rdisk6
sudo diskutil umount /dev/disk6s1
```

Das Übertragen des Image auf die SD-Karte via dd-Befehl dauert einige Minuten.

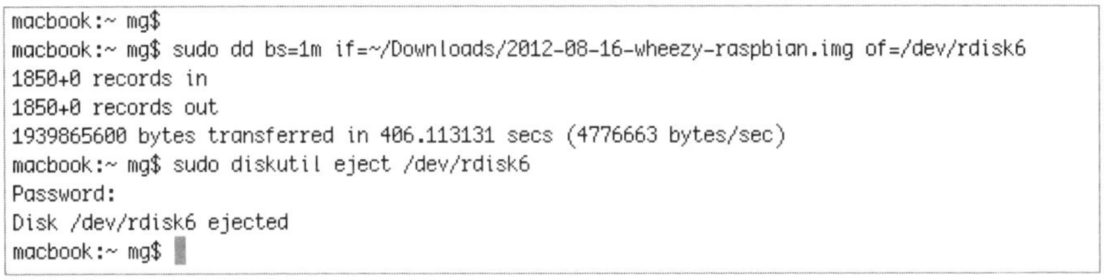

```
macbook:~ mg$
macbook:~ mg$ sudo dd bs=1m if=~/Downloads/2012-08-16-wheezy-raspbian.img of=/dev/rdisk6
1850+0 records in
1850+0 records out
1939865600 bytes transferred in 406.113131 secs (4776663 bytes/sec)
macbook:~ mg$ sudo diskutil eject /dev/rdisk6
Password:
Disk /dev/rdisk6 ejected
macbook:~ mg$
```

Bild 4.8: Nach dem Schreiben auf die SD-Speicherkarte werfen Sie die SD-Speicherkarte komplett aus der Mac OS-Umgebung aus.

Ist die Speicherkarte erfolgreich beschrieben und aus dem Mac entfernt, können Sie diese nun in den Speicherkartenslot einführen und den Raspberry Pi in Betrieb nehmen.

4.3.3 Windows: das USB Image Tool im Einsatz

Ein ähnlich bequemes Kommandozeilenwerkzeug wie dd aus der Unix-Welt ist für Windows leider nicht verfügbar. Um unter Windows die Imagedatei auf die SD-Karte zu übertragen, steht hier das USB Image Tool zur Verfügung. Es ist direkt beim Autor unter der URL *www.alexpage.de/usb-image-tool/download/* kostenlos erhältlich, der sich über jede Spende per *Donate*-Schaltfläche freut. Das Tool selbst benötigt unter Windows die *DotNet(.Net)*-Umgebung, die in der Regel auf einem zeitgemäßen Windows-System auch installiert sein sollte. Falls nicht, muss *.Net* zunächst bei Microsoft (*www. microsoft.com/downloads/details.aspx?FamilyID=ab99342f-5d1a-413d-8319-81da479ab0d7& displaylang=en*) heruntergeladen und installiert werden, damit das USB Image Tool in Betrieb gehen kann.

Backup mit dem USB Image Tool

Um beispielsweise ein Backup der kompletten SD-Karte unter Windows anzufertigen, legen Sie die SD-Karte in den SD-Kartenslot bzw. -Adapter ein und starten das USB Image Tool im Admin-Modus (Programmdatei suchen, rechte Maustaste und im Kontextmenü *Als Administrator ausführen* auswählen).

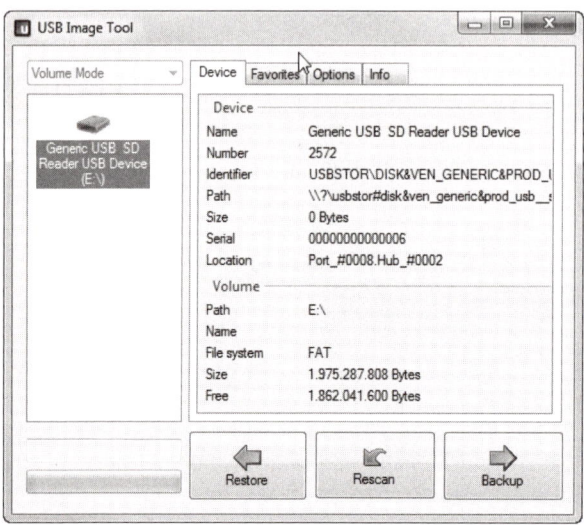

Bild 4.9: Nicht nur das Schreiben, sondern auch das Sichern ganzer Wechseldatenträger beherrscht das USB Image Tool. Ideal, wenn Sie einen Snapshot des Raspberry-Systems auf dem Computer sichern möchten.

Nach dem Start des Programms wählen Sie im linken Fensterbereich das USB-Laufwerk aus und klicken rechts unten auf die *Backup*-Schaltfläche. Beachten Sie, dass die Speichergröße des Speicherkarten-Backups naturgemäß auch der Kapazität der eingelegten Karte entspricht. Dies kann bei Speicherkarten größer 4 GByte womöglich Probleme bereiten, falls die Sicherung auf einem betagten Dateisystem abgelegt werden soll.

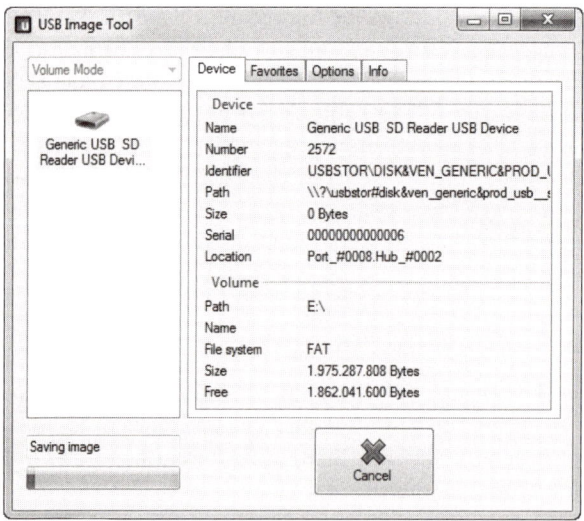

Bild 4.10: Das USB Image Tool sichert den kompletten Inhalt des USB-Sticks in eine Imagedatei auf der Festplatte.

Auch der umgekehrte Fall, das Schreiben einer Imagedatei auf die SD-Speicherkarte, erfordert nur ein paar Mausklicks und ist in wenigen Minuten erledigt.

Image auf die SD-Card übertragen

Um beispielsweise das heruntergeladene Raspian-Image auf den eingelegten SD-Karten-datenträger zu schreiben, ist unter Windows auch hier der Admin-Modus notwendig. Falls noch nicht geschehen, starten Sie das USB Image Tool im Admin-Modus, indem Sie die Datei markieren und über das Kontextmenü der rechten Maustaste *Als Administrator ausführen* wählen. Anschließend wählen Sie das extrahierte Betriebssystem-Image des Raspian-Systems per Klick auf die *Restore*-Schaltfläche aus.

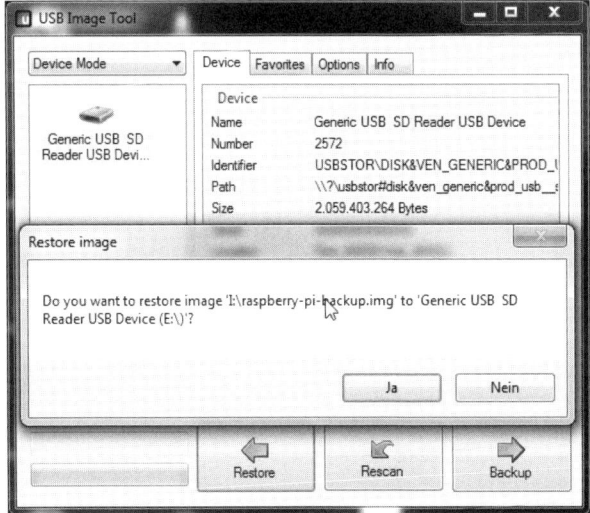

Bild 4.11: Nach wenigen Minuten ist das Speicherkarten-Image in der Größe 2 GByte auf die eingelegte SD-Karte geschrieben.

Nach dem Schreiben der Imagedatei entfernen Sie die Speicherkarte noch nicht, zunächst beenden Sie das USB Image Tool und wählen anschließend in der Taskleiste das *Hardware sicher entfernen*-Symbol aus. Dort selektieren Sie den SD-Kartendatenträger bzw. das entsprechende Laufwerk und beenden per Klick auf die OK-Schaltfläche den Betrieb der SD-Karte.

4.4 SD-Karte checken und partitionieren

SD-Karten sind mittlerweile in zig unterschiedlichen Kapazitäts- und Geschwindigkeits-klassen verfügbar, auch gehören inzwischen eher 4- oder 8-GByte-SD-Karten zur sogenannten Standardausstattung. Aus Kompatibilitäts- und vor allem aus Speicher-platzgründen stellen die Raspberry-Macher das entsprechende Debian/Raspian-Image in der (ausgepackten) Größe von 2 GByte bereit, das sich wie oben beschrieben auch auf eine größere Speicherkarte mit 4, 8 oder 16 GByte übertragen lässt.

Legen Sie die SD-Karte in den Raspberry Pi ein und stellen Sie eine SSH-Verbindung von Ihrem Computer zum Raspberry Pi her. Wie das funktioniert und was Sie hierbei beachten müssen, lesen Sie im Kapitel »Raspberry Pi über SSH steuern: PuTTY, Terminal & Co. im Einsatz« auf Seite 59.

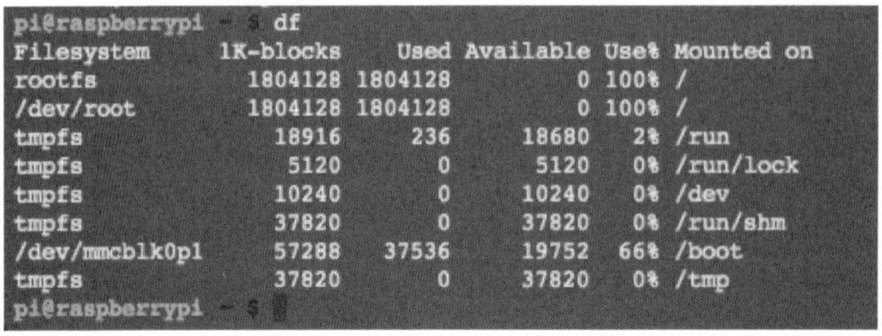

```
pi@raspberrypi ~ $ df
Filesystem     1K-blocks    Used Available Use% Mounted on
rootfs           1804128 1804128         0 100% /
/dev/root        1804128 1804128         0 100% /
tmpfs              18916     236     18680   2% /run
tmpfs               5120       0      5120   0% /run/lock
tmpfs              10240       0     10240   0% /dev
tmpfs              37820       0     37820   0% /run/shm
/dev/mmcblk0p1     57288   37536     19752  66% /boot
tmpfs              37820       0     37820   0% /tmp
pi@raspberrypi ~ $
```

Bild 4.12: Der Disc free-Befehl `df` zeigt hier die eingehängten Gerätedateien der eingelegten SD-Karte im Raspberry Pi an.

Einen Überblick über den genutzten und freien Speicherplatz auf dem Linux-System erhalten Sie in der Konsole mit

```
df -h
```

Hier listen Sie die verfügbaren Partitionen auf der Speicherkarte samt dem genutzten Speicherplatz auf. Da die erste Partition unabhängig von der Gesamtgröße der SD-Karte immer dieselbe Kapazität besitzt, brauchen Sie nur die zweite Partition, sprich die Datenpartition, entsprechend zu vergrößern. Das erledigen Sie mit dem guten alten `fdisk`-Werkzeug.

4.4.1 Kein Hexenwerk: fdisk im Einsatz

Im ersten Schritt wählen Sie die genutzte Speicherkarte aus – in diesem Fall ist es das Device `mmcblk0`. Mit dem folgenden Befehl gelangen Sie in den `fdisk`-Befehlsmodus:

```
sudo fdisk /dev/ mmcblk0
```

```
pi@raspberrypi ~ $ sudo fdisk /dev/mmcblk0

Command (m for help):
```

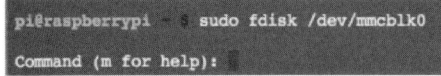

Bild 4.13: Im ersten Schritt aktivieren Sie mit dem Start von `fdisk` das gewünschte Blockdevice.

Nun befinden Sie sich in der eigenen `fdisk`-Konsole. Mit der Eingabe des Buchstabens `m` erhalten Sie zu jeder Zeit eine Übersicht der zur Verfügung stehenden Befehle.

```
pi@raspberrypi ~ $ sudo fdisk /dev/mmcblk0

Command (m for help): m
Command action
   a   toggle a bootable flag
   b   edit bsd disklabel
   c   toggle the dos compatibility flag
   d   delete a partition
   l   list known partition types
   m   print this menu
   n   add a new partition
   o   create a new empty DOS partition table
   p   print the partition table
   q   quit without saving changes
   s   create a new empty Sun disklabel
   t   change a partition's system id
   u   change display/entry units
   v   verify the partition table
   w   write table to disk and exit
   x   extra functionality (experts only)

Command (m for help):
```

Bild 4.14: Anzeigen, Erstellen, Löschen, Prüfen von Partitionen und vieles mehr geht mit dem Kommandozeilenwerkzeug `fdisk`.

Nun lassen Sie sich erst einmal die aktuellen Parameter der installierten Speicherkarte mit dem Befehl p ausgeben:

```
Command (m for help): p

Disk /dev/mmcblk0: 3965 MB, 3965190144 bytes
4 heads, 16 sectors/track, 121008 cylinders, total 7744512 sectors
Units = sectors of 1 * 512 = 512 bytes
Sector size (logical/physical): 512 bytes / 512 bytes
I/O size (minimum/optimal): 512 bytes / 512 bytes
Disk identifier: 0x000108cb

        Device Boot      Start         End      Blocks   Id  System
/dev/mmcblk0p1            8192      122879       57344    c  W95 FAT32 (LBA)
/dev/mmcblk0p2          122880     3788799     1832960   83  Linux

Command (m for help):
```

Bild 4.15: Die Zählung der Sektoren beginnt hier bei Sektor 8192 und endet bei 122879 – die erste Partition umfasst insgesamt 114687 Sektoren (dividiert durch 2, entspricht das 57344 Blöcken) und kommt mit dem FAT32-Format.

Nun werden die beiden verfügbaren eingerichteten Partitionen auf der SD-Speicherkarte angezeigt. Hier fällt die Ordnung der Sektoren auf, die aufsteigend gezählt werden. Beim Raspberry Pi-Image existiert ein fixer FAT32-Anteil (von Sektor 8192 bis 122879), der als /boot-Partition eingehängt ist, sowie die eigentliche Linux-Partition, die direkt im Anschluss bei Sektor 122880 beginnt.

Ziel ist es also, die Linux-Partition zu vergrößern. Hier bleibt die FAT32-Partition bestehen, die Linux-Partition wird zunächst gelöscht und mit der alten Sektorstartgrenze neu angelegt. Der Wert des Endsektors hängt natürlich von der neuen Größe ab – doch dazu später mehr. Zunächst löschen Sie die Linux-Partition der Speicherkarte.

4.4.2   Partitionen löschen und anlegen

Sie löschen nicht wirklich die Daten, sondern ändern lediglich die Partitionsgrenzen für die Speicherkarte. In diesem Beispiel existieren zwei Partitionen. Wie auf der oberen Abbildung zu sehen ist, ist die zweite Partition die Linux-Partition. Zum Löschen geben Sie in diesem Beispiel zunächst den Buchstabenbefehl d (delete) gefolgt von der Partitionsangabe 2 ein.

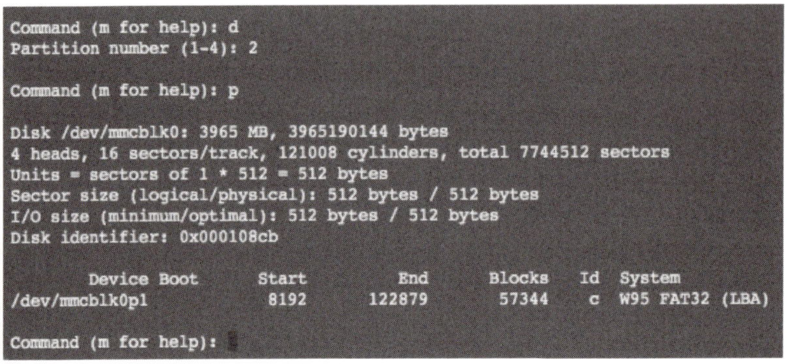

```
Command (m for help): d
Partition number (1-4): 2

Command (m for help): p

Disk /dev/mmcblk0: 3965 MB, 3965190144 bytes
4 heads, 16 sectors/track, 121008 cylinders, total 7744512 sectors
Units = sectors of 1 * 512 = 512 bytes
Sector size (logical/physical): 512 bytes / 512 bytes
I/O size (minimum/optimal): 512 bytes / 512 bytes
Disk identifier: 0x000108cb

        Device Boot      Start         End      Blocks   Id  System
/dev/mmcblk0p1            8192      122879       57344    c  W95 FAT32 (LBA)

Command (m for help):
```

Bild 4.16: Nur zwei Eingaben sind nötig, um die Linux-Partition zu entfernen.

Im nächsten Schritt tragen Sie die neue Partitionsgrenze für die Linux-Partition ein.

Beim Anlegen einer neuen Partition teilen Sie zunächst fdisk mit dem Kommando n mit, dass Sie eine neue Partition anlegen möchten. Da es sich hier um eine sogenannte primäre Partition handelt, geben Sie anschließend das dazugehörige Kommando p dafür ein. Die Partitionsnummer wird automatisch errechnet, kann jedoch auch angepasst werden. In diesem Beispiel wird für die Partitionsnummer der gleiche Wert 2 genutzt wie bei der bereits genutzten Linux-Partition.

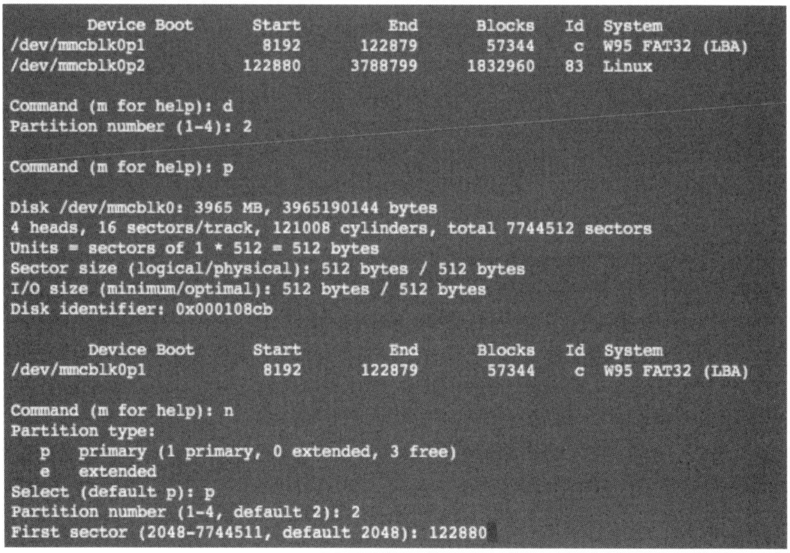

```
        Device Boot      Start        End     Blocks   Id  System
/dev/mmcblk0p1            8192     122879      57344    c   W95 FAT32 (LBA)
/dev/mmcblk0p2          122880    3788799    1832960   83   Linux

Command (m for help): d
Partition number (1-4): 2

Command (m for help): p

Disk /dev/mmcblk0: 3965 MB, 3965190144 bytes
4 heads, 16 sectors/track, 121008 cylinders, total 7744512 sectors
Units = sectors of 1 * 512 = 512 bytes
Sector size (logical/physical): 512 bytes / 512 bytes
I/O size (minimum/optimal): 512 bytes / 512 bytes
Disk identifier: 0x000108cb

        Device Boot      Start        End     Blocks   Id  System
/dev/mmcblk0p1            8192     122879      57344    c   W95 FAT32 (LBA)

Command (m for help): n
Partition type:
   p   primary (1 primary, 0 extended, 3 free)
   e   extended
Select (default p): p
Partition number (1-4, default 2): 2
First sector (2048-7744511, default 2048): 122880
```

Bild 4.17: Für die Angabe der Partitionsgrenze gibt `fdisk` Hilfestellung: Für den ersten Sektor der zweiten Partition nutzen Sie denselben Wert wie bei der »alten« Linux-Partition – in diesem Beispiel `122880`.

Die Partitionsgrenzen übernehmen Sie einerseits von der »alten« Linux-Partition – da Sie die erste Partition unverändert gelassen haben, bleibt der Startsektor der zweiten Partition mit dem Wert `122880` gleich. Für die Angabe des Endsektors der zweiten Partition verwenden Sie den Default-Eintrag, der sich abhängig von der verfügbaren Speicherkartengröße darstellt. In diesem Beispiel ist das der Wert `7744511` – was hier der kompletten Kapazität der 4-GByte-SD-Karte entspricht.

4.4.3   Partitionen sichern und aktivieren

Nun sind die Änderungen der Partitionsgrenzen in der `fdisk`-Konsole eingetragen, jedoch noch nicht aktiviert und gespeichert. Dies nehmen Sie mit dem Kommando `w` (write) vor – möchten Sie die gemachten Änderungen jedoch nicht sichern, verwenden Sie das Kommando `q` (quit), um die `fdisk`-Konsole zu verlassen.

```
Command (m for help): p

Disk /dev/mmcblk0: 3965 MB, 3965190144 bytes
4 heads, 16 sectors/track, 121008 cylinders, total 7744512 sectors
Units = sectors of 1 * 512 = 512 bytes
Sector size (logical/physical): 512 bytes / 512 bytes
I/O size (minimum/optimal): 512 bytes / 512 bytes
Disk identifier: 0x000108cb

        Device Boot      Start         End      Blocks   Id  System
/dev/mmcblk0p1            8192      122879       57344    c  W95 FAT32 (LBA)
/dev/mmcblk0p2          122880     3788799     1832960   83  Linux

Command (m for help): d
Partition number (1-4): 2

Command (m for help): p

Disk /dev/mmcblk0: 3965 MB, 3965190144 bytes
4 heads, 16 sectors/track, 121008 cylinders, total 7744512 sectors
Units = sectors of 1 * 512 = 512 bytes
Sector size (logical/physical): 512 bytes / 512 bytes
I/O size (minimum/optimal): 512 bytes / 512 bytes
Disk identifier: 0x000108cb

        Device Boot      Start         End      Blocks   Id  System
/dev/mmcblk0p1            8192      122879       57344    c  W95 FAT32 (LBA)

Command (m for help): n
Partition type:
   p   primary (1 primary, 0 extended, 3 free)
   e   extended
Select (default p): p
Partition number (1-4, default 2): 2
First sector (2048-7744511, default 2048): 122880
Last sector, +sectors or +size{K,M,G} (122880-7744511, default 7744511):
Using default value 7744511

Command (m for help): w
The partition table has been altered!

Calling ioctl() to re-read partition table.

WARNING: Re-reading the partition table failed with error 16: Device or resource busy.
The kernel still uses the old table. The new table will be used at
the next reboot or after you run partprobe(8) or kpartx(8)
Syncing disks.
pi@raspberrypi ~ $
```

Bild 4.18: Nach dem Eintragen der Werte wird die Partitionstabelle neu geschrieben. Anschließend muss der Raspberry Pi neu gestartet werden, damit die gemachten Änderungen auch aktiv werden.

Nach dem Verlassen der fdisk-Konsole starten Sie mit dem Befehl

```
sudo reboot
```

den Raspberry Pi neu. Gegebenenfalls muss nach dem Neustart das Dateisystem neu geordnet und repariert werden, damit auch dieses mit der geänderten Kapazität umgehen kann.

4.4.4 Das Dateisystem wieder anpassen

Nach dem Neustart des Raspberry Pi und Log-in in die Konsole verwenden Sie das Kommando `resize2fs`, um das Dateisystem anzupassen:

```
sudo resize2fs -p /dev/mmcblk0p2
```

Der im Beispiel verwendete 2-Parameter `-p` dient dazu, den Fortschrittsbalken beim Anpassen des Dateisystems anzuzeigen.

```
Last login: Sun Sep 16 08:16:10 2012 from 192.168.123.32
pi@raspberrypi   $ sudo resize2fs /dev/mmcblk0p2
resize2fs 1.42.5 (29-Jul-2012)
Filesystem at /dev/mmcblk0p2 is mounted on /; on-line resizing required
old_desc_blocks = 1, new_desc_blocks = 1
Performing an on-line resize of /dev/mmcblk0p2 to 952704 (4k) blocks.
The filesystem on /dev/mmcblk0p2 is now 952704 blocks long.

pi@raspberrypi - $
```

Bild 4.19: Nach wenigen Minuten hat `resize2fs` die alte, nun jedoch vergrößerte Partition initialisiert.

Zum Abschluss der Maßnahme prüfen Sie nun auf der Konsole, ob der Speicherplatz auf dem Raspberry Pi tatsächlich auch angewachsen ist: Mit dem Kommando `df -h` listen Sie den Speicherplatz der aktiven Partitionen auf.

```
pi@raspberrypi - $ df -h
Filesystem       Size  Used Avail Use% Mounted on
rootfs           3.6G  1.8G  1.7G  51% /
/dev/root        3.6G  1.8G  1.7G  51% /
tmpfs             19M  236K   19M   2% /run
tmpfs            5.0M     0  5.0M   0% /run/lock
tmpfs             10M     0   10M   0% /dev
tmpfs             37M     0   37M   0% /run/shm
/dev/mmcblk0p1    56M   37M   20M  66% /boot
tmpfs             37M     0   37M   0% /tmp
pi@raspberrypi - $
```

Bild 4.20: Nach dem Angleichen des Dateisystems an die physikalische Größe der SD-Karte steht nun deutlich mehr Kapazität für den Raspberry Pi zur Verfügung.

Aussagekräftig ist die Kapazitätsangabe bei `rootfs` bzw. `/dev/root`: Hier sollten Sie im Fall einer 4-GByte-SD-Karte nun nahezu die doppelte Kapazität zur Verfügung haben. Über die Konsole lernen Sie einiges über die Funktionsweise und den Aufbau der Festplatten unter Linux – wem die Kommandozeile jedoch zu anstrengend ist, der kann die Partitionierung auch unter einem Linux-System mit dem Werkzeug `gparted` durchführen, wie im Kapitel »Größere Speicherkarte? – Image per GParted vergrößern« auf Seite 104 beschrieben.

4.5   Tuningmaßnahmen für den Raspberry Pi

Nach einer gewissen Zeit ist jeder Computer zu langsam, so auch der Raspberry Pi. Beim Raspberry Pi haben Sie aber den Nachteil, dass Sie hier nicht einfach mal zusätzlichen Arbeitsspeicher oder eine schnellere CPU einbauen können – die kompakte Bauweise macht einen hardwareseitigen Ausbau dahin gehend unmöglich. Was bleibt, sind die Eingriffe in die Kernel- und Betriebssysteminnereien, auch die Optimierung des Linux-Dateisystems kann hier ein paar Prozent zusätzliche Ressourcen bringen. Im Endeffekt hängt es vom Einsatzzweck und der Menge der auf dem Raspberry Pi installierten Dienste und Programme ab, wie schnell sich der Raspberry Pi anfühlt. Die nach-stehenden Tipps sorgen jedoch hier und da für Leistungssteigerungen.

4.5.1   Überblick über die Systemauslastung mit htop

Bevor Sie blind und auf gut Glück irgendwelche System- oder Konfigurationsänderun-gen durchführen, sollten Sie sich zunächst grundsätzlich darüber informieren, wo das Nadelöhr im System steckt: Mit dem passenden Werkzeug erfahren Sie, welche Prozesse wie viele Ressourcen benötigen. Anschließend können Sie sich entscheiden, ob Sie eventuell das eine oder andere Programm stattdessen auf einem anderen Rechner laufen lassen oder noch zusätzliche Dienste und Programme installieren wollen, sollte hier noch genügend CPU-Zeit und Speicher zur Verfügung stehen. Falls noch nicht vorhan-den, installieren Sie das Werkzeug htop per Kommando nach:

```
sudo apt-get install htop
```

Nach dem Start von htop werden die Speicher- und CPU-lastigen Prozesse absteigend aufgelistet. Je nach laufendem Service ändern sich die Angaben ständig, doch für eine Grundbeurteilung ist das schon mehr als ausreichend: Nimmt ein Prozess über einen längeren Zeitraum beispielsweise laufend eine CPU-Zeit von über 90 %, ist entweder der Raspberry zu schwach, oder der Prozess ist auf dem besten Weg, den Raspberry Pi am Anschlag zu betreiben. Hier hilft dann gegebenenfalls die Umkonfiguration der Spei-cherzuordnung des Raspberry Pi.

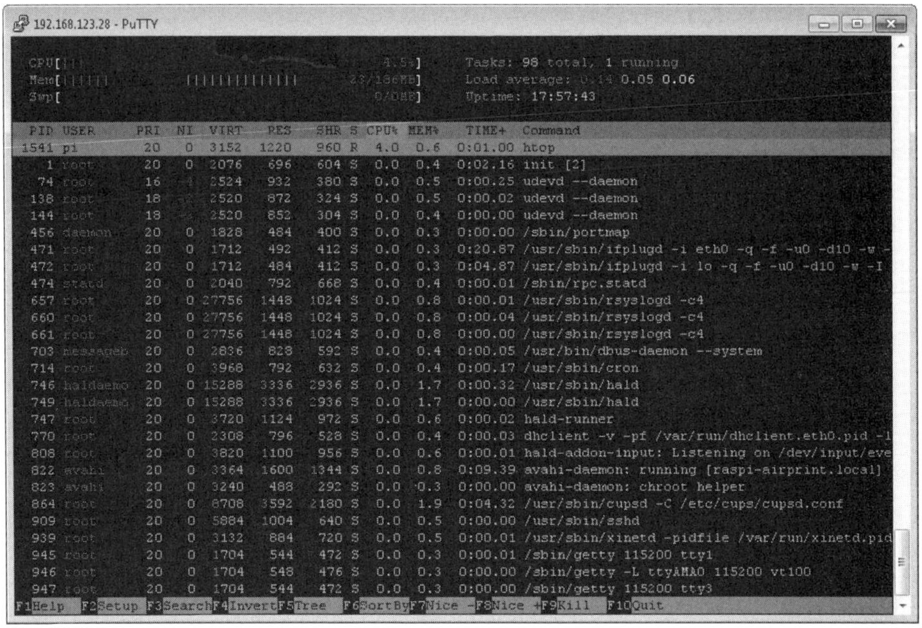

```
192.168.123.28 - PuTTY

CPU[|                                    1.5%]    Tasks: 98 total, 1 running
Mem[|||||        [||||||||||||||     123/186MB]    Load average: 0.14 0.05 0.06
Swp[                                   0/0MB]     Uptime: 17:57:43

 PID USER      PRI  NI  VIRT   RES   SHR S CPU% MEM%  TIME+   Command
1541 pi         20   0  3152  1220   960 R  4.0  0.6  0:01.00 htop
   1 root       20   0  2076   696   604 S  0.0  0.4  0:02.16 init [2]
  74 root       16  -4  2524   932   380 S  0.0  0.5  0:00.25 udevd --daemon
 138 root       18      2520   872   324 S  0.0  0.5  0:00.00 udevd --daemon
 144 root       18      2520   852   304 S  0.0  0.4  0:00.00 udevd --daemon
 456 daemon     20   0  1828   484   400 S  0.0  0.3  0:00.00 /sbin/portmap
 471 root       20   0  1712   492   412 S  0.0  0.3  0:20.87 /usr/sbin/ifplugd -i eth0 -q -f -u0 -d10 -w -
 472 root       20   0  1712   484   412 S  0.0  0.3  0:04.87 /usr/sbin/ifplugd -i lo -q -f -u0 -d10 -w -I
 474 statd      20   0  2040   792   668 S  0.0  0.4  0:00.01 /usr/sbin/rpc.statd
 657 root       20   0 27756  1448  1024 S  0.0  0.8  0:00.01 /usr/sbin/rsyslogd -c4
 660 root       20   0 27756  1448  1024 S  0.0  0.8  0:00.04 /usr/sbin/rsyslogd -c4
 661 root       20   0 27756  1448  1024 S  0.0  0.8  0:00.00 /usr/sbin/rsyslogd -c4
 703 messageb   20   0  2836   828   592 S  0.0  0.4  0:00.05 /usr/bin/dbus-daemon --system
 714 root       20   0  3968   792   632 S  0.0  0.4  0:00.17 /usr/sbin/cron
 746 haldaemo   20   0 15288  3336  2936 S  0.0  1.7  0:00.32 /usr/sbin/hald
 749 haldaemo   20   0 15288  3336  2936 S  0.0  1.7  0:00.00 /usr/sbin/hald
 747 root       20   0  3720  1124   972 S  0.0  0.6  0:00.02 hald-runner
 770 root       20   0  2308   796   528 S  0.0  0.4  0:00.03 dhclient -v -pf /var/run/dhclient.eth0.pid -l
 808 root       20   0  3820  1100   956 S  0.0  0.6  0:00.01 hald-addon-input: Listening on /dev/input/eve
 822 avahi      20   0  3364  1600  1344 S  0.0  0.8  0:09.39 avahi-daemon: running [raspi-airprint.local]
 823 avahi      20   0  3240   488   292 S  0.0 -0.3  0:00.00 avahi-daemon: chroot helper
 864 root       20   0  8708  3592  2180 S  0.0  1.9  0:04.32 /usr/sbin/cupsd -C /etc/cups/cupsd.conf
 909 root       20   0  5884  1004   640 S  0.0  0.5  0:00.00 /usr/sbin/sshd
 939 root       20   0  3132   884   720 S  0.0  0.5  0:00.01 /usr/sbin/xinetd -pidfile /var/run/xinetd.pid
 945 root       20   0  1704   544   472 S  0.0  0.3  0:00.01 /sbin/getty 115200 tty1
 946 root       20   0  1704   548   476 S  0.0  0.3  0:00.00 /sbin/getty -L ttyAMA0 115200 vt100
 947 root       20   0  1704   544   472 S  0.0  0.3  0:00.00 /sbin/getty 115200 tty3
F1Help F2Setup F3Search F4Invert F5Tree F6SortBy F7Nice - F8Nice + F9Kill F10Quit
```

Bild 4.21: Nach Download und Installation starten Sie das Werkzeug per Eingabe von htop im Terminalfenster.

4.5.2 Optimierung per Speichersplitting

Grundsätzlich gibt die Datei start.elf die Aufteilung des vorhandenen Gesamtspeichers auf dem Raspberry Pi zwischen Haupt- und Grafikspeicher für das Betriebssystem an. Nach der Grundinstallation befinden sich im /boot-Verzeichnis von Debian/Raspian unterschiedliche Dateien mit der Erweiterung *.elf. Egal, wie viele davon im Verzeichnis liegen – ausschließlich die Datei start.elf wird beim Start des Betriebssystems genutzt und ausgewertet. Standardmäßig ist diese bei einem Raspberry Pi mit insgesamt 256 MByte auf eine Zuteilung von 192 MByte Speicher für den RAM und 64 MByte für den Grafikspeicher (Debian) konfiguriert.

```
192.168.123.28 - PuTTY
pi@raspi-airprint:/opt/airprint$ htop
pi@raspi-airprint:/opt/airprint$ ls -latr /boot
total 28099
drwxr-xr-x  2 root root     2048 Jan  1  1970 .
drwxr-xr-x 22 root root     4096 May  6  2011 ..
-rwxr-xr-x  1 root root   314691 Apr 19  2012 loader.bin
-rwxr-xr-x  1 root root  3890436 Apr 19  2012 kernel.img
-rwxr-xr-x  1 root root 16412020 Apr 19  2012 kernel_emergency.img
-rwxr-xr-x  1 root root       26 Apr 19  2012 issue.txt
-rwxr-xr-x  1 root root      124 Apr 19  2012 cmdline.txt~
-rwxr-xr-x  1 root root    16528 Apr 19  2012 bootcode.bin
-rwxr-xr-x  1 root root  2029700 Apr 19  2012 arm224_start.elf
-rwxr-xr-x  1 root root  2029700 Apr 19  2012 arm192_start.elf
-rwxr-xr-x  1 root root  2029700 Apr 19  2012 arm128_start.elf
-rwxr-xr-x  1 root root  2029700 Apr 19  2012 start.elf
-rwxr-xr-x  1 root root      273 Apr 19  2012 boot.rc
-rwxr-xr-x  1 root root     1304 Nov  1 18:49 config.txt~
-rwxr-xr-x  1 root root     1303 Nov  1 19:10 config.txt
-rwxr-xr-x  1 root root      128 Nov  1 19:10 cmdline.txt
pi@raspi-airprint:/opt/airprint$ .
```

Bild 4.22: Bei einem Raspberry Pi mit 256 MByte Gesamtspeicher stehen in diesem Fall drei Konfigurationen von 128/192/224 MByte für den RAM zur Verfügung.

Die Zuordnung bzw. der Mechanismus dafür hängt auch vom Betriebssystem bzw. der Firmware des Raspberry Pi ab. Grundsätzlich hat sich folgende Aufteilung bei einem Raspberry Pi mit 256 MByte RAM in der Praxis bewährt:

RAM	Grafik VRAM	Anwendungsfall
128 MByte	128 MByte	GUI-Nutzung, viele Anwendungen mit Videofunktionen, Abspielen und Decodierungen, Streaming, XBMC, zwingend notwendig für Full-HD-1920-Wiedergabe.
192 MByte	64 MByte	GUI-Nutzung, hin und wieder Abspielen von Videos.
224 MByte	32 MByte	Prinzipiell keine GUI-Nutzung empfohlen, kein Abspielen von Videos, keine Hardware-Videobeschleunigung, ausschließlich Bereitstellen von Netzwerkservices.
240 MByte	16 MByte	Absolut keine GUI-Nutzung empfohlen sowie kein Abspielen von Videos, keine Hardware-Video-beschleunigung, ausschließlich Bereitstellen von Netzwerkservices.

Sind im /boot-Verzeichnis also die unterschiedlichen *.elf-Dateien enthalten, gehen Sie wie folgt vor: Möchten Sie bei einem Raspberry Pi nur noch 32 MByte für die GPU nutzen, ändern Sie die Zuteilung per Konsole wie folgt:

```
sudo cp /boot/arm224_start.elf /boot/start.elf
reboot
```

Anschließend stehen für den Arbeitsspeicher (RAM) 224 MByte zur Verfügung, für den Videospeicher (GPU) 32 MByte. Nach dem Neustart des Raspberry Pi ist die geänderte Aufteilung dann aktiv.

Wer ein Raspberry-Modell mit 512 MByte Gesamtspeicher im Einsatz hat, kann ebenfalls die Zuteilung ändern:

RAM	Grafik-VRAM	Anwendungsfall
256 MByte	256 MByte	GUI-Nutzung, viele Anwendungen mit Videofunktionen, Abspielen und Decodierungen, Streaming, XBMC, zwingend notwendig für Full-HD-1920-Wiedergabe.
384 MByte	128 MByte	GUI-Nutzung, viele Anwendungen mit Videofunktionen, Abspielen und Decodierungen, Streaming, XBMC, zwingend notwendig für Full-HD-1920-Wiedergabe.
448 MByte	64 MByte	Prinzipiell keine GUI-Nutzung empfohlen, kein Abspielen von Videos, keine Hardware-Videobeschleunigung, ausschließlich Bereitstellen von Netzwerkservices.
496 MByte	16 MByte	Absolut keine GUI-Nutzung empfohlen sowie kein Abspielen von Videos, keine Hardware-Video-beschleunigung, ausschließlich Bereitstellen von Netzwerkservices.

Seit Oktober 2012 gehört die Zuordnung des Speichers über die entsprechenden Dateien der Vergangenheit an. Diese sind in der bisherigen Form dann nicht mehr im /boot-Verzeichnis vorhanden – nur die bekannten Dateien start.elf und start_cd.elf sowie fixup*.elf sind mit der neuen Firmware zulässig. Hier wird die Aufteilung über einen Parameter in der Konfigurationsdatei config.txt gesteuert. Durch die Angabe von

```
gpu_mem=16
```

weisen Sie dem Grafikspeicher eine Größe von 16 MByte zu. Die hier zulässigen Werte liegen bei einem 256-MByte-RAM-Raspberry zwischen 16 und 192 MByte, bei dem Modell mit 512 MByte erstreckt sich der zulässige Bereich von 16 bis 448 MByte. Der übrige, nicht der Grafikkarte zugeordnete Speicher wird automatisch als RAM-Speicher genutzt.

4.5.3 Kommandozeilenfetischisten: GUI-Start unterbinden

Je nach verwendetem Betriebssystem auf dem Raspberry Pi gehen Sie unterschiedlich vor. Grundsätzlich nutzen Sie den Befehl raspi-config, um die Grundinstallation des Raspberry Pi einzustellen. Hier prüfen Sie, dass der Schalter boot_behaviourstart desktop on boot? auf No eingestellt ist. Möchten Sie später vom textbasierten Terminal die grafische X11-Oberfläche starten, machen Sie das einfach über den Befehl startx in der Konsole. Ist hingegen der raspi-config-Befehl nicht verfügbar, prüfen Sie, ob sich im Verzeichnis /etc/init.d das slim-Paket befindet:

```
ls /etc/init.d/slim | grep slim
```

Wenn ja, modifizieren Sie es dahin gehend, dass Sie die Ausführen-Rechte per

```
sudo chmod 644 /etc/init.d/slim
```

entziehen, oder Sie entfernen das slim-Paket komplett vom Raspberry Pi mit dem Kommando

```
sudo apt-get purge slim
```

Damit die Änderungen nun aktiv werden können, starten Sie den Raspberry Pi neu.

4.5.4 Arbeitsspeicher unterstützen: Swapdatei anlegen

Gerade bei Systemen mit knapp bemessenem Arbeitsspeicher bringt die Einrichtung einer sogenannten Auslagerungsdatei bzw. eines Auslagerungsspeichers ein großes Plus an Performance. Gerade wenn viele Dienste und Programme aktiv sind, benötigen diese mehr Speicher, als physikalisch vorhanden ist. Damit hier das Betriebssystem flexibel agieren kann, arbeitet Linux beispielsweise nicht direkt mit dem physikalischen, sondern mit dem virtuellen Arbeitsspeicher, der sich aus dem physikalischen RAM und einem definierten Speicherbereich auf der Festplatte zusammensetzt. Hier wird der virtuelle Arbeitsspeicher auf der Festplatte durch die Swappartition oder als Swapdatei zur Verfügung gestellt.

```
cd /var
sudo dd if=/dev/zero of=/swapfile bs=1M count=128
sudo mkswap /var/swapfile
sudo swapon /var/swapfile
```

Um eine sogenannte Swapdatei auf dem Raspberry Pi zu erstellen, müssen eine Datei geöffnet und mit dem dd-Befehl so viele Bytes hineingeschrieben werden, wie die Swapdatei groß sein soll. Anschließend muss die Swapdatei mit dem Befehl mkswap formatiert werden. Abschließend erfolgt die Aktivierung im System per swapon-Befehl.

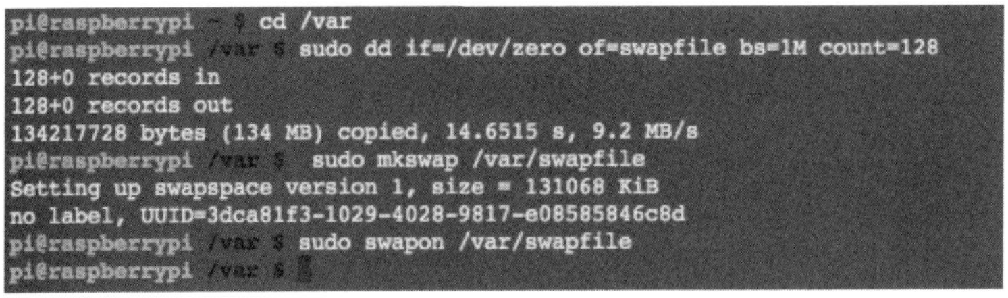

Bild 4.23: Nach der Aktivierung der Swapdatei mithilfe des swapon-Befehls ist diese auch umgehend auf dem Raspberry Pi aktiv.

Im nächsten Schritt binden Sie die erstellte Swapdatei in das Dateisystem des Raspberry Pi ein. Dafür ist ein Eingriff in die Systemdatei fstab notwendig.

4.5.5 Swapdatei in fstab konfigurieren

Grundsätzlich finden Sie in der Datei /etc/fstab alle Datenträger bzw. die entsprechenden Partitionen, die beim Systemstart des Raspberry Pi automatisch eingehängt werden sollen. Um nun diese Datei zu öffnen und zu bearbeiten, sind natürlich root-Rechte notwendig. Mit dem Kommando

```
sudo bash
nano /etc/fstab
```

öffnen Sie die Konfigurationsdatei und kommentieren den /var/swapfile-Eintrag aus, falls dieser bereits in der fstab-Datei vorhanden ist. In diesem Fall entfernen Sie das führende Lattenzaunsymbol (#). Ist der Eintrag noch nicht vorhanden, tragen Sie diesen nach – die Abstände zwischen den Einträgen/Werten stellen Sie mit der ⎡Tab⎤-Taste her.

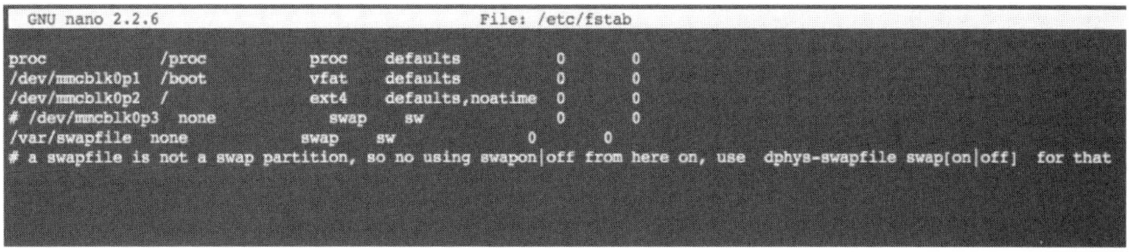

```
  GNU nano 2.2.6                          File: /etc/fstab

proc            /proc           proc    defaults        0       0
/dev/mmcblk0p1  /boot           vfat    defaults        0       0
/dev/mmcblk0p2  /               ext4    defaults,noatime 0      0
# /dev/mmcblk0p3 none           swap    sw              0       0
/var/swapfile   none            swap    sw              0       0
# a swapfile is not a swap partition, so no using swapon|off from here on, use  dphys-swapfile swap[on|off]  for that
```

Bild 4.24: Damit die Änderung bzw. die Swapdatei auch noch nach einem Neustart des Raspberry Pi aktiv ist, tragen Sie diese in die fstab-Datei ein.

Da bei der Gelegenheit gerade die fstab-Datei geöffnet ist, können Sie hier auch noch das Speichern der Zugriffszeit einer Datei bzw. auf ein Verzeichnis auf dem Raspberry Pi unterbinden, was einen kleinen Geschwindigkeitsschub bringen kann.

4.5.6 Dateien und Verzeichnisse via fstab optimieren

Auch die Datenpartition der SD-Karte ist in der fstab-Datei eingetragen, damit diese nach dem Start des Raspberry Pi dem Betriebssystem zur Verfügung steht. Hier fügen Sie in der Zeile hinter dem defaults,noatime-Eintrag noch den nodiratime-Parameter hinzu. Grundsätzlich ist es so, dass Linux standardmäßig die letzte Zugriffszeit einer Datei (atime) speichert. Für den Raspberry Pi-Einsatz wird diese Information in der Regel nicht benötigt – auch die Zeit des Zugriffs auf ein Verzeichnis ist uninteressant, was hier einen kleinen Geschwindigkeitsschub bringen kann.

Nach der Änderung speichern Sie die Datei, aktiv wird die Tuningmaßnahme jedoch erst nach dem Neustart des Raspberry Pi.

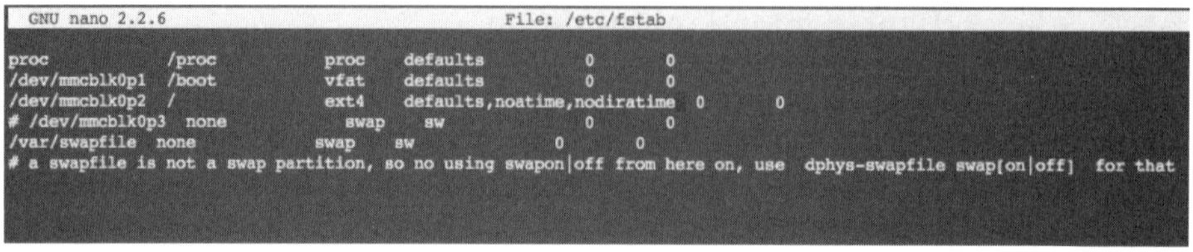

```
GNU nano 2.2.6                          File: /etc/fstab

proc            /proc           proc    defaults          0       0
/dev/mmcblk0p1  /boot           vfat    defaults          0       0
/dev/mmcblk0p2  /               ext4    defaults,noatime,nodiratime 0      0
# /dev/mmcblk0p3 none           swap    sw                0       0
/var/swapfile   none            swap    sw                0       0
# a swapfile is not a swap partition, so no using swapon|off from here on, use  dphys-swapfile swap[on|off]  for that
```

Bild 4.25: `fstab`-Tuning für Profis: Der gesetzte Parameter `noatime` sorgt dafür, dass die Dateizugriffszeiten nicht gespeichert werden – analog dazu ist der Parameter `nodiratime` für die Verzeichnisse zuständig.

4.5.7 Konsolen reduzieren

Für Geizkragen: Wer in Sachen Speicherbedarf weiter optimieren möchte, schaltet über die Datei noch ein paar Konsolen ab – in der Regel werden ja nicht mehr als zwei benötigt. Dafür öffnen Sie die Datei

```
sudo nano /etc/inittab
```

und kommentieren dort mit dem Lattenzaunsymbol (#) die Gettys 2 bis 6 aus:

Bild 4.26: Erst nach dem Speichern und einem Neustart des Raspberry Pi wird die Änderung aktiv.

Anschließend stehen nach dem Neustart nur noch zwei Konsolen zur Verfügung, die Sie mit den Tastenkombinationen Strg + Alt + F1 und Strg + Alt + F2 erreichen können.

5 Ersteinrichtung: Schritt für Schritt zum perfekten System

Wer einen perfekt abgestimmten Raspberry Pi in seinem Heimnetz in Betrieb nehmen will, der stellt nach der Installation sein System so zusammen, wie es dafür notwendig ist. Da der Raspberry Pi im Vergleich zu einem Computer kein BIOS oder EFI besitzt, arbeiten Sie hier mit Konfigurationsdateien und vielen Parametern. Dazu ist es vonnöten, etwas dazuzulernen und verschiedene Linux-Kommandos in der Konsole anzuwenden. Nur so haben Sie die Möglichkeit, direkt auf die vorhandenen Programme und Dienste, die Anpassung der Spracheinstellungen und der Tastatur Einfluss zu nehmen, aber auch später das Netzwerk einzurichten und vieles mehr.

5.1 Man schreibt deutsch: Konsoleneinstellungen anpassen

Falls der Raspberry Pi nach dem erstmaligen Start kein Konfigurationsmenü anzeigt, können Sie dies per Eingabe von

```
sudo raspi-config
```

manuell starten, um die Ersteinrichtung vorzunehmen. Haben Sie den amerikanischen Tastaturtreiber geladen, müssen Sie statt der Bindestrichtaste die Taste ß nutzen, da derzeit noch die falsche Tastatureinstellung aktiv ist. Nach dem Start von `raspi-config` navigieren Sie mit den Pfeiltasten und der Tab -Taste in der textbasierenden Benutzeroberfläche. Zunächst passen Sie die Konsoleneinstellungen an und stellen hier über den Menüpunkt `change_locale` die Standardeinstellungen der Lokalisierung auf Deutsch (`de_DE.UTF-8`, `de_DE.ISO-8859-1`, `de_DE.ISO-8859-15@euro`) um.

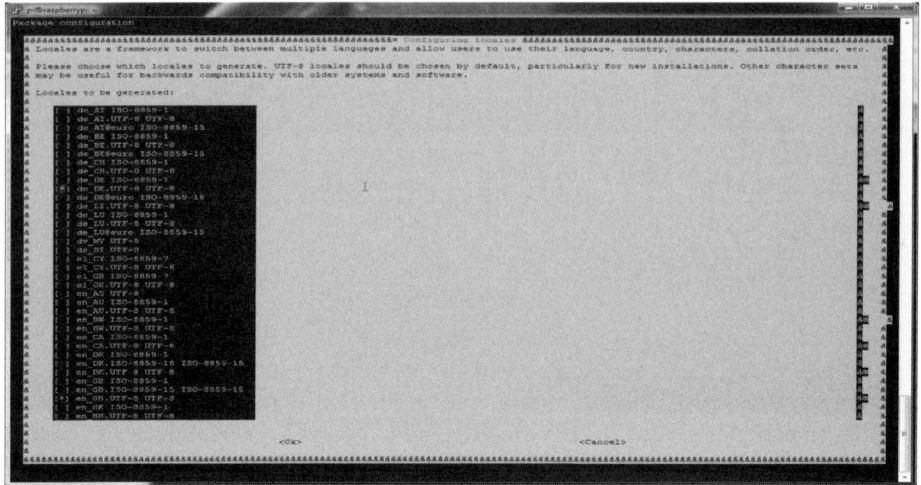

Bild 5.1: Dieser Eingriff zählt sowohl für die deutsche Tastaturbelegung – falls eine USB-Tastatur eingesteckt ist – als auch für die Codierung der Konsole via SSH.

Ist das Terminal nun auf die deutsche Sprache und die UTF-8-Codierung umgestellt, prüfen Sie das eingestellte Tastaturlayout des Raspberry Pi. Hier wählen Sie im Hauptmenü von `raspi-config` den Punkt `configure_keyboard` aus. Verbinden Sie sich vorwiegend von Ihrem Computer über SSH mit dem Raspberry Pi, ist die Auswahl der Tastatur `Generic 105-key (Intl) PC` zu empfehlen.

Um das Keyboard-Layout auf QWERTZ umzustellen, wählen Sie im darauffolgenden Dialog den Eintrag `Other` aus, um zur Sprachauswahl zu gelangen. Dort navigieren Sie mit den Pfeiltasten zum Eintrag `German` und wählen mit der Tab-Taste den `OK`-Eintrag aus.

Im anschließenden Dialog wählen Sie abermals `German` aus, und nach der Bestätigung mit `OK` erscheint ein Dialog, in dem Sie die Funktion der Alt Gr-Taste der Tastatur festlegen können. Hier, wie auch bei der Konfiguration des sogenannten `ComposeKey`, behalten Sie die Standardeinstellungen bei.

Zu guter Letzt können Sie die Tastenfolge Strg+Alt+Rück noch als Tastenkombination für das Beenden des X-Servers festlegen. Das ist beim Raspberry Pi meist ohne Belang, wenn dieser ohne grafische GUI genutzt wird. Stellen Sie sicher, dass der Schalter `boot_behaviour start desktop on boot?` auf `No` eingestellt ist. Möchten Sie später einmal vom textbasierten Terminal die grafische X11-Oberfläche starten, verwenden Sie dafür einfach den Befehl `startx` in der Konsole.

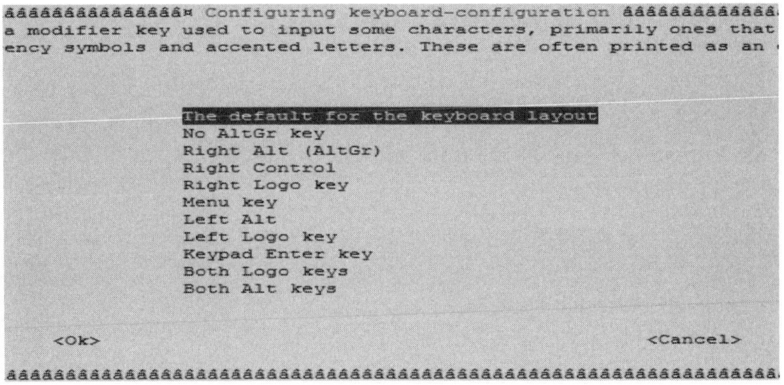

Bild 5.2: Neben der ⌐Alt Gr⌐-Taste können Sie auch bei der Konfiguration des ComposeKey die Standardeinstellungen beibehalten.

Damit die Änderungen nun aktiv werden können, beenden Sie das raspi-config-Menü per Auswahl von Finish und starten im darauffolgenden Dialog bei Would you like to reboot now? per Auswahl von Yes den Raspberry Pi neu. Falls Sie später erneut einen Neustart vornehmen wollen, können Sie dies auch mit dem Kommando

```
sudo reboot
```

tun. Sollte nach dem Reboot wieder das US-Keyboard auf dem Raspberry aktiv sein, prüfen Sie die Einstellungen der konfigurierten Tastatur mit dem Befehl

```
sudo dpkg-reconfigure keyboard-configuration
```

Um nachträglich auf der Konsole Änderungen an der Lokalisierung und Zeitzone vorzunehmen, können Sie die Befehle

```
sudo dpkg-reconfigure tzdata
sudo dpkg-reconfigure console-setup
```

nutzen, um direkt die entsprechende Konfiguration zu starten. Erscheint beispielsweise beim Aktualisieren via apt-get upgrade des Betriebssystems die Meldung

```
Current default time zone: 'Europe/London'
Local time is now:  Thu Nov 30 18:27:42 GMT 2012.
Universal Time is now: Thu Nov 30 18:27:42 UTC 2012.
Run 'dpkg-reconfigure tzdata' if you wish to change it.
```

dann verlassen Sie umgehend die Insel und kehren nach der Neukonfiguration nach 'Europe/Berlin' zurück.

5.2   Konsolen-Basics: wichtige Befehle im Überblick

Die Konsole bzw. bei Linux und Mac OS das Terminal kommt standardmäßig im Text-
modus daher und lässt sich auch vom Window-Manager aus starten. Damit sich Linux-
Neulinge ebenfalls auf Anhieb auf der Kommandozeile wohlfühlen, gibt es hier die
wichtigsten Befehle im Überblick:

Beschreibung	Befehl
Beendet den angegebenen laufenden Prozess	kill
Befehl als Superuser ausführen	sudo [BEFEHL]
Benutzer ändern	usermod [BENUTZER]
Benutzer hinzufügen	useradd [BENUTZER]
Benutzer löschen	userdel [BENUTZER]
Datei kopieren	cp [dateiname.erweiterung] [ZIEL]/
Datei löschen	mv [dateiname.erweiterung]
Datei suchen	find -name "[dateiname.erweiterung]"
Datei verschieben	mv [dateiname.erweiterung] [ZIEL]/
Dateiinhalt anzeigen	less [dateiname.erweiterung]
Dienste auf dem Raspberry Pi beenden	service [dienstname] stop
Dienste auf dem Raspberry Pi starten	service [dienstname] start
Dienste auf dem Raspberry Pi neu starten	service [dienstname] restart
DNS-Informationen herausfinden	host
Editor nano	nano [Pfad][Dateiname] Strg-Taste und X zum Speichern und Beenden
Editor vi	vi [Pfad][Dateiname] Esc-Taste und :q zum Speichern i-Taste zum Ändern/Einfügen von Text
Erzeugt Links zwischen Dateien und Ordner	ln
Freien Speicherplatz anzeigen	df -h
GZ-Archiv auspacken	gunzip [dateiname.gz]
Hilfe zu einzelnen Befehlen	man [BEFEHL]
Laufende Prozesse beenden und System herunterfahren	halt
Liste der aktiven Prozesse anzeigen	ps −ax
Liste der bisher eingegebenen Kommandos anzeigen	history

Beschreibung	Befehl
MAC-Adresse herausfinden	arp −a
Netzwerkkonfiguration anzeigen	ifconfig
Ordner löschen	rmdir [ORDNERNAME]
Ordner wechseln	cd /[ORDNERNAME]
Ordnerinhalt anzeigen	ls oder ls −al
Passwort ändern	passwd
SSH-Verbindung zu entferntem Computer aufnehmen	ssh [IP-Adresse] oder: ssh [DNS-Adresse] Bei Benutzerwechsel den gewünschten Benutzernamen vor [IP-Adresse] bzw. [DNS-Adresse]: ssh_benutzername@[IP-Adresse]
TGZ-Archiv entpacken	tar xzvf [dateiname.tgz]
Zeigt den aktuellen Standort im Ordner	lwd
Zeigt den Hostnamen an	hostname
Zeigt den Pfad eines Programms an	which

Um weitere Informationen zu einem Befehl zu erhalten, nutzen Sie am besten den man-Mechanismus. Mit dem man-Befehl (von Manual, Handbuch) wirft die Konsole für nahezu jeden Konsolenbefehl die passende Syntax mit Parametern aus. Geben Sie beispielsweise man cp ein, werden sämtliche Parameter zum Kopieren der Datei/des Ordners aufgelistet.

5.2.1 chmod: effektive Berechtigungen

Eine Spezialität unter Unix im Allgemeinen ist der Befehl chmod, mit dem Sie den Zugriff auf Dateien und Verzeichnissen regeln können. Das Unix-Rechtesystem hat drei verschiedene Bereiche:

- Benutzer (user)

- Gruppe (group)

- Andere (other)

Für jeden Bereich können folgende Eigenschaften zugewiesen werden:

- r = lesbar (readable), Wert: 4

- w =beschreibbar (writeable), Wert: 2

- x =ausführbar (executable), Wert: 1

Beim Linux des Raspberry Pi, also wenn Sie beispielsweise `ls` ausführen, werden diese Eigenschaften im folgenden Format angezeigt:

```
rwxrwxrwx
```

Die ersten drei Buchstaben gelten für den Bereich `user`, weitere drei gelten für `group`, und die letzten drei stehen für `other`. Der Ausdruck `rwxr--r--` bedeutet: Der Besitzer darf die Datei lesen, schreiben und ausführen; alle andere Personen haben nur Lesezugriff. Um die Darstellung in Form einer oktalen Zahl zu erhalten, muss man alle Werte für jeden Bereich addieren. In diesem Fall gilt: (4 + 2 + 1) (4) (4) = 744. So können Sie mit

```
chmod 744 [DATEINAME.DATEIERWEITERUNG]
```

die entsprechenden Rechte setzen.

6 Raspberry im Netzwerk

Wenn Sie den Raspberry Pi in das Heimnetz und in das Internet bringen möchten, muss dieser über ein Kabel an den Verteiler (Router) angeschossen werden. Ist das nicht der Fall, können Sie eine Netzwerkverbindung auch per Funk anlegen. Dazu benötigen Sie nur einen passenden WLAN-Adapter für den Raspberry Pi. Bei der hier vorgestellten Lösung für den Raspberry Pi können Sie prinzipiell statt eines Netzwerkkabels auch einen WLAN-Adapter verwenden, der extra gekauft werden muss.

Es spielt keine Rolle, welche Netzwerkschnittstelle Sie im Endeffekt nutzen, standardmäßig ist auf dem Raspberry Pi ein DHCP-Client aktiv, der seine Netzwerkparameter vom DHCP-Server (*Dynamic Host Configuration Protocol*) in Ihrem Heimnetz bezieht. Bekanntlich liefert DHCP nicht nur die IP-Adresse, sondern es lassen sich auch Einstellungen zum DNS-Server, zum Gateway, zur Netzmaske, zur Domain und noch weitere mithilfe von Optionen automatisch vergeben.

Die IP-Adresse des Raspberry Pi kann statisch, aber in Abhängigkeit von der MAC-Adresse des Rechners auch dynamisch zugewiesen werden. Kurzum: Der Raspberry Pi bekommt seine IP-Adresse und die dazugehörigen Netzwerkeinstellungen automatisch zugewiesen.

6.1 Raspberry Pi über SSH steuern: PuTTY, Terminal & Co. im Einsatz

Ein besonders sicherer Zugriff auf Unix-basierte Systeme ist grundsätzlich über eine sogenannte sichere, verschlüsselte Verbindung nicht nur möglich, sondern über das Internet aus Sicherheitsgründen auch dringend zu empfehlen. Erfolgt der Zugriff über die WLAN-Schnittstelle, gilt dies umso mehr. So wird nicht nur das WLAN im Allgemeinen durch eine sichere Routerkonfiguration mit dem Einsatz von WPA/WPA2 sicherer, auch der Zugriff via SSH sorgt für eine zusätzliche Sicherheit, damit Unbefugte keinen Unsinn auf dem Zielcomputer anstellen können. Ist der SSH-Zugriff einmal eingerichtet, können Sie benutzerabhängig nahezu nach Belieben auf die System- und Nutzerdaten auf dem Zielcomputer zugreifen, Daten hin- und herkopieren und vieles mehr.

6.1.1 Praktisch und sicher: Zugriff über SSH

Ein Raspberry Pi benötigt für seinen Betrieb keine angeschlossene Peripherie wie Maus, Tastatur oder Bildschirm und ist deshalb aufgrund seiner Flexibilität auch für außergewöhnliche Orte interessant. Wer seinen Raspberry Pi mit installiertem Linux beispielsweise in der Garage als Überwachungs- bzw. Alarmanlage laufen lassen, diesen aber bequem vom Schreibtisch oder vom Sofa aus administrieren möchte, der wird die SSH-Funktionalität zu schätzen wissen. Damit lässt sich die entfernte Kommandozeile quasi so auf den lokalen Rechner holen, als säße man direkt in der Garage vor einem angeschlossenen Bildschirm mit Tastatur.

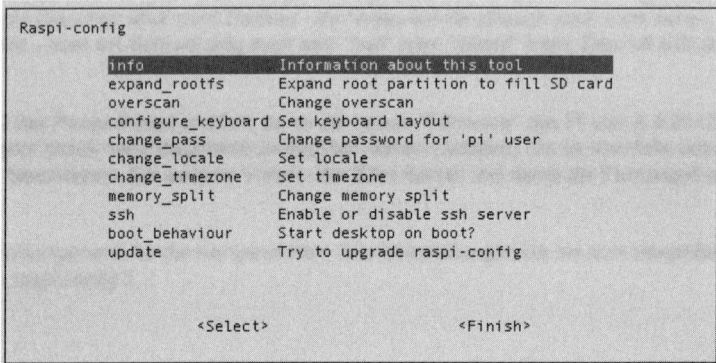

Bild 6.1: Grundvoraussetzung für den SSH-Zugriff ist selbstverständlich ein installierter SSH-Client auf dem Computer sowie ein installierter und konfigurierter SSH-Server auf dem Raspberry Pi.

Nach dem erstmaligen Einschalten des Raspberry Pi erscheint ein Konfigurationsdialog, in dem sich der Start des SSH-Servers festzurren lässt, damit dieser nach jedem Einschalten zur Verfügung steht. Anschließend können Sie sich über das Netzwerk mit jedem beliebigen Client über das sichere SSH-Protokoll mit dem Raspberry Pi verbinden.

6.1.2 Debian Squeeze: SSH einschalten

Die Wahl des Betriebssystems auf dem Raspberry Pi hängt vor allem vom zukünftigen Einsatzzweck und den damit verbundenen Funktionen ab: Wer beispielsweise statt Debian Wheezy (Debian 7) noch den Vorgänger Debian Squeeze (Debian 6) einsetzt, kann einfach in der ersten Partition der SD-Karte (FAT32-/boot-Partition) per Umbenennen der Datei boot_enable_ssh.rc in boot.rc die SSH-Funktionalität einschalten.

Bild 6.2: SSH einschalten: Ist die Datei umbenannt, entfernen Sie die SD-Karte vom Computer.

Nach dem Einstecken in den Raspberry Pi wird der eingebaute SSH-Server aktiviert und ist nun wie gewohnt über das Heimnetzwerk mit einem passenden SSH-Client erreichbar. Manche Betriebssysteme wie Mac OS X und Linux bringen nicht nur einen eingebauten SSH-Client, sondern auch einen eingebauten SSH-Server mit, und dann ist es auch möglich, darauf von nicht Unix-basierten Betriebssystemen wie Windows zuzugreifen. Dafür ist jedoch auch hier die Installation eines SSH-Clients notwendig.

6.1.3   Keine Installation nötig: Windows-Zugriff über PuTTY

Falls noch nicht geschehen: Laden Sie sich ein SSH-Clientprogramm auf den Windows-PC, um damit den sicheren Zugriff auf den Mac zu ermöglichen. PuTTY ist für Puristen der Kommandozeile eine wahre Freude, wer lieber in der Fensterwelt arbeiten möchte, für den steht mit WinSCP (*www.winscp.com/*) ein entsprechendes Werkzeug zur Verfügung.

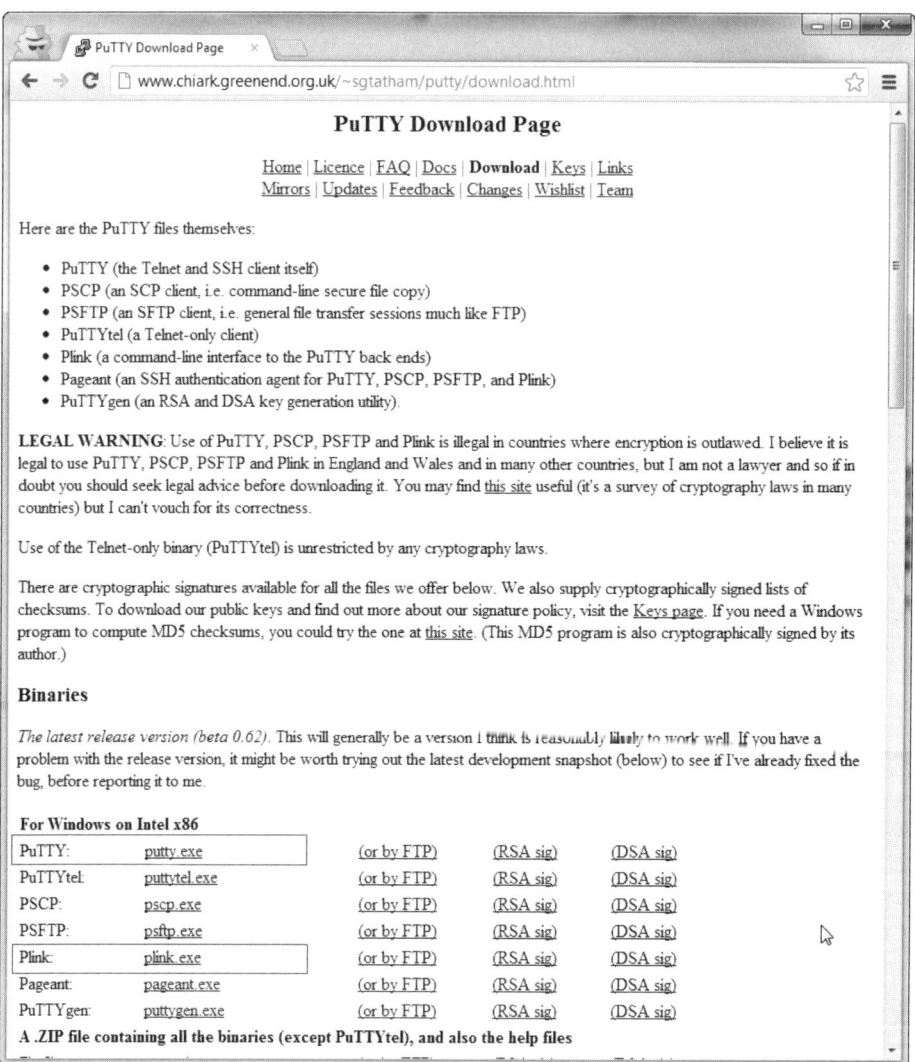

Bild 6.3: Unter der URL
http://www.chiark.greenend.org.uk/~sgtatham/putty/download.html erhalten Sie das
praktische Werkzeug PuTTY, um per Kommandozeile auf Unix-/Linux-basierte Geräte
zugreifen zu können.

Nach dem Herunterladen von PuTTY bzw. WinSCP stellen Sie die Verbindung mit dem
Raspberry Pi her.

Praktisch und übersichtlich: PuTTY-Vollbildmodus einschalten

Gerade am Anfang bei der Einrichtung des Raspberry Pi arbeitet man sehr viel auf der Konsole, bis der Raspberry Pi so weit eingerichtet ist, wie man es sich wünscht. Gerade beim Neustart von PuTTY ist es lästig, dauernd das Fenster auf die gewünschte Größe mit der Maus einzustellen – hier ist die Vollbildanzeige weitaus sinnvoller. Diese können Sie über die Tastenkombination [Alt]+[Enter] bei aktiviertem PuTTY nutzen und so auch wieder in den Fenstermodus zurückwechseln.

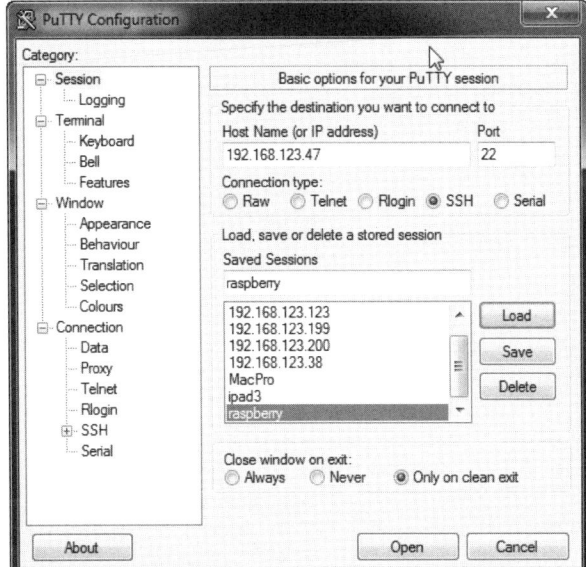

Bild 6.4: Ist die Tastenkombination [Alt]+[Enter] nicht aktiviert, können Sie den PuTTY-Vollbildmodus auch per Rechtsklick in die Titelleiste des Terminalfensters starten.

Um den Vollbildmodus standardmäßig einzuschalten, wählen Sie bei gestartetem PuTTY im linken Fensterbereich den Eintrag *Behaviour* aus und aktivieren dort anschließend die Funktion *Full screen on Alt-Enter*. Soll dies nicht nur für das aktuelle, sondern auch für alle anderen Terminalfenster zukünftig gelten, speichern Sie die Einstellung im Bereich *Session*. Dort markieren Sie unter *Load, save or delete a stored session* den Eintrag *Default Settings* und klicken anschließend auf die *Save*-Schaltfläche.

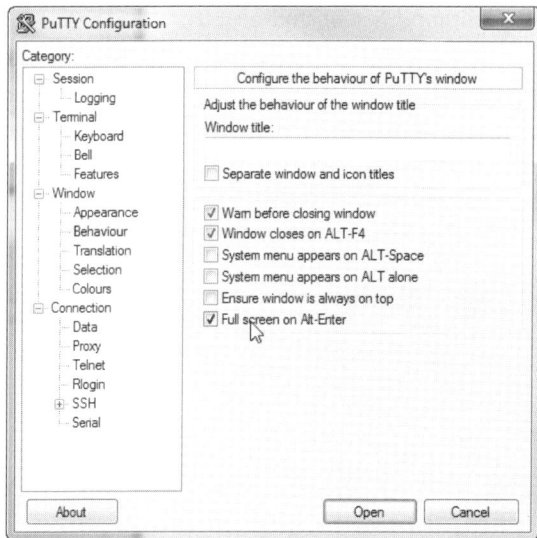

Bild 6.5: Wer PuTTY im Vollbildmodus, also im Fullscreen-Mode, verwenden möchte, setzt hier das passende Häkchen.

Bei einer bereits bestehenden, gespeicherten Session zählt die Anpassung jedoch nicht, hier müssen Sie zunächst das entsprechende Profil laden, die Tastenkombination wie oben beschrieben aktivieren und dann das Profil wieder speichern.

6.1.4 Raspberry Pi per Mausklick abschalten

Auf der oben angegebenen Download-Seite von PuTTY finden Sie auch ein zusätzliches Programm mit der Bezeichnung `plink.exe`. Dieses legen Sie in das gleiche Verzeichnis, in dem bereits das Programm `putty.exe` abgelegt ist. In dem nachstehenden Beispiel liegt sowohl die Datei `putty.exe` als auch die Datei `plink.exe` im Verzeichnis `C:\` der Windows-Festplatte. Anschließend erstellen Sie mit einem Editor eine Batchdatei mit folgendem Inhalt:

```
echo off
c:\plink.exe -ssh -pw openelec root@192.168.123.47 poweroff
exit
```

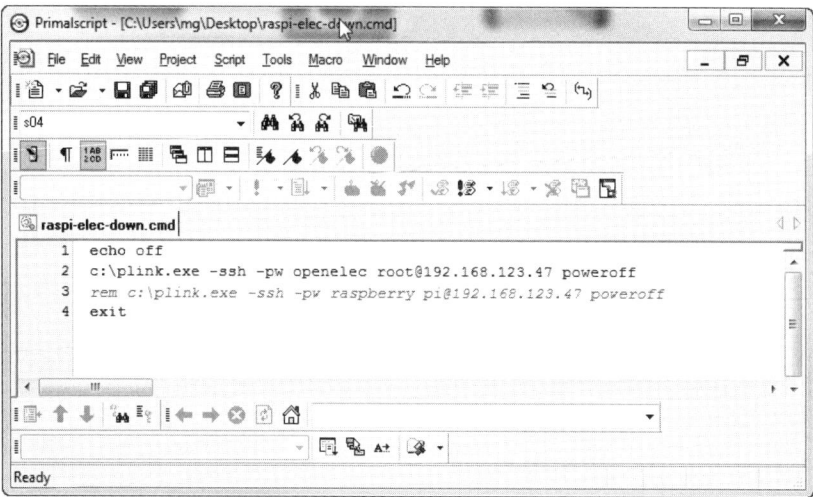

Bild 6.6: In diesem Beispiel werden der Benutzer `root` und das Passwort `openelec` genutzt – bei einer Standard-Raspberry Pi-Installation lautet der Benutzer `pi`, und das Passwort ist `raspberry`.

Speichern Sie die Datei anschließend mit einer aussagekräftigen Bezeichnung sowie mit der Dateiendung `.cmd` ab. Die Datei kann ebenfalls im selben Verzeichnis wie die PuTTY-Tools abgelegt werden – hier ist anschließend eine Desktopverknüpfung auf die `cmd`-Batchdatei notwendig. Alternativ legen Sie die `cmd`-Datei direkt auf dem Windows-Desktop an. Nun ersparen Sie sich das Einloggen und Herunterfahren des Raspberry Pi.

6.1.5 Mac OS X: SSH-Zugriff über die eingebaute Konsole

Im Gegensatz zu Windows ist der SSH-Client bei Mac OS X schon von Haus aus dabei. Also ist nur noch das Öffnen eines Terminalfensters über *Programme/Dienstprogramme/ Terminal* nötig, dann lässt sich per Befehl

```
ssh root@IP-ADRESSE
```

der Zugriff auf den Zielcomputer herstellen. Nach Eingabe des Passworts steht das Dateisystem der Gegenstelle zur Verfügung. Wer es hier etwas bequemer mag, holt sich die Freeware Cyberduck, mit der Sie einfach per Drag-and-drop Dateien und ganze Verzeichnisse vom Mac zum Zielcomputer hin- und herschieben können.

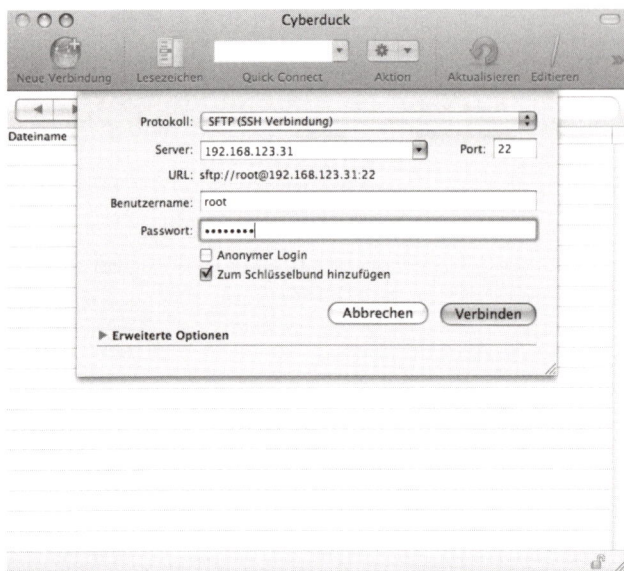

Bild 6.7: Nach Download, Installation und Start von Cyberduck stellen Sie zunächst eine Verbindung per Klick auf *Neue Verbindung* her.

Vor dem Verbindungsaufbau konfigurieren Sie Cyberduck, wie in der obigen Abbildung zu sehen, mit dem SFTP-Protokoll und tragen bei *Server* die IP-Adresse des Raspberry Pi ein. Alternativ nutzen Sie – falls konfiguriert – den DNS-Namen der Gegenstelle. Die Standardeinstellung für den SSH-Port ist 22 und braucht nicht geändert zu werden. Für *Benutzername* verwenden Sie den Account, der Ihnen für den Zielcomputer zur Verfügung steht – bei *Passwort* das dazugehörige Kennwort.

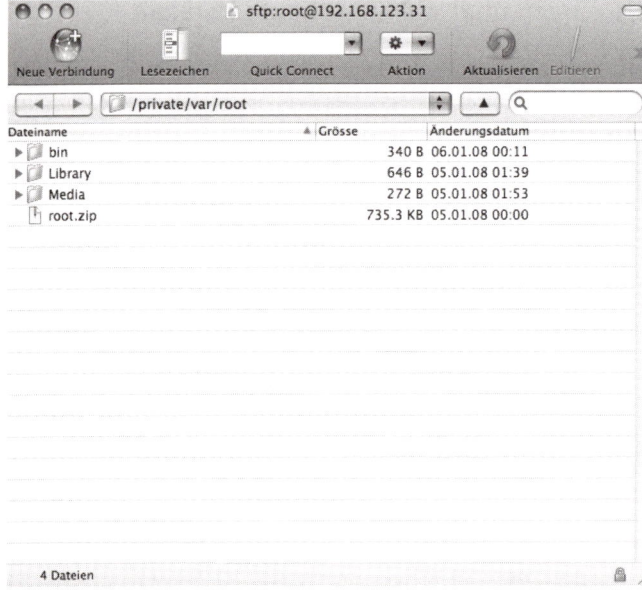

Bild 6.8: Ist Cyberduck via SSH verbunden, können Sie einfach per Maus im Dateisystem navigieren.

Ist der SSH-Zugriff erfolgreich hergestellt, lässt sich nach Belieben schalten und walten: Das Haupteinsatzgebiet über die SSH-Konsole ist die Fernwartung des Zielcomputers, was sich nun nicht nur ruck, zuck bewerkstelligen lässt, sondern auch dank der genutzten Verschlüsselung sicher vonstatten geht.

6.1.6 Ubuntu: SSH-Zugriff nachrüsten

Ähnlich wie bei Mac OS X ist bei Linux-Systemen in der Regel der SSH-Client mit an Bord. Doch manchmal kommt es bei extrem schlank konfigurierten Linux-Derivaten vor, dass er nachinstalliert werden muss: Bei dem weitverbreiteten Ubuntu-Linux beispielsweise nutzen Sie dafür den Befehl

```
apt-get install ssh
```

um die SSH-Installation auf dem System nachzuholen.

6.2 WLAN-Adapter nachrüsten: Achtung, Chipsatz!

Neue, für den Raspberry Pi angepasste Betriebssysteme bringen seit Oktober 2012 eine eingebaute Kernel-Treiberunterstützung für USB-WLAN-Adapter mit, die auf dem Realtek-Chipsatz (RTL8188CUS u. Ä.) beruhen. So installieren Sie entweder den Raspberry Pi per Neuaufspielen des Betriebssystem-Image samt Neueinrichtung der Dienste etc. neu, oder Sie aktualisieren das System über die bekannten Kommandos:

```
sudo apt-get update
sudo apt-get install raspberrypi* raspi-config
sudo apt-get upgrade
```

Wer noch zusätzlich auf den Schaltungssimulator `smartsim` und das Spiel `penguinspuzzle` Wert legt, installiert diese per `apgt-get`-Kommando nach:

```
sudo apt-get install smartsim penguinspuzzle
```

Planen Sie also den Einsatz eines WLAN-Adapters am Raspberry Pi, sollten Sie bereits beim Kauf des WLAN-Adapters darauf achten, dass dieser mit einem Chip der Marke Realtek – dem RTL8188CUS – ausgestattet ist.

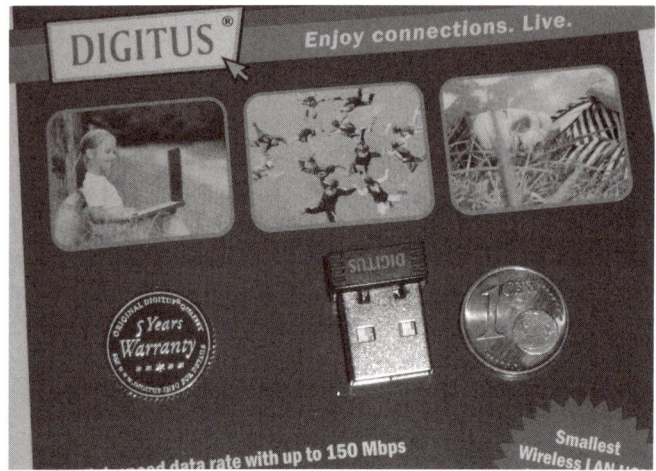

Bild 6.9: Der Realtek RTL8188CUS ist weitverbreitet und steckt in vielen USB-WLAN-Adaptern von unterschiedlichen Herstellern. Hier ist es der Digitus Nano, der kaum größer als eine Ein-Cent-Münze ist – er ist für rund 8 Euro im Fachhandel erhältlich.

Hier können Sie dann ohne weiteres Zutun die Steckkarte nutzen und sie direkt mit den passenden WLAN-Tools oder den Konfigurationsparametern über die Netzwerkeinstellung des Raspberry Pi konfigurieren. Grundsätzlich erfahren Sie mit den Kommandos `lsusb` und `dmesg`, welche Geräte gerade auf dem USB-Bus aktiv sind.

Hersteller	WLAN-Adapter	USB-ID
Belkin Components	F7D1102 N150/Surf Micro Wireless Adapter v1000	050d:1102
D-Link	DWA 121 802.11n Wireless N 150 Pico Adapter	2001:3308
D-Link	DWA 130C Wireless N USB Adapter	2001:3302
Edimax Technology	EW 7811Un 802.11n Wireless Adapter	7392:7811
Guillemot Corp.	Hercules HWNUp 150 802.11n Wireless N Pico	06f8:e033
NetGear	WNA1000M 802.11bgn Wireless Adapter	0846:9041
PLANEX	GW USNano2 802.11n Wireless Adapter	2019:ab2a
PLANEX	GW USValue EZ 802.11n Wireless Adapter	2019:ed17
Realtek	802.11n WLAN N Adapter	0bda:8176
TRENDnet	TEW 648UBM 802.11n 150Mbps Micro Wireless N Adapter	20f4:648b
Ralink	RT2870/RT3070 Wireless Adapter	148f:3070

Beim Einsatz von `lsusb -v` wird in der Regel auch der verbaute Chip im WLAN-Adapter angezeigt. Wenn nicht, können Sie anhand der Geräte-ID – die im Format 1234:1234 kommt – weiter recherchieren.

6.2.1 Treiber herunterladen und installieren

Wer hingegen den Umstieg auf eine neue Firmware bzw. ein neues Betriebssystem nicht oder noch nicht vornehmen möchte, kann den WLAN-USB-Anschluss immer noch manuell installieren. Grundvoraussetzung ist zunächst ein SSH-Zugang per Kabel, um die benötigten Dateien wie Treiber, Netzwerkkartenfirmware und Installationsskript auf den Raspberry Pi zu übertragen – alternativ nehmen Sie die SD-Karte aus dem Raspberry Pi und legen sie in das Kartenlesegerät des Computers ein.

Beschreibung	Bezugsquelle
Realtek-Treiber	http://www.electrictea.co.uk/rpi/8192cu.tar.gz
Realtek-Netzkarten-firmware	ftp://ftp.dlink.com/Wireless/dwa130_revC/Drivers/dwa130_revC_drivers_linux_006.zip
Installationsskript	http://dl.dropbox.com/u/80256631/install-rtl8188cus.sh

Laden Sie die in der Tabelle genannten Dateien und kopieren Sie sie auf die FAT32-Partition der SD-Karte, die später im Betrieb als /boot-Partition für den Raspberry Pi zur Verfügung steht. Anschließend schieben Sie die Speicherkarte wieder in den Raspberry Pi und starten das Gerät. Mit dem folgenden Kommando starten Sie das Installationsskript des WLAN-Adapters:

```
sudo bash /boot/install-rtl8188cus.sh
```

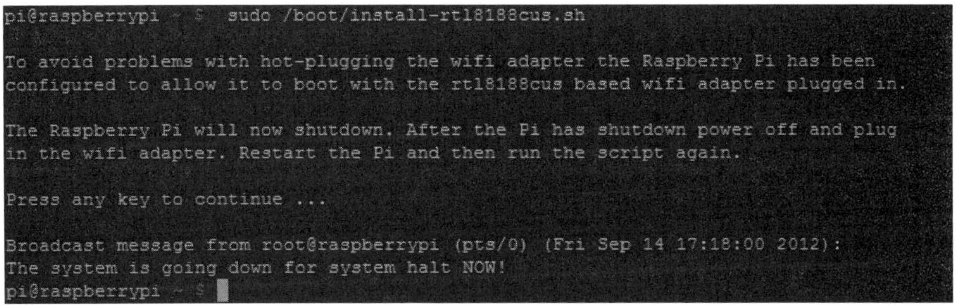

Bild 6.10: Um hier Hot-Plugging-Fehler auszuschließen, wird der Raspberry Pi bei gestecktem WLAN-Adapter heruntergefahren. Ist der Adapter noch nicht in den USB-Steckplatz gesteckt, holen Sie dies im ausgeschalteten Zustand des Raspberry Pi nach.

Nach dem Neustart des Raspberry Pi starten Sie das Skript erneut:

```
IMPORTANT UPDATE: The RTL8188CUS driver is now included in the latest updates
for the RPi. The script has been updated to hopefully make the transition as
easy as possible. To update to the new driver run the script and it will end
by running rpi-update which should load the latest kernel version with the
new driver included. The script will then reconfigure the image to use the
new driver.

This script will install the driver for Realtek RTL8188CUS based wifi adapters.

To see a list of wifi adapters using this driver take a look at the document at
http://dl.dropbox.com/u/80256631/install-rtl8188cus.txt

For all images other than XBian the script will also update the software to the
latest version using apt-get update, apt-get upgrade and rpi-update.

1. It can install a new driver if you do not already have the rtl8188cus driver
   installed and have no other wifi adapter installed.
2. It can install a wifi adapter using the rtl8188cus driver if you have a wifi
   adapter using a different driver already installed.
3. If the driver is already installed it will update the driver and software, or
   allow you to add an different wifi adapter using the rtl8188cus driver so you
   can switch between them if you want to, e.g. unplug one and plug in another,
   or even connect two wifi adapters at the same time.
4. It can repair a broken driver. e.g. if you have updated the software and the
   wifi has stopped working it will update the driver to a working version if
   one is available.

Press any key to continue...

The RTL8188CUS driver module is not installed.

You have 0 wifi adapters configured.

The Pi has an internet connection.

Any files needed for the installation/upgrade will be downloaded from the
Internet.


The wifi driver for your current Linux version will now be installed/re-installed
and the necessary files will be configured as required.

Installed new driver.


The script will now attempt to find a list of available wifi networks.
Press any key to continue... ▊
```

Bild 6.11: Lesestunde – nach dem Start des Skripts erscheinen zuerst allerhand Hinweise, die Sie per Tastendruck bestätigen. Ist der Treiber nun endlich installiert, nimmt das Skript den WLAN-Adapter in Betrieb und sucht die nähere Umgebung nach Funknetzen ab.

Nach der eigentlichen Treiberinstallation, die vom Skript automatisch erfolgt, sind nun die Netzwerkeinstellungen für das Funknetzwerk festzulegen.

6.2.2 Mit Sicherheit: Netzwerkeinstellungen festlegen

Nach dem Einbinden der WLAN-Schnittstelle in die Linux-Konfiguration – hier ist diese unter `wlan0` als Schnittstelle verfügbar – muss diese konfiguriert werden. Hier fragt das Skript unter anderem die SSID sowie das Zugangskennwort für den WLAN-Router ab, falls der Zugriff darauf (hoffentlich) per sicherem WPA2-Kennwort abgesichert ist.

```
The script will now attempt to find a list of available wifi networks.
Press any key to continue...

Bus 001 Device 005: ID 0bda:8176 Realtek Semiconductor Corp. RTL8188CUS 802.11n WLAN Adapter

The wifi adapter has been detected and is compatible with the RTL8188CUS driver.
The script will now continue and install the driver and configure the wifi.

Scanning networks using wlan0
wlan0     Scanned OK!

Be careful typing in the network name, SSID, and the network key/password,
PASSWORD, if your network uses WEP or WPA/WPA2. If either are incorrect the wifi
will not connect to the network and you may need to re-write the SD card and
repeat the installation. If the network name or network key/password use any
non-alphanumeric characters these can also cause problems connecting. The
following characters can cause problems. ! " # $ ( ) . / : < > ? [ \ ] _ ( | )

Is your network unsecured so does NOT need a password or is it secured and needs
a password to connect to the wireless network.

Press U if the network is unsecured, press E if WEP, or A if WPA/WPA2. A

Please enter the Network SSID - FRITZ!Bo

Your network SSID is "FRITZ!Bo       ", is that correct?
press Y to continue, any other key to re-enter the SSID. Y

That network is not visible. Does your wireless access point or router transmit
it's SSID (network name)? If not you need to configure your access point to
transmit the ssid.

The list of available networks will now be displayed. You can scroll through the
list using the up and down arrow keys. To quit viewing the list use the q key.
Press any key to continue...
```

Bild 6.12: Für ein offenes WLAN – ohne Kennwortschutz – drücken Sie den Buchstaben U, für die Nutzung der alten WEP-Schlüssel den Buchstaben E, und für die WPA/WPA2-Verschlüsselung verwenden Sie den Buchstaben A, um das Skript fortzuführen.

Nach Auswahl des Verschlüsselungsverfahrens geben Sie die Bezeichnung der zu verwendenden SSID ein. Diese Einträge lassen sich später bei Bedarf bequem anpassen und sind im Klartext in der Datei `/etc/network/interfaces` gespeichert. Anschließend scannt das Skript die WLAN-Umgebung ab und sucht das passende Funknetz.

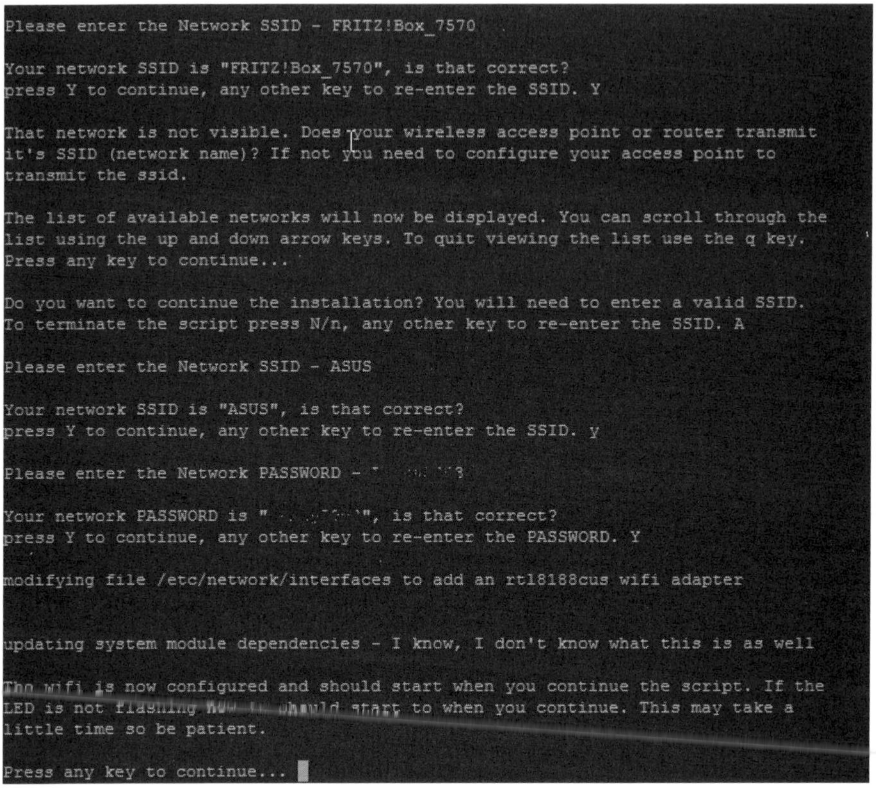

```
Please enter the Network SSID - FRITZ!Box_7570

Your network SSID is "FRITZ!Box_7570", is that correct?
press Y to continue, any other key to re-enter the SSID. Y

That network is not visible. Does your wireless access point or router transmit
it's SSID (network name)? If not you need to configure your access point to
transmit the ssid.

The list of available networks will now be displayed. You can scroll through the
list using the up and down arrow keys. To quit viewing the list use the q key.
Press any key to continue...

Do you want to continue the installation? You will need to enter a valid SSID.
To terminate the script press N/n, any other key to re-enter the SSID. A

Please enter the Network SSID - ASUS

Your network SSID is "ASUS", is that correct?
press Y to continue, any other key to re-enter the SSID. y

Please enter the Network PASSWORD -

Your network PASSWORD is "          ", is that correct?
press Y to continue, any other key to re-enter the PASSWORD. Y

modifying file /etc/network/interfaces to add an rtl8188cus wifi adapter


updating system module dependencies - I know, I don't know what this is as well

The wifi is now configured and should start when you continue the script. If the
LED is not flashing now it should start to when you continue. This may take a
little time so be patient.

Press any key to continue...
```

Bild 6.13: Bitte warten: Die Überprüfung der Funknetzumgebung dauert einen Moment.

Sind die Netzwerkparameter korrekt eingetragen und das Funknetz ordnungsgemäß initialisiert, werden diese Parameter gespeichert.

6.2.3 WLAN in Betrieb nehmen

Nun ist auch das Skript sozusagen am Ende angelangt – Sie haben noch die Auswahl, ob der Raspberry Pi in Sachen Betriebssystem und Firmware noch auf den aktuellen Stand gebracht werden soll oder nicht. Wählen Sie diese Möglichkeit aus, muss jedoch unter Umständen die WLAN-Konfiguration nach einem Neustart des Raspberry Pi erneut durchlaufen werden, damit sie aktiviert bleibt.

```
You now have 1 wifi adapter configured

The wifi adapter is installed. Waiting for the wifi adapter to connect.
This could take a minute or two so be patient.

The wifi adapter wlan0 is now connected.

Check the wlan0 settings. This will show the network IP address assigned to the
wifi adapter and other parameters for the wifi adapter.

wlan0     Link encap:Ethernet  HWaddr 00:e0:4c:0d:6d:1f
          inet addr:192.168.123.40  Bcast:192.168.123.255  Mask:255.255.255.0
          UP BROADCAST RUNNING MULTICAST  MTU:1500  Metric:1
          RX packets:39 errors:0 dropped:39 overruns:0 frame:0
          TX packets:4 errors:0 dropped:0 overruns:0 carrier:0
          collisions:0 txqueuelen:1000
          RX bytes:14088 (13.7 KiB)  TX bytes:1036 (1.0 KiB)


The basic wifi driver is now loaded and operating. You may now terminate the
installation if you want to, however, your firmware and software may not be up to
date. If you decide to terminate the installation but then later update the
firmware and software the wifi may stop working and you will need to run the
script again to upgrade the wifi driver.

Do you want to continue and update the software packages list, kernel software
packages and upgrade the Pi's firmware and software or do you want to terminate
the script?

Press Y to continue, any other key to exit the script. █
```

Bild 6.14: Installation abgeschlossen: Per Auswahl von Y (Yes) starten Sie in diesem Fall die Systemaktualisierung des Raspberry Pi.

Wurde nach der WLAN-Treiberinstallation und -konfiguration die bequeme System- und Betriebssystem-Update-Option des Skripts genutzt, ist möglicherweise das eingerichtete WLAN nach einem Neustart des Raspberry Pi nicht mehr vorhanden.

Das prüfen Sie einfach in der Konsole mit dem Befehl ifconfig, der anschließend sämtliche aktiven Netzwerkschnittstellen ausgibt. Fehlt hier der Eintrag wlan0, hilft für Einsteiger folgender Workaround:

Nach dem Update starten Sie nochmals das Installationsskript für den WLAN-Adapter und navigieren durch die einzelnen Punkte. Dabei brauchen Sie nur noch die bereits getätigten Parameter wie SSID, Verschlüsselung etc. zu bestätigen bzw. zu überspringen. Auch der Start der System- und Betriebssystem-Updates ist nicht nötig. Führen Sie das Skript bis zum Ende aus – so lange, bis wieder die Eingabeaufforderung in der Konsole verfügbar ist. Anschließend wird die WLAN-Konfiguration gespeichert und steht auch nach einem Neustart des Raspberry Pi wieder zur Verfügung.

Vor dem WLAN-Stick-Test das LAN-Kabel ziehen
Funktioniert das WLAN nicht, hat das in der Regel einen banalen Grund: Je nach Betriebssystem und installierter Version priorisiert das installierte Betriebssystem die LAN-(eth0-)Schnittstelle und nimmt das WLAN trotz installierter Treiber nicht komplett in Betrieb. Wer also seinen WLAN-Stick ausprobieren will, sollte vor dem Start des Raspberry Pi das LAN-Kabel ziehen.

6.3   Raspberry im Heimnetz

Nur um den Raspberry Pi im Netz zu betreiben und ihn zum Surfen mit mehreren Rechnern oder vom Sofa aus zu verwenden, wäre ein Netzwerk zu Hause viel zu schade. Schnell werden Sie feststellen, wie praktisch es ist, Daten zwischen mehreren Computern auszutauschen, Druckaufträge über einen zentralen Drucker auszugeben, Digitalfotos für alle im Netz bereitzustellen und vieles mehr. Das ist alles mit Bordmitteln machbar, auch Sicherheitsaspekte kommen nicht zu kurz. Sie benötigen allerdings ein paar Grundvoraussetzungen zum reibungslosen Betrieb. Um im Heimnetz mit anderen Rechnern Daten auszutauschen, sind folgende Voraussetzungen notwendig:

- TCP/IP installiert.

- Arbeitsgruppe eingerichtet.

- Rechnernamen eingetragen.

- Auf einem oder mehreren Computern ist mindestens ein Ordner oder Laufwerk freigegeben.

- Freigabenamen ohne Umlaute, Sonder- und Leerzeichen und nicht länger als zwölf Zeichen.

Damit das funktioniert, müssen neben der IP-Konfiguration des DSL-Routers auch die Netzwerkparameter auf jedem Rechner richtig installiert sein. Das bedeutet im Klartext, dass auf jedem Computer ein Netzwerkadapter (Netzwerkkarte, AirPort/WLAN-Karte etc.) vorhanden und installiert ist.

6.3.1   DHCP: IP-Adresse gesucht

Ist der Raspberry Pi frisch ausgepackt und installiert, ist dessen Netzwerkschnittstelle standardmäßig für den DHCP-Zugriff (*Dynamic Host Configuration Protocol*) konfiguriert. DHCP spielt seine Vorteile vor allem in großen Netzwerken aus. Damit bekommen alle an den Router angeschlossenen Computer, egal ob WLAN oder nicht, automatisch die TCP/IP-Konfiguration zugewiesen. Hersteller empfehlen meist, diese Einstellungen nicht zu ändern und den heimischen DSL/WLAN-Router auch als DHCP-Server zu verwenden. DHCP, die dynamische Vergabe von IP-Adressen im Netz, ist Segen und Fluch zugleich.

Zunächst ist es für jeden Netzwerkeinsteiger praktisch, dass er sich um die Vergabe solcher IP-Adressen nicht kümmern muss.

Haben Sie nur wenige Computer, die Sie mit Ihrem Router versorgen, ist es oft sinnvoller und sicherer, den DHCP-Server im WLAN-Router zu deaktivieren und die angeschlossenen Clients manuell zu konfigurieren. So haben Sie nicht nur einen genauen Überblick darüber, welcher Computer sich im Netzwerk mit welcher IP-Adresse befindet, sondern machen es einem möglichen Eindringling schwerer, sich eine IP-Adresse in Ihrem Heimnetz zu »besorgen«.

Ist kein DHCP-Server oder DSL-Router im Netz, der für die automatische Vergabe der IP-Adressen zuständig ist, müssen die IP-Adressen und die Subnetzmasken von Hand bei jedem Computer eingetragen werden. Die Wahl der IP-Adresse bleibt jedem selbst überlassen. Sie sollten für eine bessere Übersicht immer aufsteigend eine Adresse mit 192.168.123.1, 192.168.123.2 etc. vergeben.

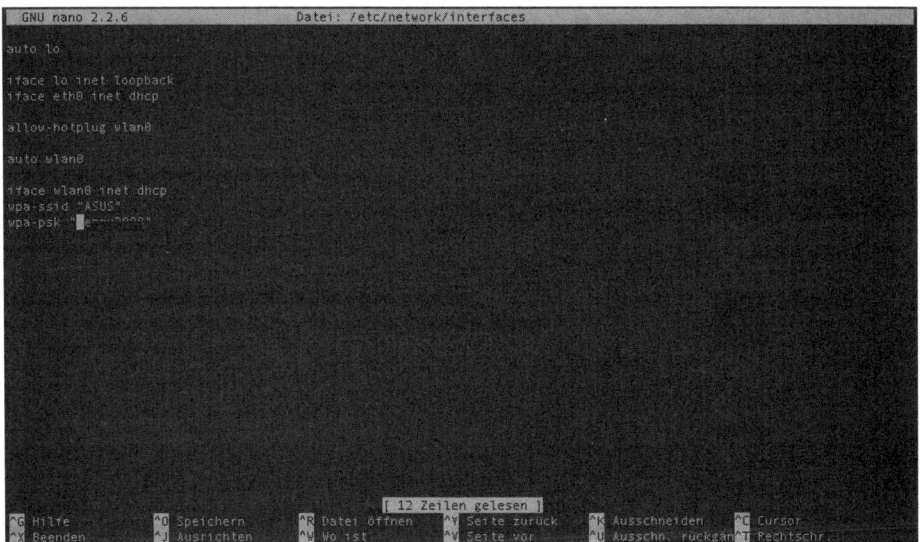

Bild 6.15: In der Datei /etc/network/interfaces ist die Konfiguration sämtlicher Netzwerkschnittstellen des Raspberry Pi hinterlegt.

In einem Heimnetz ist der Raspberry Pi meistens mit der Ethernet-Schnittstelle eingebunden. Freunde des kabellosen Vergnügens nutzen WLAN über einen kleinen WLAN-Adapter, den sie sich allerdings noch extra besorgen müssen. Egal welchen der beiden Wege Sie gehen, die IP-Konfiguration läuft bei beiden Schnittstellen quasi identisch ab. Trotz DHCP können Sie auch eine IP-Adresse für einen Computer im LAN mit der Auswahl von DHCP mit manueller Adresse reservieren.

Damit erhält dieser Computer immer dieselbe IP-Adresse, wenn er auf den DHCP-Server zugreift. Das ist besonders bei hochverfügbaren Computern und Servern der Fall, die oft permanente IP-Einstellungen benötigen, etwa weil im DSL/WLAN-Router dafür Portweiterleitungen aktiv sind – dies hat sich auch beim Raspberry Pi in der Praxis als äußerst günstig herausgestellt.

6.3.2 Zugriff auf das Raspberry Pi-Dateisystem im Heimnetz

Wer in seinem Heimnetz neben dem Raspberry Pi auch einen Mac oder einen Windows-Rechner im Einsatz hat, der wird irgendwann mal Daten von A nach B und zurück transportieren wollen. Damit der Zugriff auf das Raspberry Pi-Dateisystem oder einzelne Verzeichnisse bequem von Computern aus dem Heimnetz möglich ist, ist die

Installation und Konfiguration des Samba-Pakets nötig. Samba ist bei fast jeder Linux-Distribution schon dabei, es braucht bei der Installation nur ausgewählt zu werden.

Mit Samba verhält sich der Raspberry Pi wie ein Windows-Server für die im Netz befindlichen Computer. Ist Samba optimal konfiguriert, können Sie später für alle Benutzer und Benutzergruppen eigene Log-in-Profile erstellen. Diese legen Sie dann in einem Verzeichnis auf dem Raspberry Pi ab und exportieren dieses als /netlogon-Verzeichnis. Die Windows-Clients verwenden anschließend automatisch die entsprechenden Log-in-Skripte. Grundsätzlich können Sie den Inhalt der hier abgedruckten Datei übernehmen. Lediglich die globalen Einträge für netbios name, server string sowie workgroup sollten Sie anpassen.

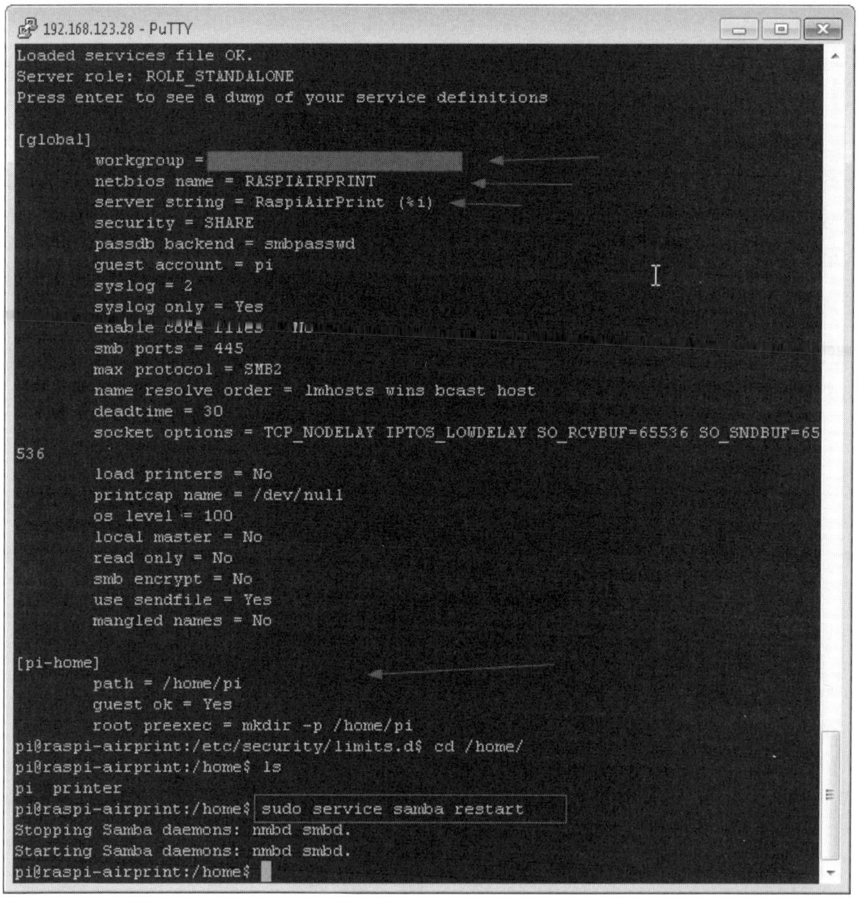

Bild 6.16: Die smb.conf erstellen Sie zunächst auf dem Computer und laden sie mit scp auf den Raspberry Pi, oder Sie bearbeiten die Datei direkt auf dem Raspberry Pi mit einem Editor wie nano.

Erstellen Sie zunächst für die Samba-Konfiguration die smb.conf-Datei, über die die Samba-Konfiguration gesteuert wird. Diese gehört beim Raspberry Pi mit Debian in das

Verzeichnis `/etc/samba` und besitzt mehrere Blöcke, in denen jeweils Variablen zur Konfiguration gesetzt werden. Jeder Block stellt prinzipiell eine Freigabe dar, wobei zwei Bereichen eine besondere Bedeutung zukommt. Der wichtigste davon ist der `[global]`-Abschnitt, in dem die allgemeinen Samba-Einstellungen festgelegt sind.

Umgebungsvariablen für die Samba-Konfiguration	Beschreibung
S	Der aktuelle Service, falls vorhanden.
P	root-Verzeichnis des aktuellen Service.
u	Benutzername des aktuellen Service.
g	Gruppenname zu %u.
U	Benutzername der aktuellen Session.
G	Der primäre Gruppenname zu %U.
H	Heimatverzeichnis des Users von %u.
v	Version von Samba.
h	Hostname des Rechners.
m	NetBIOS-Name des Clients.
L	NetBIOS-Name des Servers.
M	Internetname des Clients.
p	Path des Home-Verzeichnisses.
I	IP-Nummer des Clients.
T	Aktuelle Zeit und Datum.

Im `[homes]`-Abschnitt wird einem Benutzer, der von einem anderen Computer auf den Raspberry/Debian-Server zugreift, auf Wunsch das Home-Verzeichnis zur Verfügung gestellt. Voraussetzung dafür ist ein Eintrag in der `smbpasswd`-Datei. Per `smbpasswd -a NAME` legen Sie einen Samba-Benutzer in der Datei `/etc/smbpasswd` an:

```
sudo smbpasswd -a pi
```

Nun geben Sie das Kennwort des Benutzers `pi` ein und bestätigen es. Anschließend kann dieser Benutzer unter Samba genutzt werden. Diesen zugegebenermaßen etwas unfreundlichen doppelten Administrationsaufwand für die Benutzerpasswörter können Sie mit einem kleinen Eingriff in die `smb.conf` abstellen:

```
unix password sync = yes
```

Die wichtigsten Einträge sind in der abgedruckten `smb.conf` jedoch bereits vorhanden.

```
root@raspi-airprint:/home# smbpasswd -a pi
New SMB password:
Retype new SMB password:
Added user pi.
root@raspi-airprint:/home#
```

Bild 6.17: Die `smb.conf` erstellen Sie zunächst auf dem Computer und laden sie mit `scp` auf den Raspberry Pi, oder Sie bearbeiten die Datei direkt auf dem Raspberry Pi mit einem Editor wie nano.

Mit dem Befehl `ps fax | grep smbd` überprüfen Sie, ob der Samba-Server auch wirklich läuft. Falls nicht, ist wahrscheinlich ein Tipp- oder Syntaxfehler in der Datei `smb.conf` zu finden. Mit dem Samba-Testprogramm `testparm` können Sie einfach und sicher die Samba-Konfiguration auf mögliche Fehler überprüfen:

```
pi@raspi-airprint:~$ testparm
Load smb config files from /etc/samba/smb.conf
rlimit_max: rlimit_max (1024) below minimum Windows limit (16384)
Processing section "[pi-home]"
Loaded services file OK.
Server role: ROLE_STANDALONE
Press enter to see a dump of your service definitions
^C
pi@raspi-airprint:~$ ulimit -n 16384
```

Bild 6.18: Kein Fehler, nur Hinweise: Kommt die Meldung, dass Samba einen zu geringen `rlimit_max`-Wert (1024) festgestellt hat, kann das ohne Folgen ignoriert werden.

Gibt das `testparm`-Programm Fehlermeldungen aus, zeigt es glücklicherweise auch die Zeilennummer der Zeile an, in der der Fehler aller Wahrscheinlichkeit nach aufgetreten ist. Bessern Sie in diesem Fall die entsprechenden Zeilen in der `smb.conf`-Datei nach. Läuft die Konfiguration durch, haben Sie den ersten Teil geschafft, herzlichen Glückwunsch! Sicherheitshalber starten Sie den Samba-Daemon neu:

```
sudo service samba restart
```

Haben Sie schon einen Computer im Heimnetz im Betrieb, können Sie nach einem Neustart des Samba-Diensts den Raspberry Pi in der Netzwerkumgebung sehen. Nun überprüfen Sie die Samba-Benutzerkonfiguration auf dem Computer.

Anschließend sind hier die entsprechenden Freigaben im Explorer sichtbar. Unter Windows kann auf Wunsch mit dem Befehl *Netzlaufwerk verbinden* dem Netzlaufwerk ein eigener Laufwerkbuchstabe zugeordnet werden.

Bild 6.19: Ist der Parameter `security=user` gesetzt, wird beim Zugriff über das Netzwerk der Benutzer samt Kennung abgefragt, den Sie über `smbpasswd -a` angelegt haben.

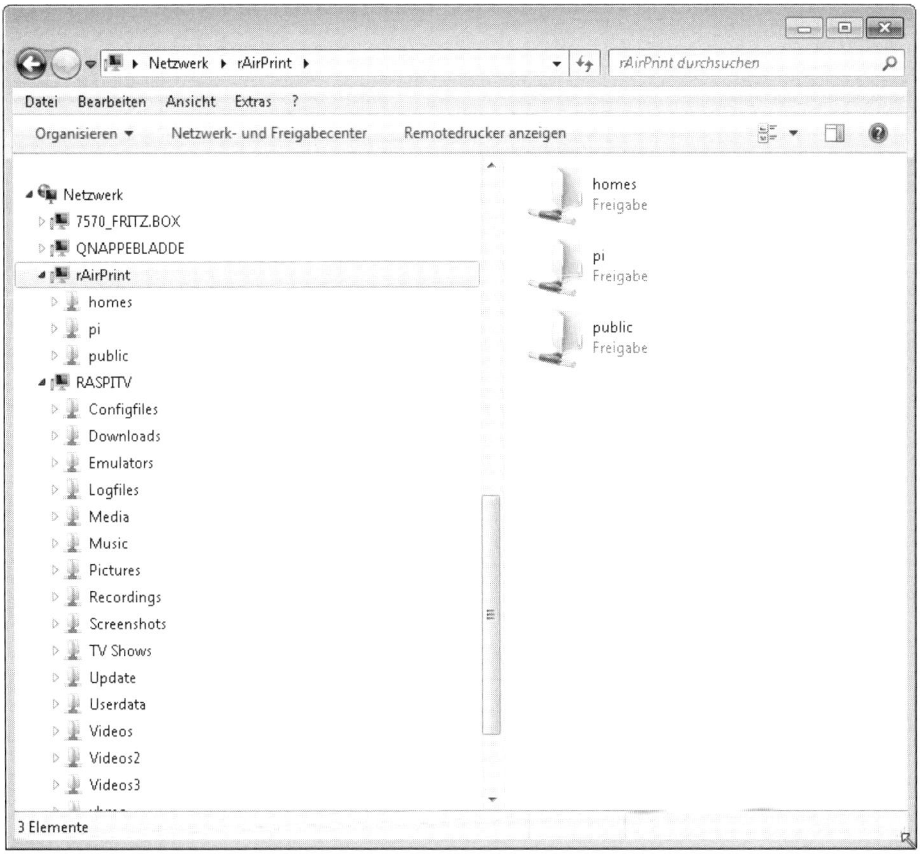

Bild 6.20: Einfache Explorer-Ordnerstruktur über Samba: Die einzelnen Ordner des Raspberry Pi liegen bequem zum Bearbeiten bereit.

Nun greifen Sie von sämtlichen Computern im Heimnetz auf den Raspberry Pi zu – umgekehrt ist das natürlich auch möglich. Egal ob Mac OS, Windows oder Linux – Sie müssen jedoch bei jedem einzelnen Computer den Zugriff erlauben und konfigurieren.

6.3.3   Mac OS X mit Raspberry Pi via Samba koppeln

Möchten Sie nicht den umständlichen Weg über einen FTP/HTTP-Server im Heimnetz gehen, nutzen Sie besser den direkten Weg über eine Windows-Freigabe wie oben beschrieben. Aber auch der umgekehrte Weg, nämlich der Zugriff vom Raspberry Pi auf eine konfigurierte Mac-Freigabe, ist nach etwas Einrichtungsarbeit auf dem Mac möglich.

1   Stellen Sie im ersten Schritt sicher, dass der Arbeitsgruppenname aller im Netzwerk befindlichen Rechner gleich ist. Auf dem Mac öffnen Sie dazu die Systemeinstellungen *Netzwerk* und hier das Register *WINS*. Im aktuellen Beispiel heißt die Arbeitsgruppe zunächst *workgroup*.

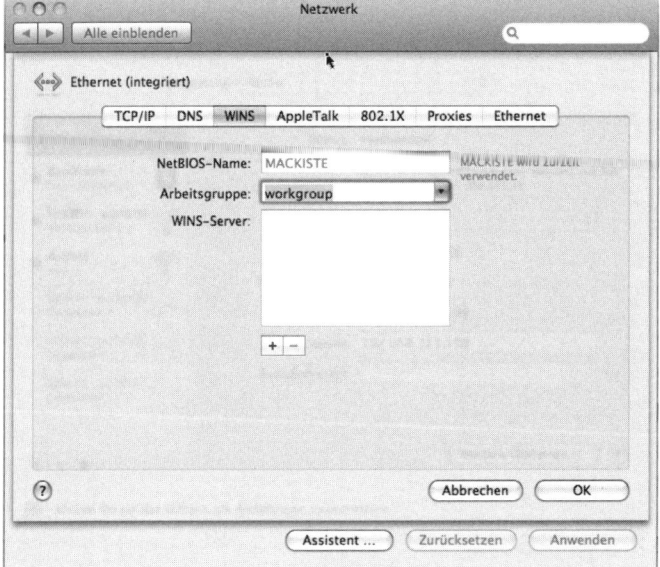

Bild 6.21: Im Eingabefeld *Arbeitsgruppe* tragen Sie den Namen Ihrer Arbeitsgruppe ein.

2   Eine weitere Grundvoraussetzung ist, dass über *Systemeinstellungen/Sharing* das entsprechende Häkchen bei *File Sharing* gesetzt ist. Im Eingabefeld *Gerätename* steht der NetBIOS-Name des Mac-Computers, den Sie in den Systemeinstellungen *Netzwerk* im Register *WINS* festgelegt haben.

3   Um den Windows-Mac-Datenaustausch zu konfigurieren, stellen Sie zunächst sicher, dass die Benutzernamen unter Windows 8, Windows 7, Windows Vista oder XP sowie unter Mac OS X identisch sind. Hier lässt sich auch auf Wunsch per Klick

auf das Plussymbol mit wenigen Klicks ein neuer Benutzeraccount einrichten, der für den Zugriff auf den freizugebenden Ordner genutzt werden kann.

4 Es erscheint das Fenster *Neue Person.* Tragen Sie hier bei *Name* den Benutzernamen sowie bei *Kennwort* das dazugehörige Kennwort ein. Per Klick auf *Account erstellen* ist der Mac-Benutzer angelegt.

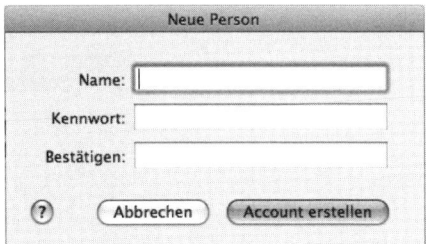

Setzen Sie das Häkchen vor der Bezeichnung des Benutzeraccounts und geben Sie anschließend ein passendes Passwort für den Zugriff ein. Im Idealfall verwenden Sie dasselbe Passwort wie unter Windows – in diesem Fall ersparen Sie sich unter Windows die lästige Passwortabfrage beim Zugriff.

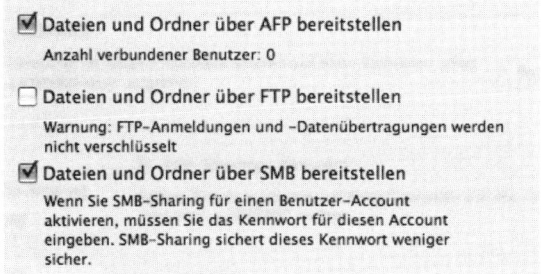

Damit die Anmeldung bzw. der Zugriff von einem Windows-PC auch klappt, muss in den Benutzereinstellungen des unter Mac OS X aktiven Benutzers ein entsprechendes Verzeichnis für den Zugriff festgelegt werden, hier das Verzeichnis *Public*.

5 Standardmäßig unterstützt Mac OS X für den Datenzugriff auf den Mac zunächst nur das hauseigene AFP-Protokoll (*Apple Filing Protocol*). Um auch der Windows-Welt den Zugriff auf die Mac-Festplatte zu gewähren, muss hier der Windows-Zugriff explizit erlaubt und eingerichtet werden.

Im Gegensatz zu seinen Vorgängern ist ab Mac OS X Version 10.5 der Schalter *Windows File Sharing* nicht mehr dabei, die Windows-Freigabe via Samba ist bei *File Sharing* unter *Optionen* versteckt. Um von Windows aus auf Verzeichnisse auf dem Mac zugreifen zu können, ist das Setzen des Häkchens bei *Dateien und Ordner über SMB bereitstellen* notwendig. Anschließend wählen Sie den oder die Benutzeraccounts aus, die den Samba-Zugriff nutzen dürfen.

6   Zu guter Letzt legen Sie ebenfalls unter *Sharing* die Zugriffsrechte fest: *Lesen & Schreiben*, *Nur Lesen*, *Nur Schreiben (Briefkasten)* oder *Kein Zugriff*.

7   Wechseln Sie jetzt zu Ihrem Windows-Computer und prüfen Sie über die *Netzwerkumgebung*, ob der Mac sichtbar ist. Falls nicht, starten Sie Windows neu oder drücken die Funktionstaste F5 , um die Ansicht zu aktualisieren.

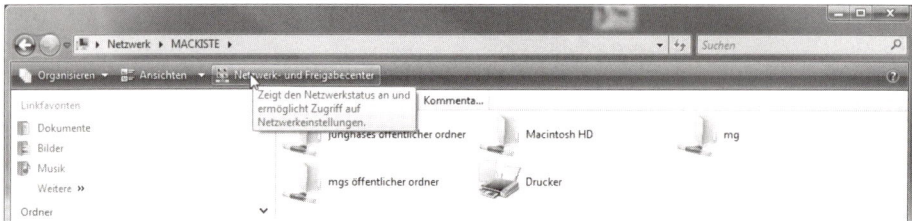

Bild 6.22: Geduld – erst nach wenigen Minuten zeigt Windows den Mac mit seinen Freigaben in der Netzwerkumgebung an.

Mit einem Doppelklick auf das Symbol des Mac können Sie nun auf das freigegebene Mac-Verzeichnis zugreifen.

NetBIOS-Name ändern

Der NetBIOS-Name für den Mac-Rechner ist im Dialogfeld grau hinterlegt und lässt sich dort nicht ändern. Wer einen anderen Namen verwenden möchte, kann diesen unter *Systemeinstellungen/Sharing* anpassen. Sind der NetBIOS- und der Arbeitsgruppenname konfiguriert, ist die Samba-Konfiguration abgeschlossen.

Wenn der Mac den Zugriff verweigert

Doch bei vielen Anwendern tut sich nichts. Der Mac ist zwar in der Windows-Netzwerkumgebung zu sehen, aber bei dem Versuch, auf ihn zuzugreifen, meldet Windows einen Netzwerkfehler. Die Lösung findet sich in den Mac OS X-Firewall-Einstellungen. Aus Gründen der Sicherheit haben viele Anwender ihre Firewall-Einstellungen auf den Schalter *Nur notwendige Dienste erlauben* festgelegt.

1   Damit Windows jedoch auf den Mac zugreifen kann, müssen Sie für den Erstzugriff die Option *Alle eingehenden Verbindungen erlauben* aktivieren. Der Dienst *File-Sharing (AFP, SMB)* wird automatisch angezeigt. Danach können Sie die Firewall-Einstellungen wieder ändern.

Bild 6.23: In der Systemeinstellung *Sicherheit* ändern Sie die Firewall-Einstellungen.

2   Wenn Sie jetzt wieder in der Windows-Netzwerkumgebung auf Ihr Mac-Symbol klicken, meldet sich das Dialogfeld *Verbindung mit <COMPUTER> herstellen*. Tragen Sie hier Ihren Benutzernamen und Ihr Kennwort ein. Bestätigen Sie zum Abschluss mit *OK*.

3   Das freigegebene Mac-Verzeichnis wird im Windows-Explorer angezeigt, und dem Datenfluss zwischen Mac und Windows – und somit auch zum Raspberry Pi – steht von Mac OS-Seite aus nichts mehr im Weg.

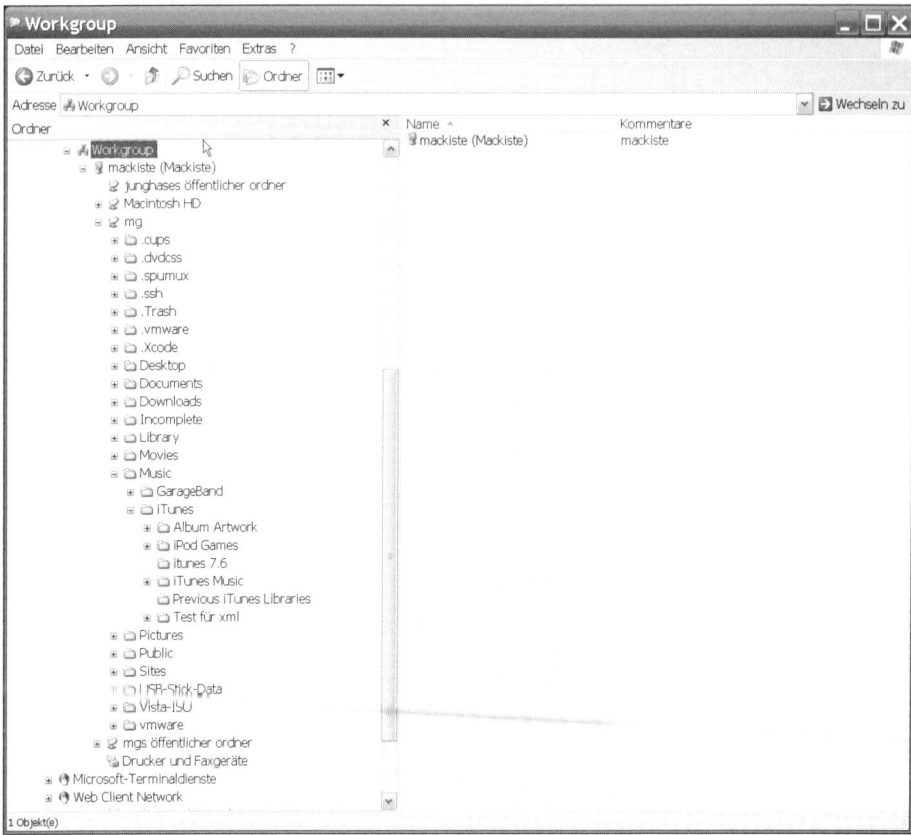

Bild 6.24: Der Inhalt der Macintosh-Festplatte auf dem Windows-PC.

Vorsicht beim Zugriff auf die Macintosh-HD
Abhängig davon, ob unter Mac OS X für den Zugriff Lese- und Schreibrechte zugeordnet worden sind oder nicht, heißt es hier aufpassen: Da Samba neben den Nutzdaten auch die (unter Mac OS X) versteckten Systemordner und -dateien anzeigt,
sollten Sie behutsam bei der Bearbeitung von Dateien oder gar beim Löschen vorgehen. Zu groß ist die Gefahr, das Benutzerprofil unter Mac OS X zu zerstören.

6.3.4 Windows-Ordner für Raspberry Pi im Heimnetz freigeben

Die Freigabe eines Ordners unter Windows ist mit wenigen Klicks erledigt: Sie öffnen
den Explorer und wählen den Ordner aus, der für andere Benutzer im Netzwerk freigegeben werden soll. Klicken Sie mit der rechten Maustaste auf diesen Ordner und wählen
Sie im Kontextmenü der rechten Maustaste *Freigeben für* aus. Nachfolgend erscheint ein
Dialog, in dem Sie den Zugriff auf den Ordner einrichten.

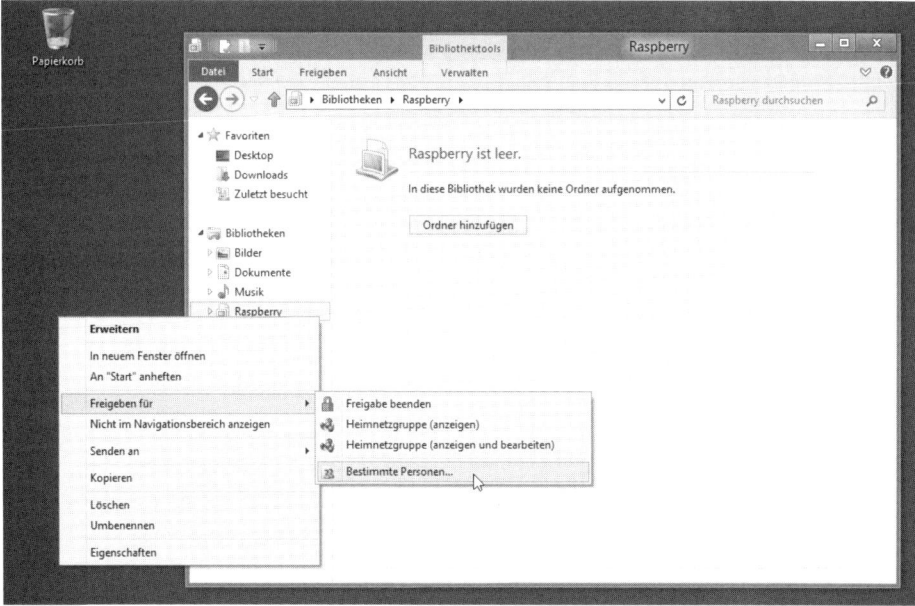

Bild 6.25: Bei Windows 8 bekommen Sie mit der rechten Maustaste ein Kontextmenü mit dem Eintrag *Freigeben für* angezeigt, mit dem Sie Laufwerke für andere Benutzer zur Verfügung stellen können.

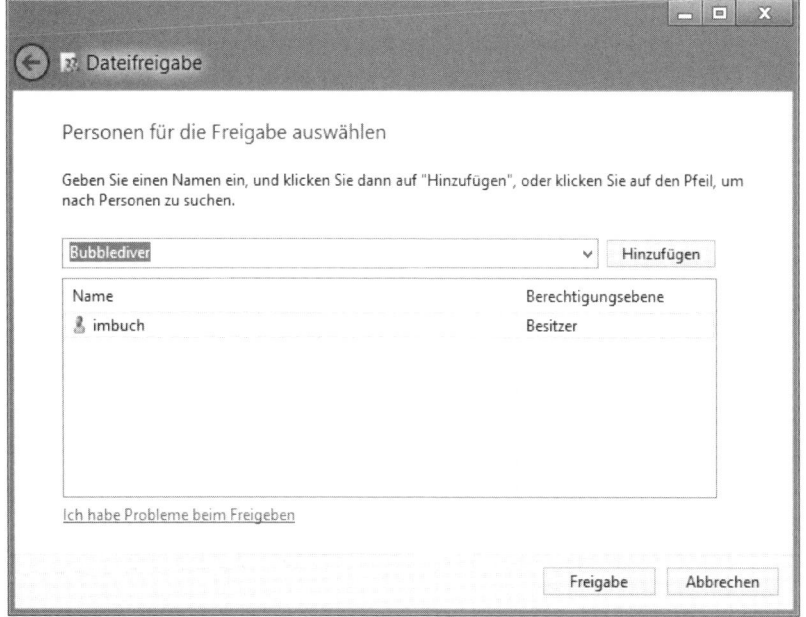

Bild 6.26: Möchten Sie einer weiteren Person den Zugriff auf eine Freigabe gewähren, tragen Sie den Namen ein und klicken auf die Schaltfläche *Hinzufügen*.

Anschließend ist die eingerichtete Ordnerfreigabe aktiv. Der für den Zugriff eingerichtete Benutzer kann nun von einem anderen PC im Netzwerk auf die eingerichtete Freigabe zugreifen – vorausgesetzt, der Name und das Passwort sind in der Benutzerverwaltung von Windows eingerichtet.

Das Entfernen einer eingerichteten Freigabe sowie eine nachträgliche Änderung erfolgen analog. Hier wählen Sie den entsprechenden Ordner im Explorer aus und wählen entweder im Kontextmenü *Freigabe* oder besser *Eigenschaften* aus. Im Register *Freigabe* erhalten Sie per Klick auf *Erweiterte Freigabe* Einblick darin, wer auf den Ordner zugreifen darf und welche Rechte bzw. Berechtigungen für die unterschiedlichen Benutzer eingerichtet sind.

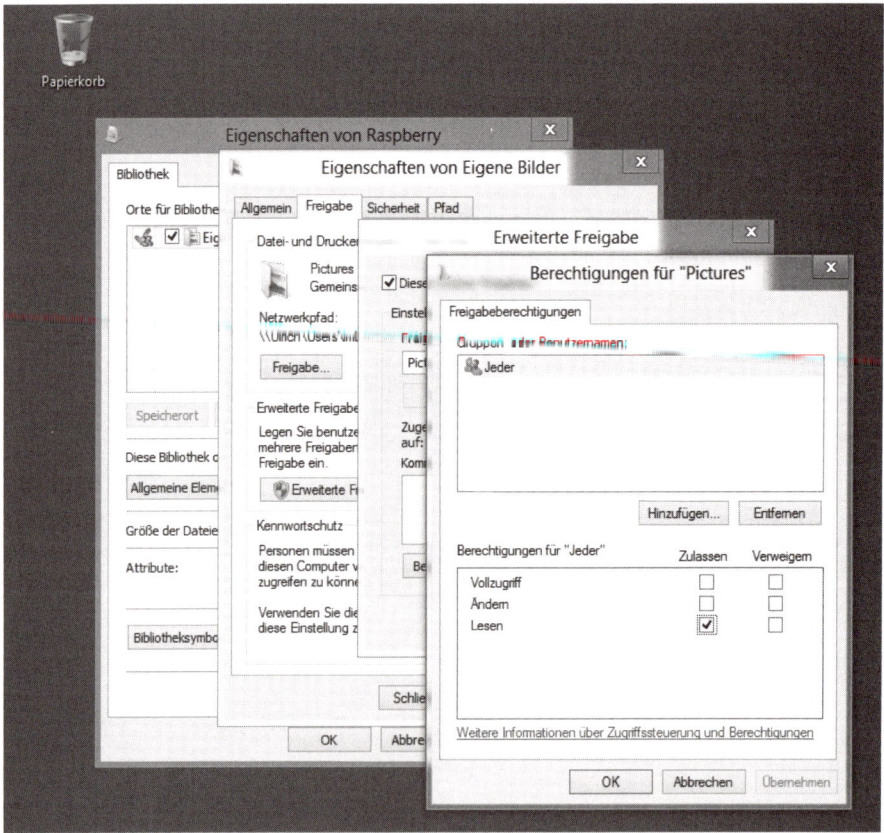

Bild 6.27: Über *Berechtigungen* können Sie den Zugriff auf einen Ordner beispielsweise auf *Lesen* ändern, falls der Ordnerinhalt über das Netzwerk nicht geändert werden soll.

Möchten Sie eine erstellte Freigabe entfernen, deaktivieren Sie im Dialog *Erweiterte Freigabe* das Häkchen im Kontrollfeld *Diesen Ordner freigeben*.

Bild 6.28: Deaktivieren Sie das Kontrollfeld *Diesen Ordner freigeben*.

Anschließend ist der Zugriff über das Netzwerk nicht mehr möglich. Kommt es beim Zugriff über den Windows-Explorer auf die Samba-Freigabe des Raspberry Pi zu Problemen oder wird der Verzeichnisinhalt nicht angezeigt, hilft nachstehender Tipp.

6.3.5   Windows zickt beim Samba-Zugriff: Freigabeprobleme lösen

Befinden sich im Heimnetz ein Raspberry Pi mit Samba, ein NAS-Server (beispielsweise Geräte von QNAP, Buffalo), ein ausgewachsener Linux/Samba-Server und eine Samba-Freigabe für den Mac, ist der Zugriff auf die Netzwerkfreigaben normalerweise problemlos möglich, sofern diese in der Netzwerkumgebung zu sehen sind und die entsprechenden Zugriffsrechte vorliegen. Das zählt jedoch nur für die erstmalige Anmeldung. Wenn man sich hingegen nach einem Neustart des Computers erneut mit einer Netzwerkfreigabe verbinden möchte, erscheint immer wieder die Aufforderung, den Benutzernamen sowie das dazugehörige Passwort einzugeben.

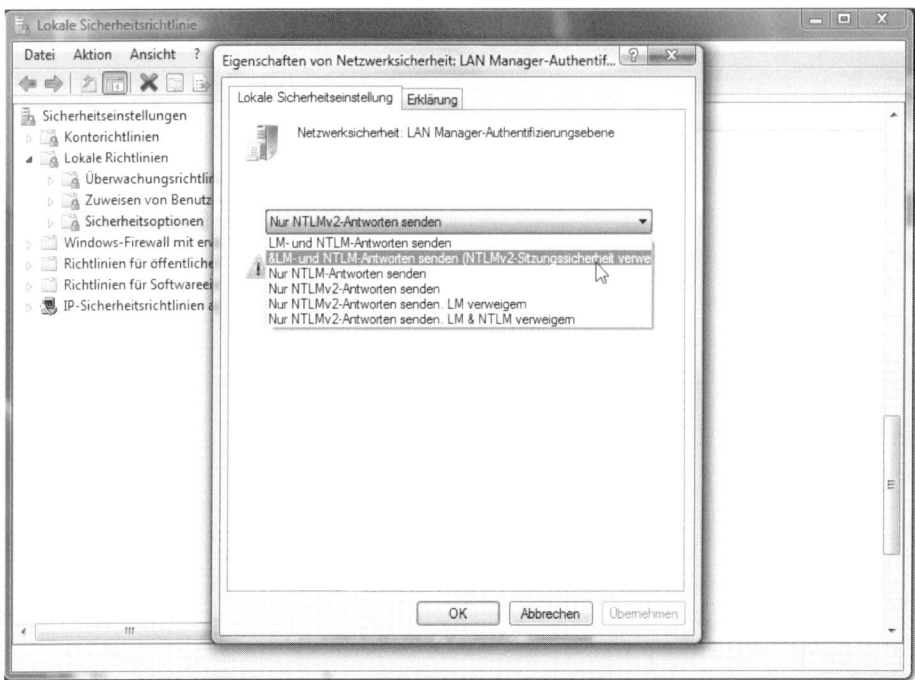

Bild 6.29: Über die lokale Sicherheitsrichtlinie des Windows-PCs stellen Sie den Zugriff auf die Netzwerkfreigaben um.

Dieses nervige Problem lässt sich mit einer kleinen Konfigurationsänderung beheben: Klicken Sie auf die Schaltfläche *Start* und geben Sie in das *Ausführen*-Feld den Befehl `secpol.msc` ein. Wechseln Sie dann zu *Lokale Richtlinien und Sicherheitsoptionen*, wo Sie die beiden folgenden Einträge anpassen.

Zunächst wird der Wert für den Eintrag *Netzwerksicherheit: LAN Manager-Authentifi-zierungsebene* auf *LM- und NTLM-Antworten senden (NTLMv2 Sitzungssicherheit ver-wenden, wenn ausgehandelt)* geändert.

Anschließend suchen Sie den Eintrag *Netzwerksicherheit: Minimale Sitzungssicherheit für HTLM-SSP-basierte Clients (einschließlich sicherer RPC-Clients)* und deaktivieren das Häkchen bei *128-Bit-Verschlüsselung erfordern* im rechten Fensterbereich. Dann bestätigen Sie den Dialog mit *OK* und schließen die *Lokale Sicherheitsrichtlinie*. Nach dem Neustart von Windows sollte nun der Windows-Zugriff auf die Samba-Freigabe des Raspberry Pi möglich sein.

Keine Ultimate- oder Business-Version: dann Registry-Hack

Da bei den einfachen »Heimanwenderversionen« wie Home Basic und Home Premium weder der Gruppenrichtlinien-Editor (`gpedit.msc`) noch der Editor für lokale Sicher-heitseinstellungen (`secpol.msc`) im Funktionsumfang enthalten sind, muss hier der Umweg über den Registry-Editor gegangen werden, um die Freigabeprobleme beim

Zugriff auf den NAS-Server oder den Linux/Samba-Server im Heimnetz zu lösen. Im Ast

```
[HKEY_LOCAL_MACHINE\System\CurrentControlSet\Control\Lsa]
```

ändern Sie beim Schlüssel

```
LmCompatibilityLevel
```

den *DWORD*-Wert von 3 auf 1.

Netzwerkfreigaben automatisch im Finder öffnen

Wer im Heimnetzwerk seine Raspberry Pi-Freigaben über einen Linux/Windows/Samba-Server dauerhaft zur Verfügung hat, für den ist das manuelle Einbinden der Freigabe über die Tastenkombination Befehlstaste + K mit der Zeit ziemlich lästig.

Bild 6.30: Mit Befehlstaste + K erscheint der Dialog *Mit Server verbinden*. Hier tragen Sie den Netzwerknamen oder die IP-Adresse der Raspberry Pi-Freigabe im Heimnetz ein.

Komfortabler ist es, wenn Sie eine einmal eingerichtete Freigabe automatisch verbinden und im Finder anzeigen lassen. Fügen Sie über *Apfel/Systemeinstellungen/Benutzer/Startobjekte* die gewünschte(n) Freigabe(n) als sogenanntes Startobjekt hinzu. Wählen Sie zunächst den entsprechenden Benutzer aus, wählen Sie dann im Register *Startobjekte* und klicken Sie auf das Plussymbol.

Bild 6.31: Im linken Fensterbereich des Finders werden die bereits im Netzwerk vorhandenen Server angezeigt. Wählen Sie einen Server/PC aus Ihrem Heimnetz aus, sind im Hauptfenster die verfügbaren Freigaben zu sehen. Per Klick auf die *Hinzufügen*-Schaltfläche wird die gewünschte Freigabe als Startobjekt eingebunden.

Ist für den Zugriff auf die Netzwerkfreigabe ein Passwort bzw. eine andere Benutzerkennung samt Passwort notwendig, empfiehlt es sich, die Zugangsinformationen im persönlichen Schlüsselbund zu speichern. In diesem Fall wird der Zugriff umgehend hergestellt, und die lästige Kennwortabfrage entfällt. Nach dem nächsten Anmeldevorgang werden diese Freigaben automatisch geöffnet und in einem Finder-Fenster angezeigt.

7 Wohnzimmer-PC 3.0: Smart-TV-Eigenbau

Ein flexibler, leistungsfähiger und vor allem leiser Computer im Wohnzimmer erfordert besondere Komponenten. Die Zeiten, in denen klobige Computer im Mini- und Midi-Tower-Format für eine flüssige, ruckelfreie Wiedergabe von Videodateien und den Internet-/Heimnetzzugriff eingesetzt wurden, sind vorbei. Nutzen Sie stattdessen den kleinen, lüfterlosen Raspberry Pi mit dem eigens gebauten OpenELEC-System, um nicht nur aus allen verfügbaren Videoquellen in Ihrem Heimnetz sämtliche Video- und Musikdateien abzuspielen, sondern auch einen komfortablen Zugang zu den Internet-TV-Archiven der öffentlich-rechtlichen Sender sowie der anderen auch ausländischen TV-Kanäle zu haben, die ihre Sendungen ebenfalls im Internet publizieren.

Zu guter Letzt erfahren Sie, wie Sie per Add-ons auch Videoarchive wie Spiegel Online, Süddeutsche.de und andere online komfortabel durchstöbern und werbefrei nutzen können – alles bequem vom Sofa aus. Gerade die Verlagsfernsehsender bieten ein einzigartiges Programm rund um die Uhr: Reportagen, Sport, Dokumentationen, Berichte zum Zeitgeschehen – ein völlig neues Fernseherlebnis per Mausklick und on demand. Wann immer Sie die Sendung sehen wollen, sie steht umgehend zur Verfügung.

Mit dem Raspberry Pi in Verbindung mit dem *Open Embedded Linux Entertainment Center* – kurz OpenELEC – haben Sie einen Alleskönner im Wohnzimmer, der den Überblick über sämtliche Mediendateien im Haushalt behält und für deutlich gesteigerten Komfort und eine bessere Auswahl im TV-Alltag sorgt.

7.1 OpenELEC: laden oder kompilieren?

Entscheiden Sie sich für den Einsatz von OpenELEC, sollten Sie sich auch hier darüber im Klaren sein, dass die Installation und Konfiguration der Multimedia-Funktionen im Raspberry Pi zwar kein Hexenwerk sind, aber doch etwas Zeit und Geduld sowie vor allem den Willen erfordern, auftretende Probleme selbst zu verstehen und zu lösen. Fortgeschrittene haben naturgemäß mehr Möglichkeiten, auf die Konfiguration und die Zusammenstellung von OpenELEC Einfluss zu nehmen, falls das Paket – also das System, das auf die SD-Karte kommt – selbst zusammengestellt und kompiliert wird. Jenen, die mit Linux, Terminal, Shell- und Perl-Skripten wenig oder nichts anfangen können, sei an dieser Stelle empfohlen, besser ein vorkompiliertes OpenELEC-Paket herunterzuladen und zu nutzen.

7.1.1   OpenELEC-Image herunterladen und anpassen

Egal in welcher Größe die Imagedatei kommt, sie hat ein komprimiertes Dateiformat in Form einer `*.tar.gz`- oder `*.tar.bz2`-Datei. Während das Entpacken solcher Dateien unter Mac OS oder Linux mit eingebauten Betriebssystemwerkzeugen möglich ist, benötigen Sie unter Windows Hilfestellung. Laden Sie sich am besten den kostenlosen und für den Heimgebrauch völlig ausreichenden Packer 7-zip (*http://www.7-zip.de/download.html*) herunter. Das OpenELEC-Image laden Sie ebenfalls aus dem Internet – hier die wichtigsten Internetadressen dazu:

OpenELEC.tv	Projektwebseite
Komplett-Images	*http://openelec.thestateofme.com/*
Komplett-Images	*https://www.ghcif.de/~t4c/raspberry/openelec/*
Komplett-Images	*https://www.box.com/s/7d6b62c42bae2cfeea9a*
Komplett-Images	*http://sparky0815.de/openelec-download-images-fat-files/*
Raspberry Pi-Image-Downloader und -Nightly-Builds (zum Ausprobieren)	*http://mrpfister.com/journal/raspberry-pi-os-image-downloader/*

Welches Betriebssystem-Image Sie auswählen, ist zunächst Geschmackssache – grundsätzlich am besten natürlich eine Imagedatei mit einem relativ frischen Build-Datum sowie – falls unterschiedliche Größen für die Ziel-SD-Karte zur Verfügung stehen – das passende zur vorliegenden SD-Karte. In diesem Fall sparen Sie sich das spätere Anpassen der OpenELEC-Installation an die tatsächliche Kapazität der Speicherkarte.

7.1.2   Inbetriebnahme eines fertigen OpenELEC-Image

Zumindest bei der Inbetriebnahme und Ersteinrichtung ist der SSH-Zugriff auf das Raspberry Pi-System empfehlenswert, der jedoch standardmäßig bei OpenELEC abgeschaltet ist. SSH kann aber nachträglich bei gestartetem XBMC (wie im Kapitel »Administration über die Kommandozeile: SSH-Zugriff einschalten«, Seite 112, beschrieben) oder durch das Erstellen einer leeren Datei mit der Bezeichnung `ssh_enable` im Verzeichnis `/storage/.config` bequem eingeschaltet werden.

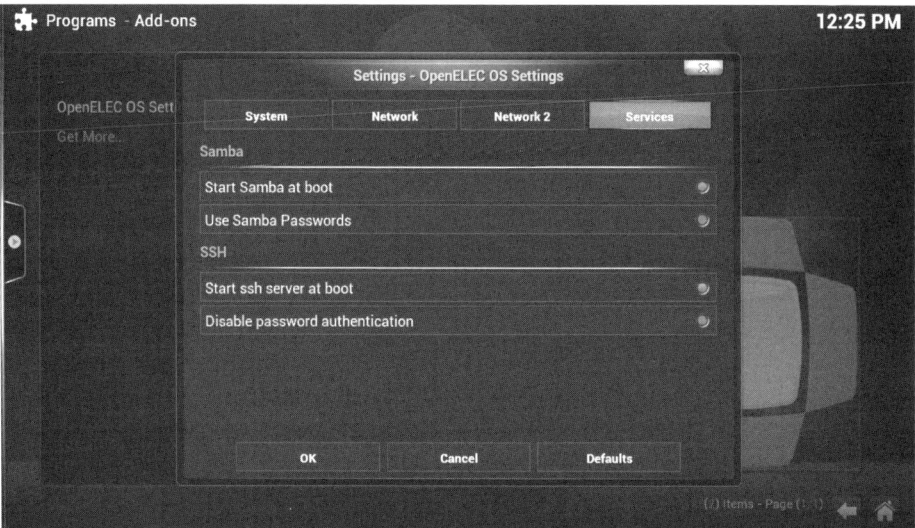

Bild 7.1: Das Aktivieren des SSH-Servers kann grundsätzlich auch via XBMC erfolgen. Bei der Inbetriebnahme von XBMC ist jedoch schon vorher der SSH-Zugriff notwendig. Alle Änderungen in diesem Add-on werden erst nach einem Neustart übernommen.

Dafür stecken Sie die Speicherkarte gegebenenfalls nochmals in den Computer ein, mounten die Speicherkarte in einem Unix-System und verwenden folgende Befehle im Terminalfenster, um die Datei anzulegen:

```
cd /storage/.config
touch ssh_enable
```

Wird die Karte anschließend in einen Raspberry Pi gesteckt, sollte beim Hochfahren von OpenELEC nun der SSH-Server mitgestartet werden. Haben Sie sich erstmalig mit dem OpenELEC von einem Computer aus via SSH verbunden, ändern Sie das Kennwort des administrativen root-Benutzers (Standard: `openelec`) per `passwd`-Kommando. Die weiteren Konfigurationsschritte erfolgen nun auf der XBMC-Oberfläche, die im Kapitel »OpenELEC-Einstellungen anpassen und Freigaben einrichten« auf Seite 109 beschrieben ist.

7.2 OpenELEC besorgen, kompilieren und installieren

Grundsätzlich wird ein echtes, natives Linux zum Kompilieren – allein schon aus Geschwindigkeits- und Zeitgründen – empfohlen. Wer kein vollwertiges natives Linux auf seinem Computer haben möchte, kann auch unter Mac OS oder Windows mithilfe einer virtuellen Maschine die Installation vorbereiten und durchführen. Grundsätzlich benötigen Sie eine halbwegs aktuelle Linux-Distribution, damit Sie das OpenELEC-Paket sauber kompiliert bekommen. Dabei kommen ein paar Besonderheiten ins Spiel. Da die Zielplattform des Raspberry Pi bekanntermaßen eine Arm-Prozessorarchitektur besitzt, muss der Compiler auf der Linux-Maschine das sogenannte Cross-Compiling beherrschen. In diesem Beispiel nutzen wir eine Ubuntu-Installation in einer virtuellen VMware-Maschine.

7.2.1 Vorbereitungen zum Kompilieren

In dem nachfolgend beschriebenen Beispiel nutzten wir eine Ubuntu-Installation (12.04) unter VMware Workstation 8 mit der Konfiguration 1 CPU, 1 GByte RAM, 20 GByte Festplattenplatz. Für die Übersetzung benötigen Sie Festplattenplatz – und das nicht zu knapp: Rund 9 GByte sollten Sie mindestens an freier Kapazität bereitstellen können, um zu verhindern, dass der Compiler nach zig Stunden mit einer Fehlermeldung stehen bleibt.

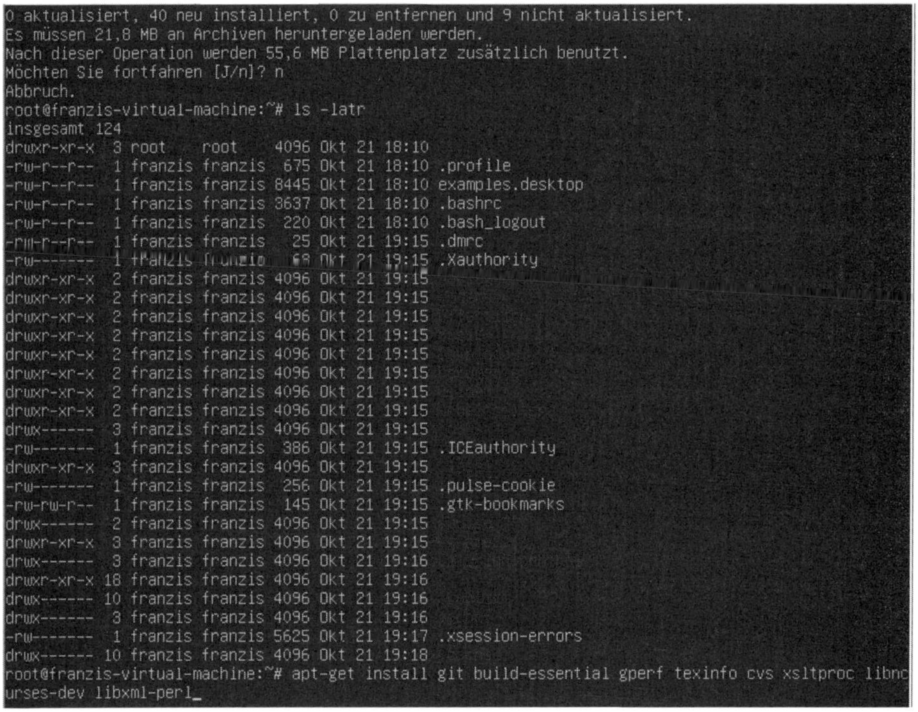

Bild 7.2: Zahlreiche Pakete müssen auf der Linux-Maschine nachinstalliert werden, damit der Kompiliervorgang überhaupt in die Gänge kommen kann.

Auch das Linux in der virtuellen Maschine muss auf den neuesten Stand gebracht werden – um in diesem Fall überhaupt OpenELEC herunterladen zu können, benötigen Sie beispielsweise das `git`-Paket – konkret wurden zunächst folgende Pakete samt Abhängigkeiten nachinstalliert:

```
apt-get install git gawk build-essential gperf cvs texinfo libncurses-dev
xsltproc libxml-perl
apt-get install openssh-server
```

Falls noch nicht vorhanden, ist auch die Installation eines SSH-Servers sinnvoll, wenn Sie die Unix-Maschine bequem per Konsole aus der Ferne überwachen wollen.

```
Die folgenden zusätzlichen Pakete werden installiert:
  ncurses-term ssh-import-id
Vorgeschlagene Pakete:
  rssh molly-guard openssh-blacklist openssh-blacklist-extra monkeysphere
Die folgenden NEUEN Pakete werden installiert:
  ncurses-term openssh-server ssh-import-id
0 aktualisiert, 3 neu installiert, 0 zu entfernen und 9 nicht aktualisiert.
Es müssen 775 kB an Archiven heruntergeladen werden.
Nach dieser Operation werden 3.066 kB Plattenplatz zusätzlich benutzt.
Möchten Sie fortfahren [J/n]?
Hole:1 http://de.archive.ubuntu.com/ubuntu/ quantal/main ncurses-term all 5.9-10ubuntu1 [424 kB]
Hole:2 http://de.archive.ubuntu.com/ubuntu/ quantal/main openssh-server i386 1:6.0p1-3ubuntu1 [344 k
B]
Hole:3 http://de.archive.ubuntu.com/ubuntu/ quantal/main ssh-import-id all 2.12-0ubuntu1 [6.424 B]
Es wurden 775 kB in 0 s geholt (975 kB/s)
Vorkonfiguration der Pakete ...
Vormals nicht ausgewähltes Paket ncurses-term wird gewählt.
(Lese Datenbank ... 156982 Dateien und Verzeichnisse sind derzeit installiert.)
Entpacken von ncurses-term (aus .../ncurses-term_5.9-10ubuntu1_all.deb) ...
Vormals nicht ausgewähltes Paket openssh-server wird gewählt.
Entpacken von openssh-server (aus .../openssh-server_1%3a6.0p1-3ubuntu1_i386.deb) ...
Vormals nicht ausgewähltes Paket ssh-import-id wird gewählt.
Entpacken von ssh-import-id (aus .../ssh-import-id_2.12-0ubuntu1_all.deb) ...
Trigger für man-db werden verarbeitet ...
Trigger für ureadahead werden verarbeitet ...
ureadahead will be reprofiled on next reboot
Trigger für ufw werden verarbeitet ...
ncurses-term (5.9-10ubuntu1) wird eingerichtet ...
openssh-server (1:6.0p1-3ubuntu1) wird eingerichtet ...
Creating SSH2 RSA key; this may take some time ...
Creating SSH2 DSA key; this may take some time ...
Creating SSH2 ECDSA key; this may take some time ...
ssh start/running, process 7772
ssh-import-id (2.12-0ubuntu1) wird eingerichtet ...
Trigger für ureadahead werden verarbeitet ...
Trigger für ufw werden verarbeitet ...
root@franzis-virtual-machine:~#
```

Bild 7.3: Bei der Auswahl der Pakete stellt der Paketmanager die Abhängigkeiten zusammen und lädt die entsprechend markierten Pakete automatisch nach.

Anschließend bringt der Befehl

```
git clone git://github.com/OpenELEC/OpenELEC.tv.git
```

die OpenELEC-Quellen in das aktuelle Verzeichnis. Um nun die heruntergeladenen Quellen analysieren und kompilieren zu können, wechseln Sie zunächst in das `OpenELEC.tv`-Verzeichnis.

```
cd OpenELEC.tv/
```

Anschließend starten Sie in dem Unterverzeichnis `OpenELEC.tv` mit dem Befehl

```
PROJECT=RPi ARCH=arm make -j 8
```

das Bauen der persönlichen OpenELEC-XBMC-Distribution.

```
Misc. Filesystems:
=========================================================
 - Swap Support:                    no
 - exFAT Support (via Fuse):        yes
 - NTFS Support (via Fuse):         yes
 - Install HFS Tools:               yes

XBMC configuration:
=========================================================
 - XBMC version:                    xbmc
 - XBMC nonfree support:            yes
 - XBMC DVDCSS support:             yes
 - Include Skin:                    Confluence
 - Default Skin:                    Confluence
 - Include extra fonts:             yes
 - Include RSXS Screensaver:        no
 - Include ProjectM Visualization:  no
 - Include Goom Visualization:      no

=========================================================
End Configuration for OpenELEC
=========================================================


**** Your system lacks the following tools needed to build OpenELEC ****
gawk java
********
make: *** [system] Fehler 1
root@franzis-virtual-machine:~/OpenELEC.tv# apt-get install gawk java
Paketlisten werden gelesen... Fertig
Abhängigkeitsbaum wird aufgebaut
Statusinformationen werden eingelesen... Fertig
E: Paket java kann nicht gefunden werden
root@franzis-virtual-machine:~/OpenELEC.tv# apt-get install gawk
```

Bild 7.4: `gawk` und `java` fehlen: Per `apt-get install` laden Sie diese Pakete umgehend aus dem Internet und installieren sie auf der Linux-Maschine.

In unserem Beispiel tauchte nach relativ kurzer Zeit eine Fehlermeldung auf – hier bemängelte `git` weitere fehlende Pakete auf der Linux-Maschine:

```
apt-get install gawk zip unzip xutils default-jre
```

Alternativ kann bei fehlendem Java statt dem `default-jre` auch das OpenJDK genutzt werden, wenn Sie auf dem Linux-System entwickeln.

```
apt-get install openjdk-6-jre
```

Wie auch immer – starten Sie nun den Kompiliervorgang per

```
PROJECT=RPi ARCH=arm make -j 8
```

erneut. Nach dem Starten des Kompiliervorgangs können Sie den Bildschirm des Computers abschalten – dieser ist nun einige Stunden damit beschäftigt, die zahlreichen Pakete zu kompilieren, andere Pakete nachzuladen und dies als Gesamtpaket zusammenzustellen.

7.2.2   Bitte warten: OpenELEC wird gebaut

In einer virtuellen Maschine zu kompilieren, dauert natürlich etwas länger als auf einer nativen Maschine: Bei einer VMware-Maschine mit Ubuntu 12.04, der konfigurierten Arbeitsspeicherausstattung von 1 GByte, der 20 GByte (mitwachsender) Festplattenkapazität sowie der Zuteilung von einer CPU dauerte das Bauen des OpenELEC-Pakets in Vollausstattung über zwölf Stunden.

```
root@franzis-virtual-machine:~# git clone git://github.com/OpenELEC/OpenELEC.tv.git
Cloning into 'OpenELEC.tv'...
remote: Counting objects: 99389, done.
remote: Compressing objects: 100% (30904/30904), done.
remote: Total 99389 (delta 65946), reused 98326 (delta 65021)
Receiving objects: 100% (99389/99389), 136.94 MiB | 1.79 MiB/s, done.
Resolving deltas: 100% (65946/65946), done.
root@franzis-virtual-machine:~# cd OpenELEC.tv/
root@franzis-virtual-machine:~/OpenELEC.tv# PROJECT=RPi ARCH=arm make -j 8
./scripts/image
-e
=====================================================================
Configuration for OpenELEC
=====================================================================

Buildoptions:
=======================================================
 - CPU (ARCH):                          arm1176jzf-s (arm)
 - FLOAT:                               hard
 - FPU:                                 vfp
 - SIMD support:                        no
 - Optimizations:                       speed
 - LTO (Link Time Optimization) support: yes
 - LLVM support:

Graphic configuration:
=======================================================
 - XORG support:
 - XORG Composite support:
 - XORG Xinerama support:
 - SDL support:                         no
 - OpenGL (GLX) support (provider):     no (no)
 - OpenGLES support (provider):         yes (bcm2835-driver)
 - WindowManager:                       none
 - Xorg Graphic Drivers:

Hardware decoder configuration:
=======================================================
 - Broadcom CrystalHD Decoder:          no
 - OpenMAX Support (provider):          yes (bcm2835-driver)
 - VAAPI Support:                       no
 - VDPAU Support:                       no
 - XVBA Support:                        no

Input device configuration:
=======================================================
 - Remote support:                      yes
 - ATV Remote support:                  no
 - CEC Adapter support:                 yes
 - IRTrans support:                     no
 - XBMC Joystick support:               no

Misc. hardware configuration:
=======================================================
 - ALSA support:                        no
 - Pulseaudio support:                  no
 - Blu-Ray support:                     yes
 - Bluetooth support:                   yes
```

Bild 7.5: Jetzt geht's los: Das Kompilieren des OpenELEC-Pakets dauert auch auf einem schnellen Linux-PC einige Stunden.

Auch der Speicherplatzbedarf bei der Erstellung des Pakets ist immens: Vor dem Start war die Festplatte mit rund 3,3 GByte befüllt – nach dem Kompilieren waren es 8,4 GByte mehr. Aus diesem Grund sollten Sie beim Zusammenstellen der Linux-Maschine auch auf eine ausreichende Festplattenausstattung achten, da sonst der Kompiliervorgang im dümmsten Fall kurz vor Schluss wegen mangelnden Speicherplatzes abbricht.

```
root@ubuntu:/home/franzis# df -h
Filesystem                 Size  Used Avail Use% Mounted on
/dev/mapper/ubuntu-root     19G  3.3G   15G  19% /
udev                       494M  4.0K  494M   1% /dev
tmpfs                      201M  268K  200M   1% /run
none                       5.0M     0  5.0M   0% /run/lock
none                       501M     0  501M   0% /run/shm
/dev/sda1                  228M   24M  192M  12% /boot
root@ubuntu:/home/franzis# df -h
Filesystem                 Size  Used Avail Use% Mounted on
/dev/mapper/ubuntu-root     19G  5.0G   13G  28% /
udev                       494M  4.0K  494M   1% /dev
tmpfs                      201M  268K  200M   1% /run
none                       5.0M     0  5.0M   0% /run/lock
none                       501M     0  501M   0% /run/shm
/dev/sda1                  228M   24M  192M  12% /boot
root@ubuntu:/home/franzis# df -h
Filesystem                 Size  Used Avail Use% Mounted on
/dev/mapper/ubuntu-root     19G   12G  6.5G  64% /
udev                       494M  4.0K  494M   1% /dev
tmpfs                      201M  268K  200M   1% /run
none                       5.0M     0  5.0M   0% /run/lock
none                       501M     0  501M   0% /run/shm
/dev/sda1                  228M   24M  192M  12% /boot
root@ubuntu:/home/franzis# _
```

Bild 7.6: Speicherfresser: Über 8 GByte benötigte das Bauen der OpenELEC-Distribution für den Raspberry Pi auf der Festplatte.

Nach dem Kompilieren ist das Ergebnis im Verzeichnis `OpenELEC.tv` abgelegt – hier befindet sich eine komplette Linux-Distribution für den Raspberry Pi. Diese kopieren Sie nun auf eine SD-Karte, die anschließend im Raspberry Pi zum Einsatz kommt.

7.2.3 SD-Karte für OpenELEC vorbereiten

Wie das angepasste Debian und Raspian für den Raspberry Pi muss auch das Speicherkarten-Image für OpenELEC mit zwei Partitionen auf der SD-Speicherkarte angelegt werden. Hier trennt OpenELEC jedoch ähnlich wie die FRITZ!Box – nämlich das Betriebssystem vom Datenbereich des Benutzers –, während bei den anderen Derivaten lediglich das /boot-Verzeichnis in die FAT32-Partition geschoben wird.

Grundsätzlich ist das OpenELEC-System mit zwei Partitionen folgendermaßen aufgeteilt:

1. In der ersten Partition ist der mit FAT32 formatierte /flash-Bereich in der Größe von 128 MByte untergebracht, der in der Regel als SYS oder SYSTEM gekennzeichnet ist. Darin befinden sich neben den zum Bootvorgang notwendigen Dateien wie Bootlader und dergleichen auch die über 80 MByte große SYSTEM-Datei sowie die kernel.img-Datei.

2. In der zweiten als ETX4 formatierten Partition sind die Benutzerdaten untergebracht. Sie beinhaltet den /storage-Bereich, in dem anschließend nicht nur die Nutzdaten, sondern auch XBMC-Mediacenter-Einstellungen, SSH-Einstellungen

und vieles mehr gespeichert werden. Diese Partition ist flexibel, d. h., hier ist es egal, ob Sie eine 4 GByte, 8 GByte oder 16 GByte große SD-Karte einsetzen – der Speicherplatz steht Ihnen dann auch im `/storage`-Bereich zur Verfügung.

```
mg@vm-ubunutu10:~$ sudo mount 192.168.123.36:/var/nfs /mnt/nfs/var/nfs
mount.nfs: /mnt/nfs/var/nfs is busy or already mounted
mg@vm-ubunutu10:~$ sudo parted -s /dev/sdb print all

Disk /dev/sdb: 7948MB
Sektorgröße (logisch/physisch): 512B/512B
Partition Table: msdos

Anzahl  Beginn  Ende    Größe   Typ      Dateisystem  Flags
 1      4194kB  7948MB  7944MB  primär   fat32


Disk /dev/sda: 21,5GB
Sektorgröße (logisch/physisch): 512B/512B
Partition Table: msdos

Anzahl  Beginn  Ende    Größe   Typ         Dateisystem  Flags
 1      32,3kB  20,5GB  20,5GB  primär      ext3         boot
 2      20,5GB  21,5GB  938MB   erweitert
 5      20,5GB  21,5GB  938MB   logisch     linux-swap

mg@vm-ubunutu10:~$ █
```

Bild 7.7: Benutzerdaten der ETX-4-formatierten Partition

Ist die SD-Karte am Linux-Computer eingesteckt bzw. der virtuellen Linux-Maschine zugeordnet, prüfen Sie beispielsweise mit dem Befehl

```
sudo blkid
```

oder

```
sudo dmesg
```

über welche Gerätedatei die Karte eingehängt ist. In diesem Beispiel ist es `/dev/sdb`. Achten Sie also bei den nachfolgenden Befehlen darauf, die richtige Adresse zu verwenden, und passen Sie sie eventuell an Ihre Konfiguration an. Zunächst prüfen Sie, ob auf der SD-Karte bereits Partitionen vorhanden sind:

```
sudo parted -s /dev/sdb print all
```

Das soll auch zur letzten Kontrolle dienen – hier ist `/dev/sdb` definitiv die SD-Karte. Anschließend hängen Sie die SD-Karte aus dem System wieder aus – dies geschieht per `umount`-Befehl:

```
sudo umount /dev/sdb
```

Nun wird eine neue Partition erzeugt und der passende MBR (*Master Boot Record*) geschrieben:

```
sudo parted -s /dev/sdb mklabel openelec
```

```
mg@vm-ubunutu10:~$ sudo parted -s /dev/sdb print all

Disk /dev/sdb: 7948MB
Sektorgröße (logisch/physisch): 512B/512B
Partition Table: msdos

Anzahl  Beginn  Ende  Größe  Typ  Dateisystem  Flags


Disk /dev/sda: 21,5GB
Sektorgröße (logisch/physisch): 512B/512B
Partition Table: msdos

Anzahl  Beginn  Ende   Größe  Typ        Dateisystem  Flags
 1      32,3kB  20,5GB 20,5GB primär     ext3         boot
 2      20,5GB  21,5GB 938MB  erweitert
 5      20,5GB  21,5GB 938MB  logisch    linux-swap

mg@vm-ubunutu10:~$ sudo parted -s /dev/sdb mklabel openelec
mg@vm-ubunutu10:~$ sudo parted -s /dev/sdb unit cyl mkpart primary fat32 -- 0 16
mg@vm-ubunutu10:~$ sudo parted -s /dev/sdb set 1 boot on
mg@vm-ubunutu10:~$ sudo parted -s /dev/sdb unit cyl mkpart primary ext2 -- 16 -2
mg@vm-ubunutu10:~$ sudo parted -s /dev/sdb print all

Disk /dev/sdb: 7948MB
Sektorgröße (logisch/physisch): 512B/512B
Partition Table: msdos

Anzahl  Beginn  Ende   Größe  Typ     Dateisystem  Flags
 1      32,3kB  132MB  132MB  primär               boot, lba
 2      132MB   7929MB 7798MB primär


Disk /dev/sda: 21,5GB
Sektorgröße (logisch/physisch): 512B/512B
Partition Table: msdos

Anzahl  Beginn  Ende   Größe  Typ        Dateisystem  Flags
 1      32,3kB  20,5GB 20,5GB primär     ext3         boot
 2      20,5GB  21,5GB 938MB  erweitert
 5      20,5GB  21,5GB 938MB  logisch    linux-swap

mg@vm-ubunutu10:~$
```

Bild 7.8: Nur wenige Schritte sind notwendig, um die kompilierte OpenELEC-Distribution auf die eingelegte SD-Karte zu übertragen.

Im ersten Schritt wird die genannte 128-MByte-FAT32-Systempartition für OpenELEC erzeugt und im zweiten Schritt wird sie als bootfähig markiert.

```
sudo parted -s /dev/sdb unit cyl mkpart primary fat32 -- 0 16
sudo parted -s /dev/sdb set 1 boot on
```

Anschließend wird die zweite (Daten-)Partition erstellt, die sämtlichen verbleibenden Speicherplatz auf der SD-Karte beansprucht.

```
sudo parted -s /dev/sdb unit cyl mkpart primary ext2 -- 16 -2
```

Nach einem kurzen Augenblick sind die Änderungen geschrieben. Nun überprüfen Sie mit dem parted-Kommando abermals die (neue) Partitionierung auf der Speicherkarte.

```
sudo parted -s /dev/sdb print all
```

Sind die Partitionen ordnungsgemäß angelegt, steht im nächsten Schritt das Formatieren der Partitionen an. Die erste, kleinere Partition ist bekanntlich FAT32-(VFAT-)formatiert, während die Datenpartition mit dem Linux-EXT4-Format bestückt wird.

```
mg@vm-ubunutu10:~$ sudo mkfs vfat -n System /dev/sdb1
mke2fs 1.40.8 (13-Mar-2008)
mkfs.ext2: Bad Blocks Anzahl - /dev/sdb1
mg@vm-ubunutu10:~$ sudo mkfs ext4 -L Storage /dev/sdb2
mke2fs 1.40.8 (13-Mar-2008)
Dateisystem-Label=Storage
OS-Typ: Linux
Blockgröße=4096 (log=2)
Fragmentgröße=4096 (log=2)
477664 Inodes, 1903702 Blöcke
95185 Blöcke (5.00%) reserviert für den Superuser
Erster Datenblock=0
Maximale Dateisystem-Blöcke=1950351360
59 Blockgruppen
32768 Blöcke pro Gruppe, 32768 Fragmente pro Gruppe
8096 Inodes pro Gruppe
Superblock-Sicherungskopien gespeichert in den Blöcken:
        32768, 98304, 163840, 229376, 294912, 819200, 884736, 1605632

Schreibe Inode-Tabellen: erledigt
Schreibe Superblöcke und Dateisystem-Accountinginformationen: erledigt

Das Dateisystem wird automatisch alle 22 Mounts bzw. alle 180 Tage überprüft,
je nachdem, was zuerst eintritt. Veränderbar mit tune2fs -c oder -t .
mg@vm-ubunutu10:~$
```

Bild 7.9: Formatieren per Kommandozeile: Die erste Partition erhält das FAT32-Dateisystem, die zweite das EXT4-Format.

Das Systemlabel ist technisch gesehen irrelevant – manche nennen es `sys` bzw. `system` oder bei der Partition des Datenbereichs auch `storage` oder `data`.

```
sudo mkfs.vfat -n system /dev/sdb1
sudo mkfs.ext4 -L storage /dev/sdb2
```

Um die erfolgreiche Formatierung der beiden frisch erstellten Partitionen nun auch auf dem Linux-System zu sehen, initialisieren Sie die Partitionstabelle neu.

```
sudo partprobe
```

Nun sollten beide Partitionen im Linux-System eingehängt sein. Im nächsten Schritt übertragen Sie die kompilierten Daten auf die SD-Karte.

7.2.4 OpenELEC auf die SD-Karte übertragen

Im ersten Schritt wechseln Sie in der Kommandozeile in das `OpenELEC.tv`-Verzeichnis, das sich in der Regel auch in dem Verzeichnis befindet, in dem Sie OpenELEC kompiliert haben. In diesem Beispiel ist es das `/home`-Verzeichnis des angemeldeten Benutzers der Linux-Maschine.

```
cd ~/OpenELEC.tv
```

Nun prüfen Sie, ob beide Partitionen auch ordnungsgemäß im Linux eingebunden sind – je nach verwendetem Linux müssen Sie nachhelfen, bei vielen ist es bereits automatisch erledigt:

```
sudo mount /dev/sdb1 /media/system
sudo mount /dev/sdb2 /media/storage
```

Im nächsten Schritt übertragen Sie die Systemdateien für OpenELEC, die sich auf der lokalen Linux-Festplatte im OpenELEC-Verzeichnis befinden. Wer bereits ein vorkompiliertes OpenELEC nutzen möchte, verwendet an dieser Stelle die Bootloader-Dateien von

```
https://github.com/raspberrypi/firmware/tree/master/boot
```

Grundsätzlich steuert die `*start.elf`-Datei die Aufteilung des Arbeitsspeichers zwischen Betriebssystem- und Grafikspeicher. So sorgt die Nutzung der `arm128_start.elf`-Datei für die Verwendung des 256 MByte großen Speichers dafür, dass jeweils beide 128 MByte zugeordnet bekommen. Da nur die `start.elf`-Datei beim Start interpretiert wird, sichern Sie in diesem Fall die Originaldatei mit einer aussagekräftigen Bezeichnung und benennen die `arm128_start.elf` in `start.elf` um. Bei der Selbstbaulösung kopieren Sie einfach die beiden Dateien `start.elf` und `bootcode.bin` in die `/system`-Partition der SD-Karte:

```
sudo cp build.OpenELEC-RPi.arm-devel/bcm2835-bootloader-*/start.elf
/media/system/start.elf
sudo cp build.OpenELEC-RPi.arm-devel/bcm2835-bootloader-*/bootcode.bin
/storage/system/bootcode.bin
```

Im nächsten Schritt kommt noch eine Datei mit der Bezeichnung `cmdline.txt` auf die Systempartition, in der Parameter für den OpenELEC-Kernel untergebracht sind. Mit dem Befehl

```
echo "boot=/dev/mmcblk0p1 disk=/dev/mmcblk0p2 ssh quiet" | sudo tee
/media/system/cmdline.txt
```

schreiben Sie die `echo`-Ausgabe in die Datei `cmdline.txt` im `/system`-Verzeichnis. Durch die Angabe von `boot=/dev/mmcblk0p1` wird OpenELEC mitgeteilt, wo sich die Partition mit den beiden wichtigen Dateien `kernel.img` und `SYSTEM` befinden.

Die Angabe von `disk=/dev/mmcblk0p2` gibt den Datenblock an, die Angabe des `ssh`-Parameters sorgt dafür, dass umgehend nach dem Start auch der eingebaute SSH-Server eingeschaltet wird, um den Remote-Zugriff sicherzustellen. Der Standard-SSH-Benutzername ist `root` und das Initialkennwort `openelec`.

Der `quiet`-Parameter blendet die Startmeldungen nach dem Einschalten des Raspberry Pi aus. Für die ersten Versuche können Sie auch zusätzlich den `debugging`-Parameter ergänzen, falls beim Start oder Betrieb unerklärliche Fehler auftreten.

Das Bootlogo blenden Sie mit dem `nosplash`-Parameter aus. Nach dem Schreiben der `cmdline.txt` übertragen Sie nun die eigentlichen OpenELEC-Dateien – den Kernel und das System.

```
mg@vm-ubuntu10:/mnt/nfs/root-ubuntu12/home/franzis/OpenELEC.tv$ sudo cp target/OpenELEC RPi.arm-devel-*.system /media/System/SYSTEM
mg@vm-ubuntu10:/mnt/nfs/root-ubuntu12/home/franzis/OpenELEC.tv$ sudo cp target/OpenELEC-RPi.arm-devel-*.kernel /media/System/kernel.img
mg@vm-ubuntu10:/mnt/nfs/root-ubuntu12/home/franzis/OpenELEC.tv$ echo "boot=/dev/mmcblk0p1 disk=/dev/mmcblk0p2 ssh quiet" | sudo tee /media/Sys
tem/cmdline.txt
boot=/dev/mmcblk0p1 disk=/dev/mmcblk0p2 ssh quiet
mg@vm-ubuntu10:/mnt/nfs/root-ubuntu12/home/franzis/OpenELEC.tv$ ls -latr /media/System
insgesamt 94078
drwxr-xr-x 6 root root     4096 2012-10-23 22:27 ..
-rwx------ 1 mg   root  2347220 2012-10-23 22:40 start.elf
-rwx------ 1 mg   root    17764 2012-10-23 22:41 bootcode.bin
-rwx------ 1 mg   root 88608768 2012-10-23 22:48 SYSTEM
-rwx------ 1 mg   root  5337008 2012-10-23 22:48 kernel.img
-rwx------ 1 mg   root       50 2012-10-23 22:49 cmdline.txt
drwx------ 2 mg   root    16384 2012-10-23 22:49 .
mg@vm-ubuntu10:/mnt/nfs/root-ubuntu12/home/franzis/OpenELEC.tv$
```

Bild 7.10: Im Verzeichnis `OpenELEC.tv/target` finden Sie zwei Dateien, deren Bezeichnungen mit `.system` und `.kernel` enden. Die `OpenELEC*.system` kopieren Sie als `SYSTEM`, die `OpenELEC*.kernel` als `kernel.img` auf die kleine Systempartition.

Beim Kopieren der Systemdateien achten Sie tunlichst auf die Groß- und Kleinschreibung: Die `OpenELEC-RPi.arm-devel-*.system`-Datei landet im Systemverzeichnis der SD-Karte mit dem Namen `SYSTEM`, während die `OpenELEC-RPi.arm-devel-*.kernel`-Datei kleingeschrieben als `kernel.img` dorthin kopiert wird. Dies erfolgt mit folgenden Kommandos:

```
sudo cp target/OpenELEC-RPi.arm-devel-*.system /media/system/SYSTEM
sudo cp target/OpenELEC-RPi.arm-devel-*.kernel /media/system/kernel.img
```

Zu guter Letzt prüfen Sie nochmals, ob sämtliche Dateien auf der SD-Karte angekommen sind. Mit dem Befehl `ls -latr /media/system` sollte die Bildschirmausgabe so aussehen:

```
$ ls -latr /media/system
insgesamt 94078
drwxr-xr-x 6 root root     4096 2012-11-23 22:27 ..
-rwx------ 1 root root  2347220 2012-11-23 22:40 start.elf
-rwx------ 1 root root    17764 2012-11-23 22:41 bootcode.bin
-rwx------ 1 root root 88608768 2012-11-23 22:48 SYSTEM
-rwx------ 1 root root  5337008 2012-11-23 22:48 kernel.img
-rwx------ 1 root root       50 2012-11-23 22:49 cmdline.txt
drwx------ 2 root root    16384 2012-11-23 22:49 ..
```

Sind alle Dateien vorhanden, können Sie die beiden eingehängten Partitionen vom Linux-System aushängen, damit Sie die Speicherkarte entnehmen können.

```
sudo umount /dev/sdh1
sudo umount /dev/sdb2
```

Nun ist die Zeit gekommen, die SD-Karte in den Kartenslot des Raspberry Pi einzustecken und diesen via HDMI am Wohnzimmer-TV in Betrieb zu nehmen. Beachten Sie, dass der erste Bootvorgang naturgemäß etwas länger dauern wird, da beispielsweise erstmalig Dinge wie die automatische Einrichtung der Swapdatei, die Überprüfung der Dateisysteme oder auch die Generierung der SSH-Schlüssel erfolgen müssen. Auch die Erstellung der Datenstruktur für XBMC wird beim ersten Start von OpenELEC auf dem Raspberry Pi vorgenommen.

7.2.5 Größere Speicherkarte? – Image per GParted vergrößern

Die im Kapitel »SD-Karte checken und paritionieren« auf Seite 39 beschriebene `fdisk`-Lösung für das Anpassen der Speicherkartenkapazität funktioniert nur bei der beschriebenen Raspian/Debian-Lösung. Bei OpenELEC und anderen Systemen scheitert dieses Vorgehen daran, dass die zu ändernde Partition in Benutzung ist und nicht on-the-fly bearbeitet werden kann. Aus diesem Grund ist hier ein Unix-/Linux-System bzw. eine passende virtuelle Maschine mit einem Unix-/Linux-System nötig, damit Sie das Betriebssystem-Image auf der SD-Karte auch auf die tatsächliche Kapazität der SD-Karte ausdehnen können, falls nach dem Übertragen der Systemdateien Unterschiede beste-hen sollten.

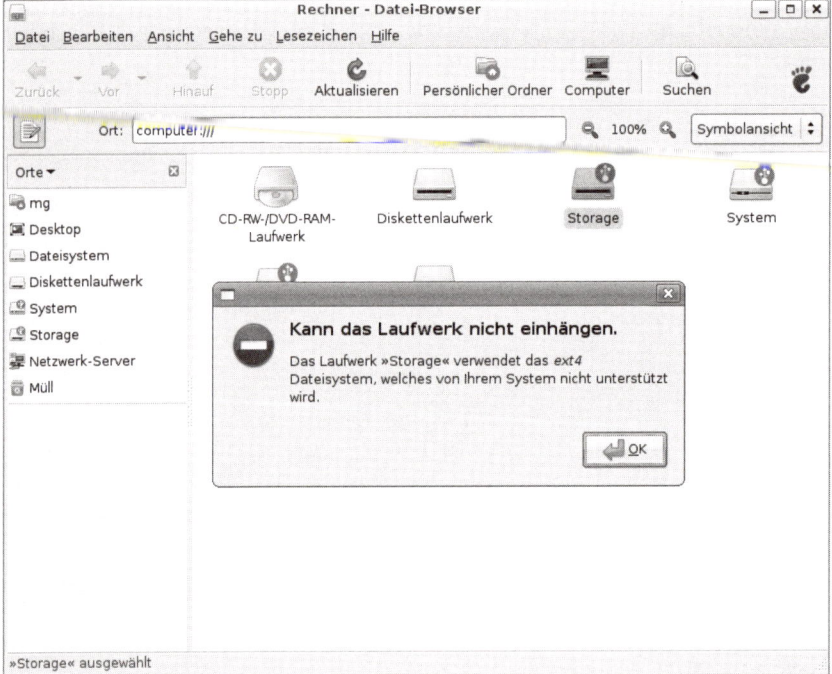

Bild 7.11: Wird die erzeugte OpenELEC-Speicherkarte vom Linux-System nur teilweise erkannt, muss zunächst Linux auf einen aktuelleren Stand gebracht werden, damit es mit dem `ext4`-Dateiformat zurechtkommt.

Um mit dem Partitionierungswerkzeug unter Linux die eingelegte SD-Karte nutzen zu können, muss diese nach dem Einlegen zunächst aus dem System ausgehängt, also unmountet werden. Erst dann steht sie für den Vollzugriff zur Verfügung. Ist GParted noch nicht vorhanden, installieren Sie es per `apt-get` nach. Mit dem Befehl

```
sudo apt-get install gparted
sudo gparted
```

starten Sie das Werkzeug mit root-Rechten. Die Nutzung von GParted ist selbsterklärend: Steckt die Speicherkarte noch immer im Kartenslot, ist sie trotzdem noch von Linux les- und beschreibbar, auch wenn sie nicht mehr per Dateisystem im Konqueror-Browser eingehängt ist.

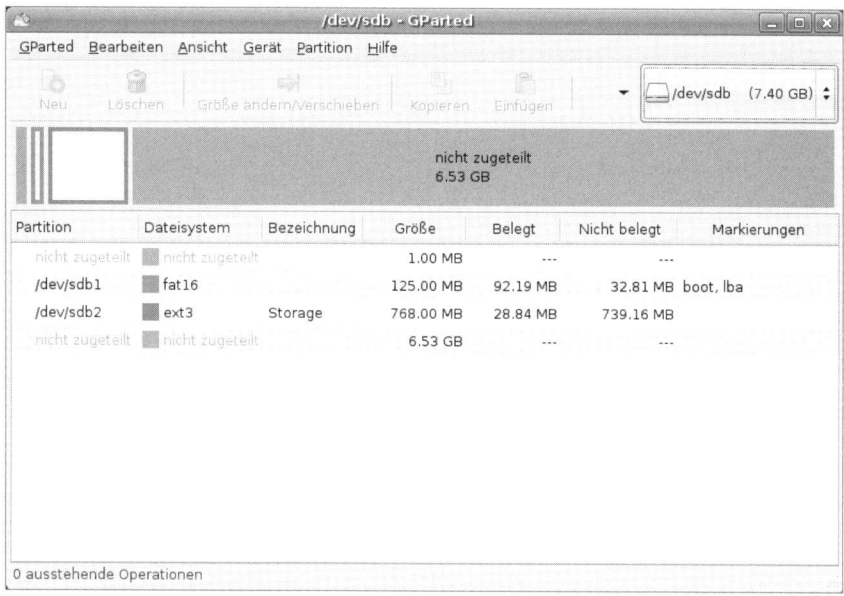

Bild 7.12: Erst wenn die Speicherkarte aus dem Dateisystem ausgehängt ist, kann ein direkter Zugriff und somit das Bearbeiten der Karte erfolgen.

Wählen Sie die Speicherkarte im Drop-down-Menü von GParted rechts oben aus – ein gutes Unterscheidungsmerkmal zur vorhandenen Festplatte ist natürlich die Kapazität der SD-Karte. Ist die Karte eingelesen, erscheint zunächst ein Überblick über die Partitionierung der eingelegten SD-Karte.

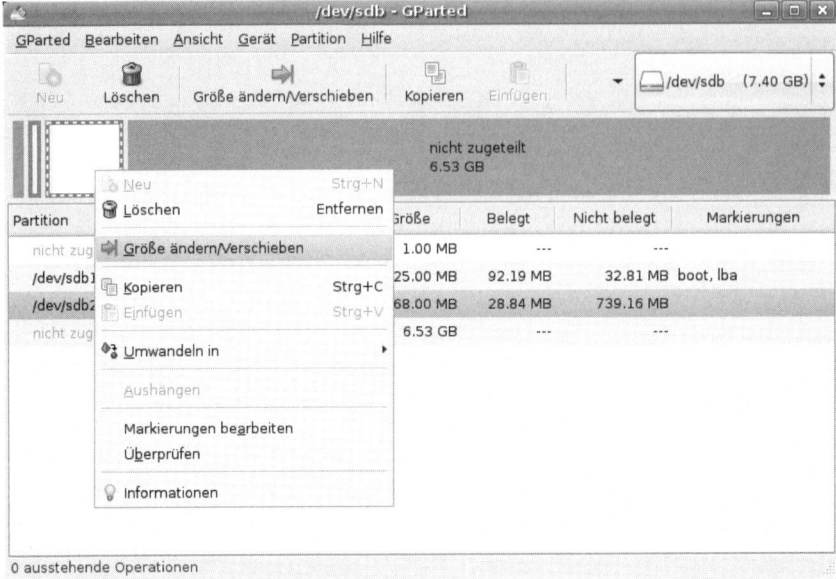

Bild 7.13: Größe der Partition ändern

Nun brauchen Sie nur noch die »letzte« Partition vor dem freien Platz – markiert mit »nicht zugeteilt« – mit der Maus zu markieren und im Kontextmenü der rechten Maus-taste den Eintrag *Größe ändern/Verschieben* auszuwählen.

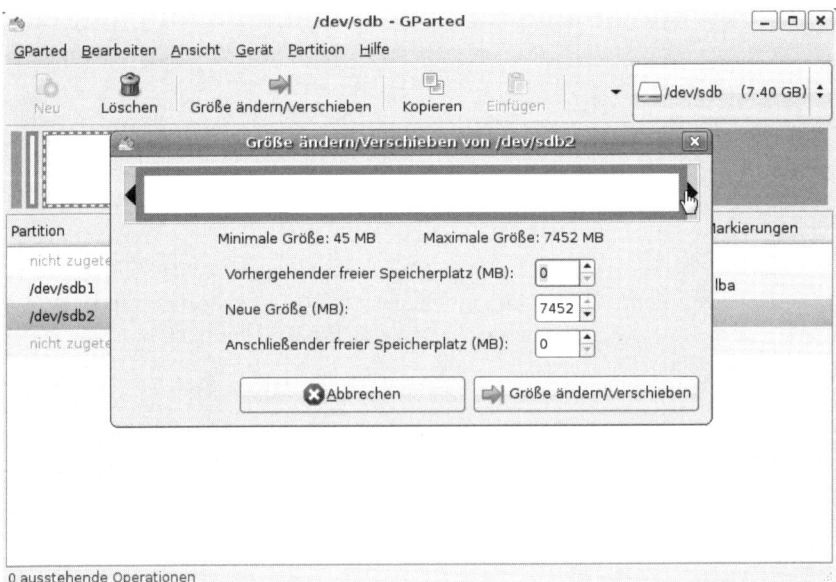

Bild 7.14: Mit der Maus schieben Sie den Speichergröße-Regler bis ganz nach rechts, um den verfügbaren Speicherplatz auf der Speicherkarte komplett auszureizen.

Nach dem Anpassen der Speichergröße klicken Sie auf die Schaltfläche *Größe ändern/ Verschieben*. In diesem Fall legt GParted einen entsprechenden Arbeitsauftrag an, der erst noch zusätzlich angestoßen werden muss. Das erfolgt wie das Abarbeiten einer Stapeldatei – die Verzeichnisoperation starten Sie anschließend über die Menüleiste mit *Bearbeiten/Alle Operationen ausführen*.

Möchten Sie die Änderungen zu einem späteren Zeitpunkt oder gar nicht ausführen, wählen Sie hier stattdessen den Punkt *Alle Operationen löschen*. Das Vergrößern der Partition ist in wenigen Minuten erledigt. Falls das Linux-System die SD-Karte bzw. die beiden Partitionen nicht selbstständig neu in das Betriebssystem integriert, reicht das Kommando

```
sudo partprobe
```

im Terminal, um die neuen Partitionen erneut unter Linux einzuhängen. Nun sollte die vergrößerte Partition den kompletten Speicherplatz zugewiesen bekommen haben. Nach dem erneuten Aushängen und Entfernen vom Linux-System kann die SD-Karte nun endlich im Raspberry Pi mit der gesamten Kapazität genutzt werden.

7.3   XBMC-Mediacenter einrichten

Die XBMC-Oberfläche ist sozusagen das sichtbare Herzstück von OpenELEC. Nach dem Einschalten bootet das System direkt in diese Oberfläche – eine Anmeldung mit Benutzerkennung und Passwort ist hier nicht notwendig. Sind am Raspberry Pi Tastatur und Maus angeschlossen, können Sie fürs Erste damit auch navigieren. Deutlich komfortabler sind Funktastaturen – hier gibt es eine große Auswahl, angefangen von den kleinen Rii-Funk-Bluetooth-Tastaturen bis hin zu den vollwertigen 105-Tasten-Tastaturen, die auch zusätzlich beispielsweise am Notebook betrieben werden können.

Bild 7.15: Bei Funktastaturen ist bei OpenELEC das A und O die Bluetooth-Treiberunterstützung des USB-Dongles. Dieser ist bei den Rii-Tastaturen mit im Lieferumfang, befindet sich innerhalb der Fernbedienung oberhalb des Touchfelds und kann seitlich zur Nutzung herausgezogen werden.

In unserem Fall hatten wir in der Computerecke noch eine betagte, schnurlose Logitech-Tastatur diNovo edge herumliegen und sogar den passenden kleinen Bluetooth-Adapter dazu gefunden. Einstecken, ausprobieren – und siehe da: Die Tastatur wird auf Anhieb von OpenELEC unterstützt, eine weitere zusätzliche Installation ist hier nicht notwendig.

Nach Anschluss der Tastatur prüfen Sie den SSH-Zugang zum Raspberry Pi – im Gegensatz zum »normalen« Raspberry Pi-Image ist bekanntlich nun ein anderer Benutzer samt Kennwort bei OpenELEC/XBMC zu verwenden. Hier benutzen Sie für den Remote-Zugriff den administrativen Benutzer root, als initiales Kennwort ist openelec voreingestellt.

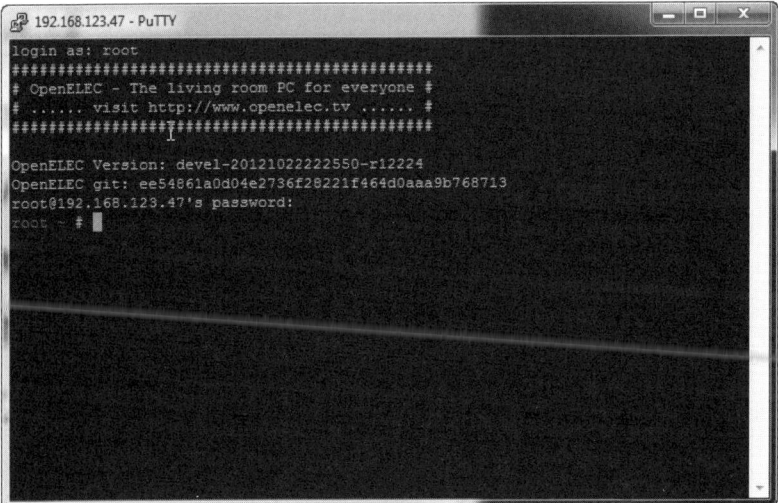

Bild 7.16: Erfolgreich installiert, SSH läuft. Nun können Sie Schritt für Schritt Raspberry Pi, OpenELEC sowie XBMC konfigurieren und auf Ihre Bedürfnisse zuschneiden.

Haben Sie per Kernel-Parameter den SSH-Zugriff nicht aktiviert, ist bei OpenELEC die SSH-Verbindung abgeschaltet. Sie kann aber nachträglich über das XBMC oder durch das Erstellen einer leeren Datei mit der Bezeichnung ssh_enable im Verzeichnis /storage/.config bequem eingeschaltet werden.

Haben Sie die erste Verbindung erfolgreich hergestellt, können Sie entweder weiter mit SSH oder WinSCP arbeiten, oder Sie richten eine komfortable Lösung via Samba ein, mit der Sie bequem von Ihrem Windows-Computer per Explorer oder via Mac OS per Finder auf die entsprechend freigegebenen Verzeichnisse des Raspberry Pi bzw. OpenELEC zugreifen und sie bearbeiten können.

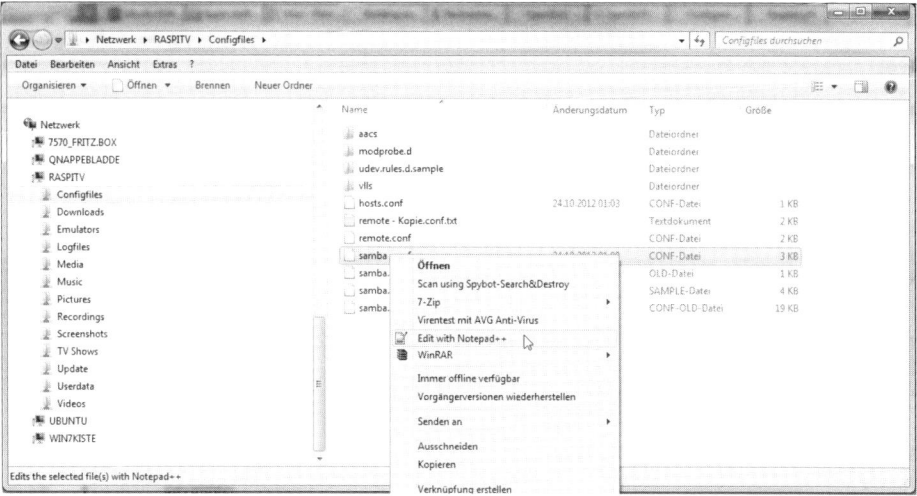

Bild 7.17: Der Weg ist das Ziel: Wie hier in dieser Abbildung stehen für sämtliche Zwecke entsprechende Austauschverzeichnisse zwischen dem Raspberry Pi und den Computern im Heimnetz zur Verfügung.

Um beispielsweise die Samba-Unterstützung für den Zugriff auf das OpenELEC-System einzuschalten, muss zunächst der Samba-Daemon auf dem Raspberry Pi aktiviert werden. Dies nehmen Sie bei gestartetem OpenELEC über die XBMC-Oberfläche vor.

7.3.1 OpenELEC-Einstellungen anpassen und Freigaben einrichten

Während früher das Einbinden der Netzwerkfreigaben per `netmount.conf`-Datei notwendig war, besitzt XBMC nun einen eingebauten Support für den NFS-(Linux-), Samba-(Windows-) und AFP-(Apple-)Zugriff, was den Umgang mit den unterschiedlichen Medien und Speicherorten im Heimnetz deutlich komfortabler macht. Ausgewählte Betriebssystemeinstellungen sowie deren XBMC-relevante Services lassen sich bequem über das *Programs*-Menü des mitgelieferten *OpenELEC OS Settings*-Add-ons ändern. Starten Sie hier per Mausklick oder `Enter`-Taste der Tastatur die entsprechende Option auf dem XBMC.

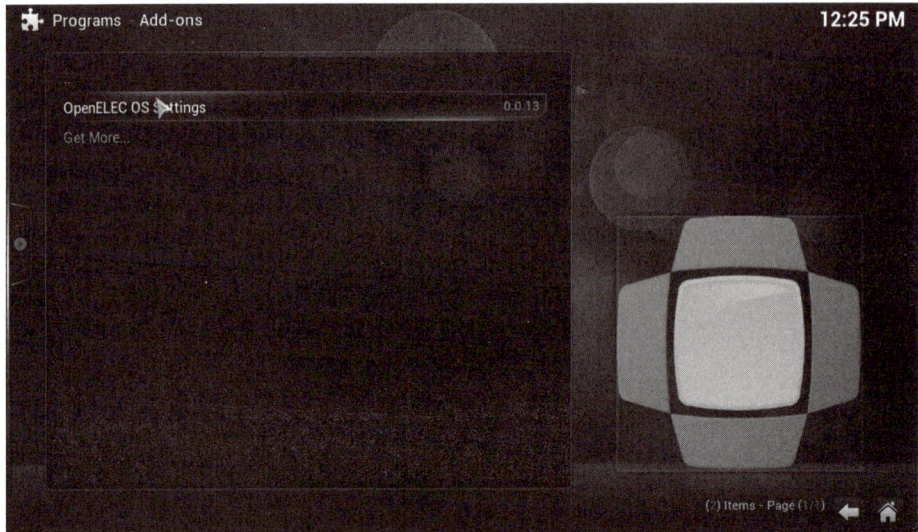

Programs · Add-ons   12:25 PM

OpenELEC OS Settings   0.0.13
Get More...

(2) Items · Page (1/1)

Bild 7.18: Über die XBMC-Oberfläche lassen sich auch sogenannte Add-ons einbinden, mit denen das darunterliegende Betriebssystem gesteuert werden kann.

Ist das Add-on *OpenELEC OS Settings* gestartet, werden nun vier Register angezeigt, die Sie Schritt für Schritt durchlaufen und deren Optionen Sie an Ihre persönlichen Wünsche anpassen können. Im Register *System* stellen Sie zunächst das Layout für die angeschlossene Tastatur ein. Haben Sie eine QWERTZ-Tastatur samt Umlauten, wählen Sie für das Layout *de* (deutsch) – für das alternative *Keyboard layout* beispielsweise *en* oder eines nach Wahl. Automatische Updates sind in diesem Beispiel abgeschaltet, beim Einsatz eines LCD-Schirms lassen sich noch Treiberanpassungen vornehmen.

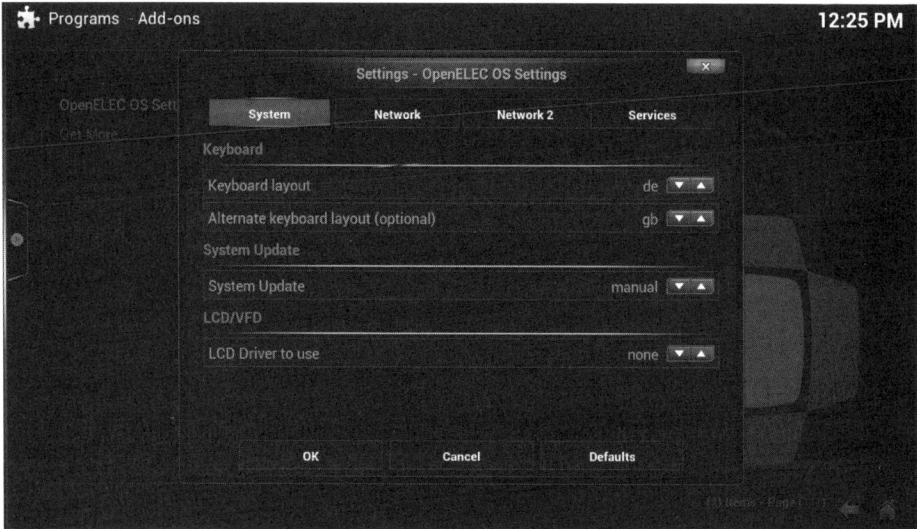

Bild 7.19: Das Umstellen der Tastatur erleichtert vor allem die Suche und das Navigieren, wenn Umlaute genutzt werden.

Im Register *Network* finden Sie die aktuellen Netzwerkeinstellungen. Hier sind die Parameter der eingebauten, kabelgebundenen eth0-Netzwerkschnittstelle untergebracht. Haben Sie ein WLAN-USB-Steckmodul im Einsatz, ist dieses über das Register *Network 2* zu konfigurieren.

Im Feld *Hostname* geben Sie den Namen des Raspberry Pi ein, wie er im IP-Netzwerk bzw. lokal genannt werden soll. Dies hat jedoch nichts mit dem Samba-Servernamen zu tun, den Sie aus dem Windows-Netz vielleicht kennen. Im Feld *Network Adapter* müssen Sie nichts ändern, es sei denn, Sie haben einen guten Grund dazu. Grundsätzlich ist OpenELEC so konfiguriert, dass es sich via DHCP automatisch mit einer IP-Adresse versorgen lässt.

Manchmal kann es sinnvoll sein, dem Raspberry Pi eine statische IP-Adresse zuzuweisen, etwa wenn kein DHCP-Server im Netz zur Verfügung steht. In diesem Fall tragen Sie hier die IP-Adresse, die Netzmaske (in der Regel Präfix *24* für 255.255.255.0) sowie Gateway und DNS-Server ein.

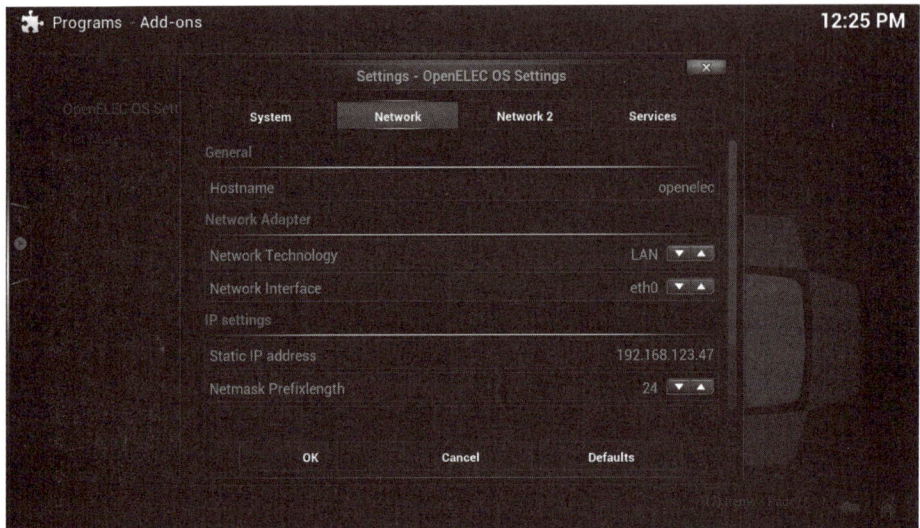

Bild 7.20: Haben Sie sich »verkonfiguriert«, können Sie per Klick auf *Defaults* alles auf die Standardeinstellungen zurücksetzen.

Im nächsten Schritt schalten Sie die Zugriffsfunktionen auf das OpenELEC-Mediacenter ein. Bevor der Zugriff auf das Raspberry Pi-System via Samba oder SSH möglich ist, muss dieser zunächst eingeschaltet und anschließend konfiguriert werden.

Im Register *Services* schalten Sie einfach per Mausklick oder Tastatur die Option *Start Samba at boot* ein. Wer den Zugriff auf den Raspberry Pi auf Benutzerebene absichern möchte, aktiviert zusätzlich die Option *Use Samba Passwords* und trägt anschließend einen Samba-Benutzernamen sowie das dazugehörige Kennwort ein. Bei einer späteren Samba-Netzwerkverbindung von Ihrem Computer wird dann genau diese Authentifizierungsmethode genutzt – also notieren Sie sich die Parameter.

7.3.2 Administration über die Kommandozeile: SSH-Zugriff einschalten

Falls noch nicht mithilfe des `cmdline-txt`-Kniffs beim Erstellen des SD-Karten-Images erfolgt, kann auch über die XBMC-Oberfläche nachträglich noch der SSH-Zugang eingeschaltet werden. Zu guter Letzt schalten Sie noch den SSH-Zugriff mit dem oben genannten OpenELEC-Add-on ein – für administrative Zwecke im Heimnetz geradezu Pflicht.

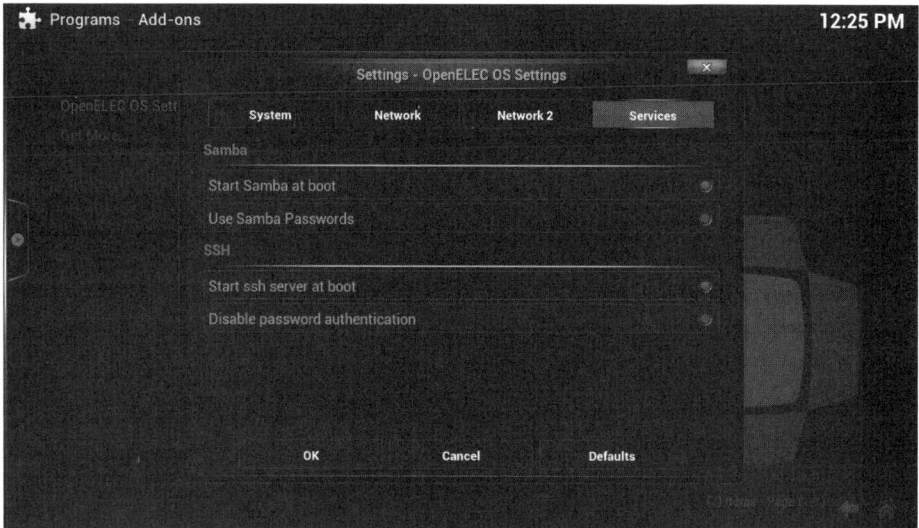

Bild 7.21: Samba und SSH einschalten: Mehr ist in diesem Dialog nicht zu tun. Schließen Sie die Konfiguration per Klick auf *OK* ab.

Beenden Sie jetzt das Plug-in. Möchten Sie auf Nummer sicher gehen, starten Sie den Raspberry nun einfach neu, damit die Änderungen aktiv werden. Anschließend können Sie die mitgelieferte Konfigurationsdatei von Samba an Ihre Bedürfnisse anpassen, oder Sie erstellen sie komplett neu.

7.3.3 Samba einrichten: bequemer Zugriff auf das Mediacenter

Grundsätzlich nehmen Sie die Änderungen an der Samba-Konfiguration im Verzeichnis `/storage/.config/` vor. Ist diese Datei fehlerfrei, wird das entsprechende Original im `/etc/`-Verzeichnis überschrieben und genutzt. Haben Sie also in der Datei

```
/storage/.config/samba.conf
```

eine persönliche, funktionierende Konfiguration für den vorhin aktivierten Samba-Server hinterlegt, wird die Standardkonfiguration von `/etc/samba/samba.conf` beim Start des Samba-Service verworfen und die neue Datei genutzt.

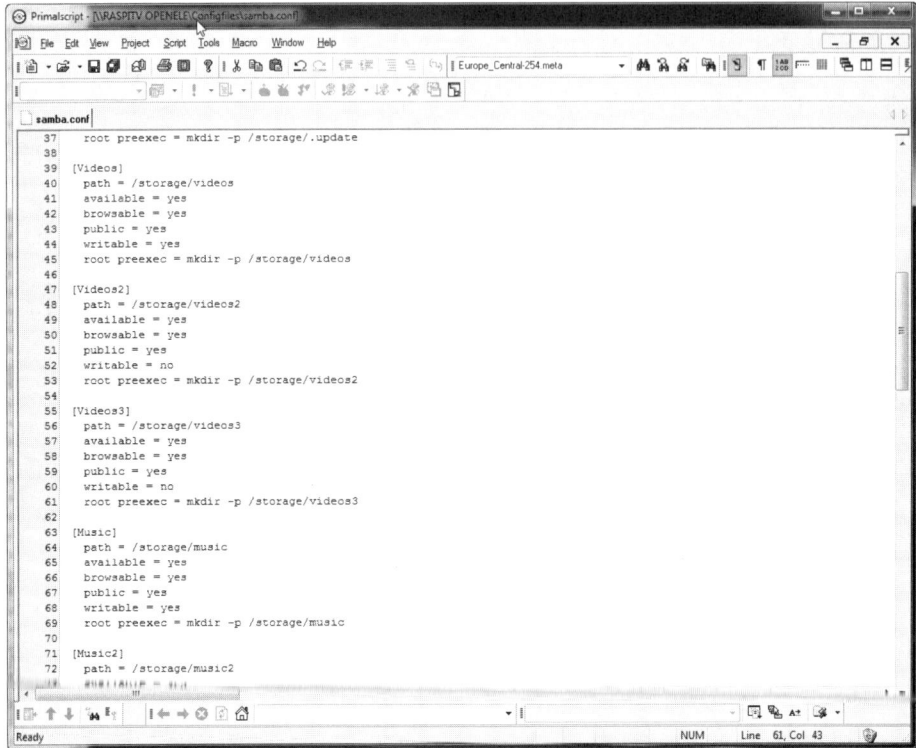

Bild 7.22: Für den erstmaligen Zugriff reicht es im Idealfall aus, die in `/storage/.config/` vorhandene `samba.conf.sample`-Datei als Vorlage zu nutzen und dort die Arbeitsgruppe bzw. `workgroup` auf die von Ihnen im Heimnetz genutzte Bezeichnung zu ändern.

Der erstmalige Zugriff auf die Datei

```
/storage/.config/samba.conf.sample
```

ist anfangs etwas trickreich: Kopieren Sie nach dem Verbindungsaufbau via SSH einfach in der Konsole die `sample`-Datei als `conf`-Datei und öffnen Sie die erstellte Datei mit dem altbekannten vi-Editor:

```
cp /storage/.config/samba.conf.sample /storage/.config/samba.conf
vi /storage/.config/samba.conf
```

Wer mit dem vi-Editor zurechtkommt, passt die Arbeitsgruppe, den NetBIOS-Namen (`netbios name`), unter dem die Freigaben im Windows-Netz sichtbar sein sollen, sowie gegebenenfalls andere Parameter wie beispielsweise zusätzliche Freigaben ein. Beachten Sie jedoch auch hier: Weniger ist mehr – Hauptsache, es funktioniert erst mal eine Freigabe, aber dafür richtig. Nach der Änderung wechseln Sie per ⎋Esc⎋-Taste in den Befehlsmodus des vi und beenden mit dem Befehl

```
:qw
```

die Bearbeitung der Datei. Möchten Sie keine Änderung vornehmen bzw. diese nicht
speichern, nutzen Sie

```
:q!
```

um die Bearbeitung abzubrechen. In diesem Beispiel wurde folgende Samba-Konfiguration verwendet, die Sie als Muster oder zur Kontrolle nutzen können:

```
[global]
 server string = Raspberry Media Center (%i)
 workgroup = WORKGROUP
 domain master = yes
 local master = yes
 preferred master = yes
 os level = 100
 netbios name = RaspiTV
 security = share
 guest account = root
 socket options = TCP_NODELAY IPTOS_LOWDELAY SO_RCVBUF=65536 SO_SNDBUF=65536
 smb ports = 445
 max protocol = SMB2
 min receivefile size = 16384
 deadtime = 30
 mangled names = no
 syslog only = yes
 syslog = 2
 name resolve order = lmhosts wins bcast host
 printcap name = /dev/null
 load printers = no
 browseable = yes
 writeable = yes
 printable = no
 encrypt passwords = true
 enable core files = no
 passdb backend = smbpasswd
 smb encrypt = disabled
 use sendfile = yes

[Update]
 path = /storage/.update
 available = yes
 browseable = yes
 public - yes
 writable = yes
 root preexec = mkdir -p /storage/.update

[Videos]
```

```
 path = /storage/videos
 available = yes
 browseable = yes
 public = yes
 writable = yes
 root preexec = mkdir -p /storage/videos

[Videos2]
 path = /storage/videos2
 available = yes
 browseable = yes
 public = yes
 writable = yes
 root preexec = mkdir -p /storage/videos2

[Videos3]
 path = /storage/videos3
 available = yes
 browseable = yes
 public = yes
 writable = yes
 root preexec = mkdir -p /storage/videos3

[Music]
 path = /storage/music
 available = yes
 browseable = yes
 public = yes
 writable = yes
 root preexec = mkdir -p /storage/music

[TV Shows]
 path = /storage/tvshows
 available = yes
 browseable = yes
 public = yes
 writable = yes
 root preexec = mkdir -p /storage/tvshows

[Recordings]
 path = /storage/recordings
 available = yes
 browseable = yes
 public = yes
 writable = yes
 root preexec = mkdir -p /storage/recordings

[Downloads]
```

```
 path = /storage/downloads
 available = yes
 browseable = yes
 public = yes
 writable = yes
 root preexec = mkdir -p /storage/downloads

[Pictures]
 path = /storage/pictures
 available = yes
 browseable = yes
 public = yes
 writable = yes
 root preexec = mkdir -p /storage/pictures

[Emulators]
 path = /storage/emulators/mame/roms
 available = yes
 browseable = yes
 public = yes
 writable = yes
 root preexec = mkdir -p /storage/emulators/mame/roms

[Configfiles]
 path = /storage/.config
 available = yes
 browseable = yes
 public = yes
 writable = yes
 root preexec = mkdir -p /storage/.config

[Userdata]
 path = /storage/.xbmc/userdata
 available = yes
 browseable = yes
 public = yes
 writable = yes
 root preexec = mkdir -p /storage/.xbmc/userdata

[Screenshots]
 path = /storage/screenshots
 available = yes
 browseable = yes
 public = yes
 writable = yes
 root preexec = mkdir -p /storage/screenshots

[Media]
```

```
path = /media
available = yes
browseable = yes
public = yes
writable = yes
root preexec = mkdir -p /media

[Logfiles]
path = /storage/logfiles
available = yes
browseable = yes
public = yes
writable = yes
root preexec = mkdir -p /storage/logfiles
root preexec = createlog
```

Den Samba-Service starten Sie manuell neu mit dem Kommando

```
smbd -s storage/.config/samba.conf
```

Gerade bei den neueren Windows-Versionen wie Windows 7 oder Windows 8 kommt es vor, dass die Freigaben des Raspberry Pi in der Netzwerkumgebung nicht sichtbar sind. In diesem Fall prüfen Sie die im Kapitel »Windows zickt beim Samba-Zugriff: Freigabeprobleme lösen« auf Seite 87 beschriebenen Tipps zur Windows-Konfiguration für den Zugriff auf den Raspberry Pi. In diesem Beispiel reichte die Angabe des NetBIOS-Namens (hier: `RaspiTV`) im Adressfeld des Windows-Explorers mit zwei vorangestellten Backslash-Zeichen aus, um sich die verfügbaren Freigaben anzeigen zu lassen.

7.3.4   Zugriff auf NFS/Samba-Freigaben im Heimnetz

Um entfernte Freigaben von anderen Computern auf dem Raspberry Pi bzw. auf dem XBMC so einbinden zu können, als lägen sie direkt auf dem Raspberry Pi, benötigen Sie auf dem Raspberry dafür einen sogenannten Mountpoint. Dies ist prinzipiell nichts anderes als ein Verzeichnis, das den Inhalt der Netzwerkfreigabe virtuell lokal zur Verfügung stellt – nämlich so lange, wie die Freigabe im Heimnetz auch erreichbar ist.

```
cd /storage
mkdir video2
mkdir video3
mkdir music2
ls -latr
```

Dafür erzeugen Sie im beschreibbaren /storage-Bereich das oder die Verzeichnisse, die auch im XBMC genutzt werden sollen. Ist SSH aktiviert, verbinden Sie sich mit dem XBMC-Raspberry Pi und nutzen obige Kommandos, um wie in diesem Beispiel zwei

Samba-Freigaben für die Videowiedergabe und eine NFS-Freigabe für zusätzliche Musik in den Raspberry Pi einzubinden.

7.3.5   NFS konfigurieren: Zugriff auf Linux/NAS-Server

Um vom Raspberry Pi aus auf andere Linux-Computer und NAS-Speicher in einem Heimnetz zuzugreifen, muss dieser Zugriff erst einmal eingeschaltet und konfiguriert sein. Während bessere NAS-Systeme mit RAID5 ein eingebautes grafisches Konfigurationsmenü haben, in dem sich die gängigsten Freigabearten wie Samba, AFP (*Apple File Protocol*), FTP und auch NFS einfach per Mausklick einrichten lassen, ist das bei einem selbst gebauten NAS oder einem Linux-System ein klein wenig aufwendiger. Hier tragen Sie das Verzeichnis, das Sie im Netz per NFS freigeben möchten, in eine sogenannte exports-Datei ein.

Diese ist im /etc-Verzeichnis zu finden – öffnen Sie sie mit einem Editor und tragen Sie das Verzeichnis, das für den Raspberry Pi (oder auch für andere Computer im Heimnetz) freigegeben werden soll, dort ein. Wie bei Unix-Systemen üblich, ist in dieser Konfigurationsdatei eine bestimmte Schreibweise der Freigabe notwendig – hier richten Sie sich am besten nach den selbsterklärenden Beispieleinträgen, die auch in der nachstehenden Abbildung zu sehen sind.

```
  GNU nano 2.2.6              File: /etc/exports                      Modified

# /etc/exports: the access control list for filesystems which may be exported
#               to NFS clients.  See exports(5).
#
# Example for NFSv2 and NFSv3:
# /srv/homes       hostname1(rw,sync,no_subtree_check) hostname2(ro,sync,no_sub$
#
# Example for NFSv4:
# /srv/nfs4        gss/krb5i(rw,sync,fsid=0,crossmnt,no_subtree_check)
# /srv/nfs4/homes  gss/krb5i(rw,sync,no_subtree_check)
#
/               192.168.123.49(rw,sync,no_root_squash,no_subtree_check)
/var/nfs        192.168.123.49(rw,sync,no_subtree_check)
/var/nfs/music     192.168.123.47(rw,sync,no_subtree_check)_




^G Get Help   ^O WriteOut   ^R Read File  ^Y Prev Page  ^K Cut Text   ^C Cur Pos
^X Exit       ^J Justify    ^W Where Is   ^V Next Page  ^U UnCut Text ^T To Spell
```

Bild 7.23: In diesem Beispiel wird das /-Verzeichnis und das /var/nfs-Verzeichnis für einen Computer mit der IP-Adresse 192.168.123.49 zur Verfügung gestellt.

Das /var/nfs/music-Verzeichnis wird ausschließlich für die IP-Adresse 192.168.123.47, hinter der sich in diesem Beispiel der Raspberry Pi verbirgt, freigegeben. Nach dem Speichern der Datei aktivieren Sie zunächst die Änderungen mit dem Kommando

```
exportfs -a
```

Anschließend lassen Sie sich mit dem Befehl

```
exportfs
```

die aktiven NFS-Freigaben des Computers anzeigen.

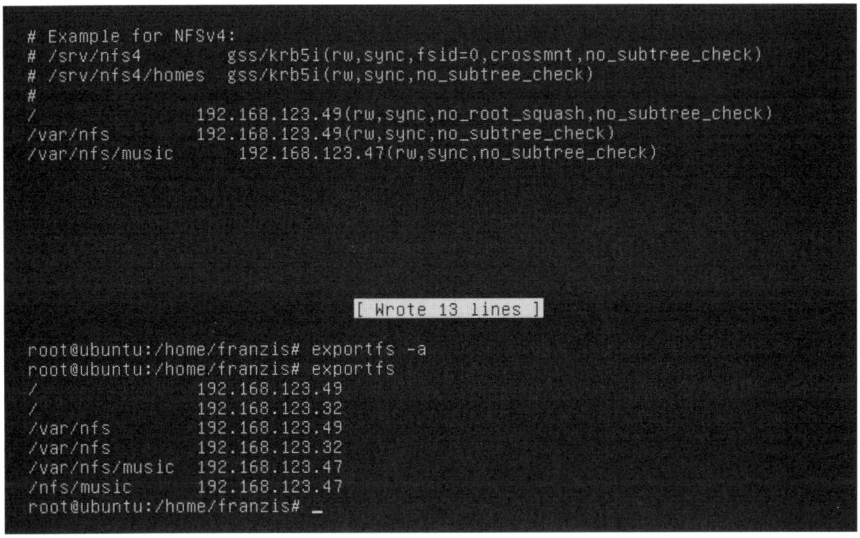

```
# Example for NFSv4:
# /srv/nfs4         gss/krb5i(rw,sync,fsid=0,crossmnt,no_subtree_check)
# /srv/nfs4/homes   gss/krb5i(rw,sync,no_subtree_check)
#
/                  192.168.123.49(rw,sync,no_root_squash,no_subtree_check)
/var/nfs           192.168.123.49(rw,sync,no_subtree_check)
/var/nfs/music      192.168.123.47(rw,sync,no_subtree_check)




                    [ Wrote 13 lines ]

root@ubuntu:/home/franzis# exportfs -a
root@ubuntu:/home/franzis# exportfs
/                 192.168.123.49
/                 192.168.123.32
/var/nfs          192.168.123.49
/var/nfs          192.168.123.32
/var/nfs/music    192.168.123.47
/nfs/music        192.168.123.47
root@ubuntu:/home/franzis# _
```

Bild 7.24: Änderung erfolgreich: Die Musikfreigabe für den Raspberry Pi ist nun aktiv.

Auf dem Raspberry Pi mit OpenELEC reicht das Konsolenkommando

```
mount 192.168.123.36:/var/nfs/music/ /storage/music2
```

um die auf dem Unix-System mit der IP-Adresse 192.168.123.36 exportierte Freigabe /var/nfs/music/ zu mounten. Anschließend ist für das Mediacenter der Inhalt dieses Verzeichnisses in der XBMC-Freigabe /storage/music2 sichtbar.

Bessere NAS-Systeme für den SOHO-Bereich bringen ebenfalls die Windows-Freigabe-technik in Form von Samba mit – der Zugriff von einem Unix-System ist mittels CIFS (*Common Internet File System*) möglich.

7.3.6 CIFS/Samba konfigurieren: Zugriff auf Windows-Freigaben

Nachfolgend wird davon ausgegangen, dass eine Samba- und/oder Windows-Freigabe im Heimnetz bereits existiert. Das ist auch unter Windows keine große Wissenschaft, hier wählen Sie den entsprechenden Ordner aus, wählen im Kontextmenü der rechten Maustaste *Eigenschaften*, klicken dort auf das Register *Freigabe* und dann auf die Schaltfläche *Erweiterte Freigabe*. Anschließend tragen Sie einen aussagekräftigen Freigabe-namen ein und klicken auf die *OK*-Schaltfläche.

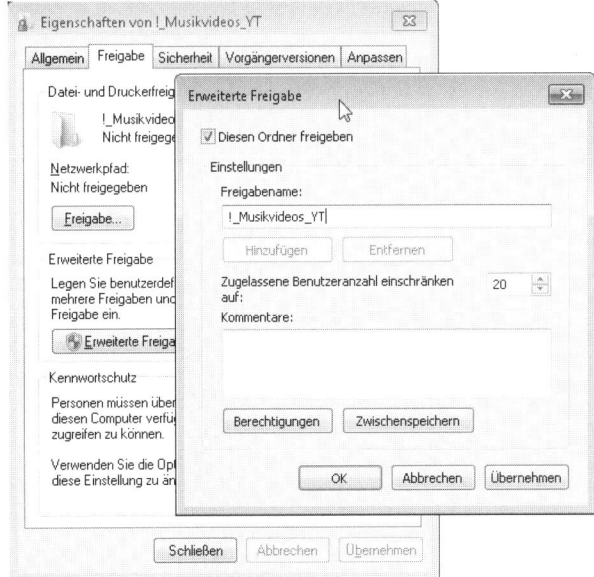

Bild 7.25: Wer den Zugriff auf die eingerichtete Windows-Freigabe auf ausgewählte Personen beschränken möchte, kann hier per Klick auf *Berechtigungen* die entsprechenden Benutzerkonten auswählen.

Das CIFS-Netzwerkprotokoll baut auf *NetBIOS over TCP/IP* und *SMB* auf und ist Bestandteil des Samba-Pakets. Das Einbinden der Samba-Freigaben erfolgt auf der Kommandozeile indirekt über den Befehl mount mit der Option -t cifs. Das Aushängen der Freigaben nehmen Sie wie gewohnt auf der Kommandozeile mittels umount vor.

Alle Kommandos können nach dem Einschalten des Raspberry Pi auf der Kommandozeile über SSH eingegeben werden. Das wird aber schnell ziemlich lästig, wenn es bei jedem Neustart manuell erfolgen muss. Deshalb ist für den Raspberry Pi-Einsatz und XBMC ein Skript empfehlenswert, das automatisch nach jedem Start ausgeführt wird. Dieses autostart.sh-Skript legen Sie im Verzeichnis /storage/.config/ ab, es ist wie ein einfaches Shell-Skript aufgebaut:

```
#!/bin/sh
sleep 15;
if [ "$(mount | grep /storage/music2)" ]; then
   echo "mount nfs exists"
    else
    ping -c 5 192.168.123.36
    if [[ $? != 0 ]]; then
      date '+%Y-%m-%d %H:%M:%S Verbindung nicht verfuegbar'
    else
      date '+%Y-%m-%d %H:%M:%S Verbindung verfuegbar'
     mkdir -p /storage/music2
      mount -t nfs 192.168.123.36:/var/nfs/music /storage/music2 -o nolock
      echo "nfs wurde gemounted"
    fi
fi
```

```
if [ "$(mount | grep /storage/videos2)" ]; then
    echo "mount cifs video2 exists"
else
    ping -c 5 192.168.123.123
    if [[ $? != 0 ]]; then
      date '+%Y-%m-%d %H:%M:%S Verbindung nicht verfuegbar'
    else
      date '+%Y-%m-%d %H:%M:%S Verbindung verfuegbar'
    mkdir -p /storage/videos2
      mount -t cifs //192.168.123.123/Qmultimedia /storage/videos2 -o
username=xbmc,password=raspi
      echo "cifs video2 wurde gemounted"
    fi
fi
if [ "$(mount | grep /storage/videos3)" ]; then
    echo "mount cifs video3 exists"
else
    ping -c 5 192.168.123.123
    if [[ $? != 0 ]]; then
      date '+%Y-%m-%d %H:%M:%S Verbindung nicht verfuegbar'
    else
      date '+%Y-%m-%d %H:%M:%S Verbindung verfuegbar'
    mkdir -p /storage/videos3
      mount -t cifs //192.168.123.123/USBDisk1 /storage/videos3 -o
username=xbmc,password=raspi
      echo "cifs video3 wurde gemounted"
    fi
fi
smbd -s storage/.config/samba.conf
```

In diesem Fall erfolgt das Einbinden des Netzwerklaufwerks nur dann, wenn es noch nicht gemountet ist. Dazu wird in der Ausgabe des mount-Befehls per grep nach der lokalen Freigabebezeichnung gesucht. Ist diese dort nicht zu finden, wird per ping zunächst geprüft, ob der entfernte Computer überhaupt erreichbar ist. Wenn ja, wird per mkdir -p das Mount-Verzeichnis angelegt (falls nicht vorhanden) und zu guter Letzt der mount-Befehl angestoßen. In dem Beispiel

```
    mount -t cifs //192.168.123.123/USBDisk1 /storage/videos3 -o
username=xbmc,password=raspi
```

wird der Benutzer xbmc mit dem Passwort raspi benötigt. Haben Sie hingegen keinen Zugriffsschutz auf Benutzerebene auf dem Windows-PC festgelegt (Zugriff *jeder*), reicht der folgende Befehl aus:

```
    mount -t cifs //192.168.123.125/!_Musikvideos_YT /storage/videos3
```

Lässt sich nach dem Erstellen der autostart.sh das Skript nicht ausführen, sollte es zunächst einmalig per chmod +x autostart.sh-Befehl ausführbar gemacht werden.

```
vi autostart.sh
  chmod +x autostart.sh
  ./autostart.sh
```

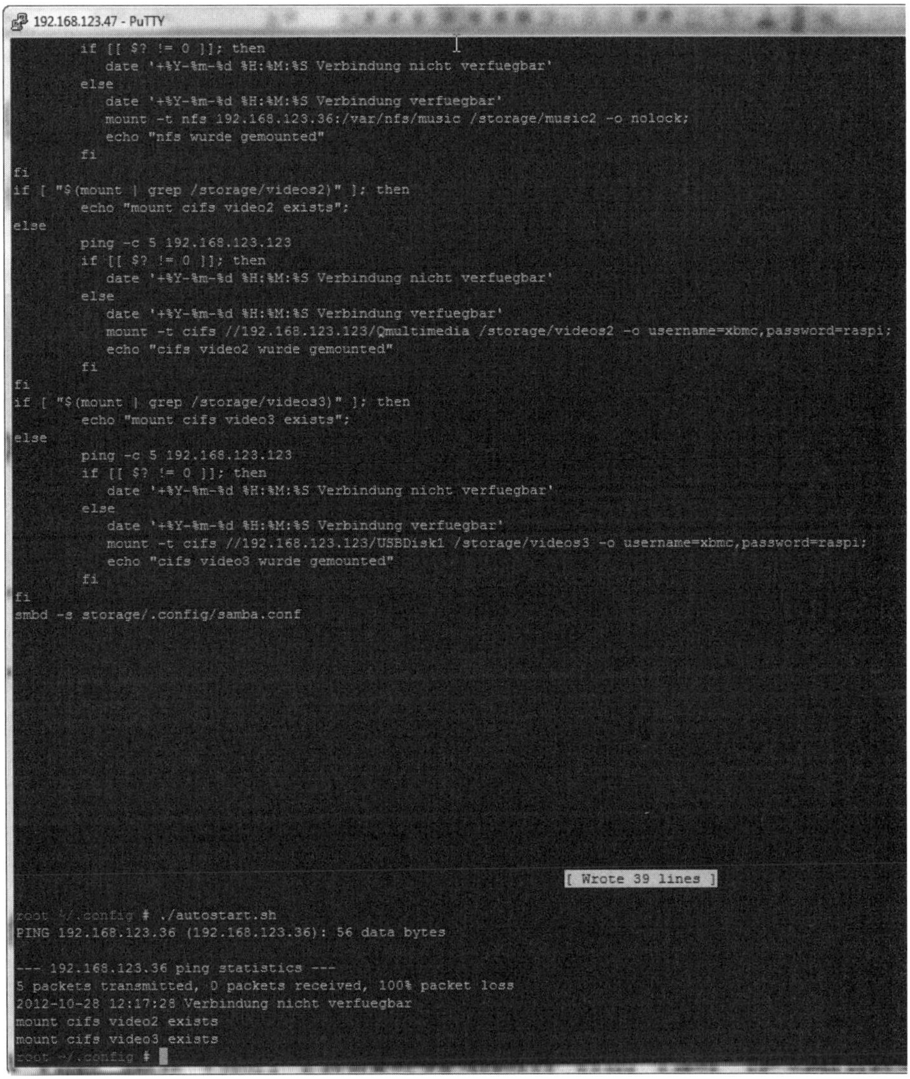

Bild 7.26: Nach dem Editieren lässt sich das Skript per ./autostart.sh-Befehl daraufhin testen, ob es auch wunschgemäß funktioniert.

Sollen die neu eingebundenen Verzeichnisse wiederum auch per Samba vonseiten des Raspberry Pi in das Heimnetz exportiert werden, ist dafür in der letzten Zeile sichergestellt, dass die »neue«, persönliche `samba.conf` neu initialisiert wird.

7.3.7   Praktisch: XBMC-Webserver einschalten

Für den Zugriff auf den XBMC-Webserver bietet das OpenELEC auch einen Webzugriff an, mit dem das System ferngesteuert werden kann. Somit kann jedes Gerät, auf dem ein simpler Webbrowser zur Verfügung steht, auch als Fernbedienung auf dem Sofa fungieren, wenn Sie keine Tastatur in der Nähe haben.

```
vi ~/.xbmc/userdata/guisettings.xml
/Webserver
```

Um auf der Kommandozeile über SSH den XBMC-Webserver einzuschalten, ist ein Eingriff in die `guisettings.xml`-Datei notwendig. Öffnen Sie diese mit einem Editor und suchen Sie nach dem String `Webserver` – bei dem vi-Editor also `/Webserver` im Befehlsmodus.

```
        </scrapers>
        <screensaver>
            <mode>screensaver.xbmc.builtin.dim</mode>
            <preview></preview>
            <settings></settings>
            <time>3</time>
            <usedimonpause>true</usedimonpause>
            <usemusicvisinstead>true</usemusicvisinstead>
        </screensaver>
        <scrobbler>
            <lastfmpass></lastfmpass>
            <lastfmsubmit>false</lastfmsubmit>
            <lastfmsubmitradio>false</lastfmsubmitradio>
            <lastfmusername></lastfmusername>
            <librefmpass></librefmpass>
            <librefmsubmit>false</librefmsubmit>
            <librefmusername></librefmusername>
        </scrobbler>
        <services>
            <airplay>false</airplay>
            <airplaypassword></airplaypassword>
            <devicename>XBMC-RPI</devicename>
            <esallinterfaces>false</esallinterfaces>
            <escontinuousdelay>25</escontinuousdelay>
            <esenabled>true</esenabled>
            <esinitialdelay>750</esinitialdelay>
            <esmaxclients>20</esmaxclients>
            <esport>9777</esport>
            <esportrange>10</esportrange>
            <upnpannounce>true</upnpannounce>
            <upnprenderer>false</upnprenderer>
            <upnpserver>true</upnpserver>
            <useairplaypassword>false</useairplaypassword>
            <webserver>true</webserver>
            <webserverpassword>█████</webserverpassword>
            <webserverport>8088</webserverport>
            <webserverusername>xbmc</webserverusername>
            <webskin>webinterface.default</webskin>
            <zeroconf>true</zeroconf>
        </services>
        <slideshow>
            <displayeffects>true</displayeffects>
            <shuffle>false</shuffle>
            <staytime>5</staytime>
        </slideshow>
        <smb>
            <winsserver></winsserver>
            <workgroup>█████</workgroup>
        </smb>
        <subtitles>
            <align>0</align>
            <charset>DEFAULT</charset>
            <color>1</color>
            <custompath pathversion="1"></custompath>
            <font>arial.ttf</font>
            <height>28</height>
            <overrideassfonts>false</overrideassfonts>
            <style>1</style>
        </subtitles>
        <system>
            <playlistpath pathversion="1">special://profile/playlists/</playlistpath>
        </system>
        <videolibrary>
            <actorthumbs>true</actorthumbs>
            <backgroundupdate>false</backgroundupdate>
            <cleanup></cleanup>
            <enabled>true</enabled>
- /storage/.xbmc/userdata/guisettings.xml 400/513 77%
```

Bild 7.27: Die Suche nach der Bezeichnung Webserver: Tragen Sie anstelle des Werts false hier true ein. Wer möchte, kann den Port für den Zugriff anpassen (hier: 8088). Bei der Gelegenheit können Sie auch bei smb die Arbeitsgruppe prüfen, die mit Ihrer Windows-Heimnetzwerkbezeichnung übereinstimmen sollte.

Wem das zu umständlich ist, der kann diese Anpassung selbstverständlich auch am Fernseher über XBMC vornehmen. Navigieren Sie über *SYSTEM/Settings/Services/ Settings* zum *Webserver*-Menü:

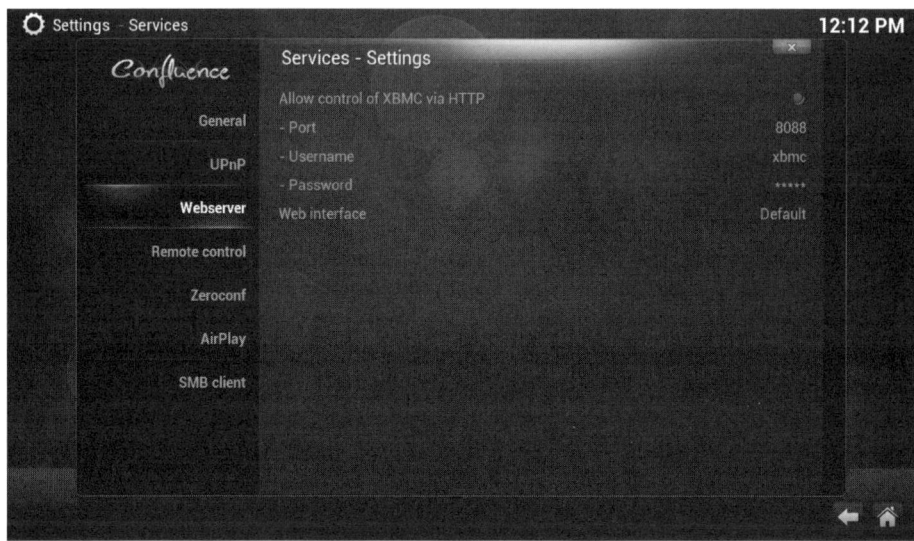

Bild 7.28: Zunächst schalten Sie den HTTP-Zugriff ein, anschließend passen Sie – falls gewünscht – den Port an. Für den Usernamen *xbmc* wählen Sie dann noch ein Kennwort für den Zugriff aus.

Auch die grundsätzliche Samba-Konfiguration ist unter XBMC hinterlegt. Hier sollten Sie zumindest die Arbeitsgruppenbezeichnung anpassen, damit die Standardfreigaben von XBMC anschließend in Ihrem Heimnetz bereitgestellt werden können.

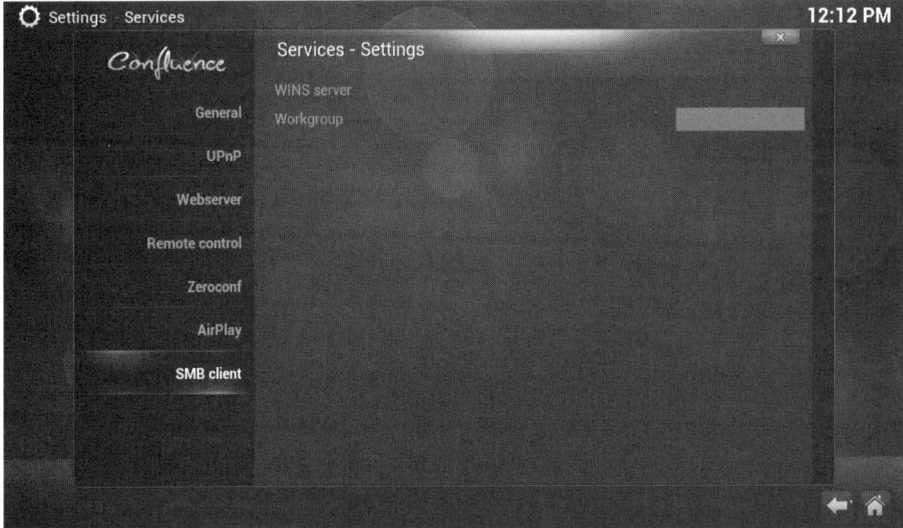

Bild 7.29: Unter *Workgroup* tragen Sie die Bezeichnung der Arbeitsgruppe Ihrer Windows-Computer ein.

Nach dem Ändern der Einstellungen sollen diese auch aktiv werden. Hier fordert XBMC in der Regel einen Neustart des Systems an. Per Auswahl von *Yes* wird dieser unmittelbar durchgeführt.

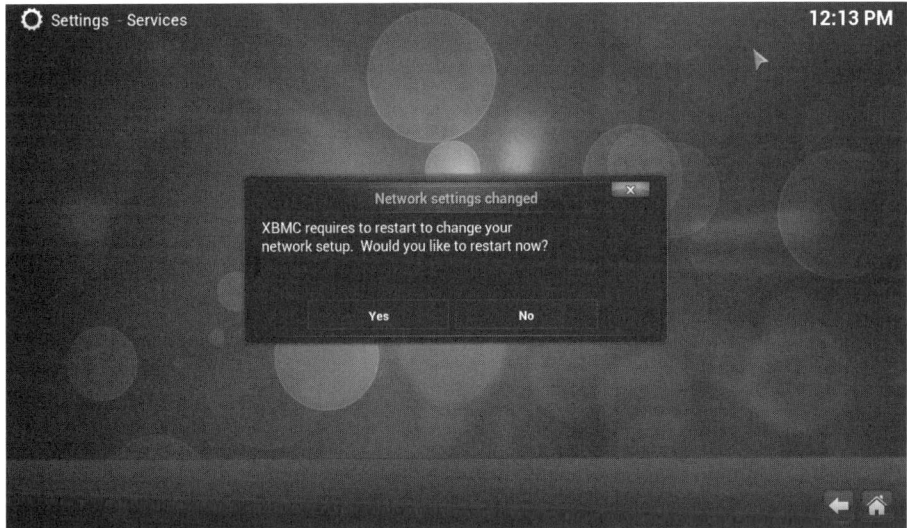

Bild 7.30: Erst nach dem Neustart werden die Änderungen an den Netzwerkservices aktiv.

Nach dem Neustart des Raspberry Pi prüfen Sie auf einem Computer, ob zum einen der Webserver läuft und zum anderen auch das Log-in in das XBMC-Userinterface möglich ist.

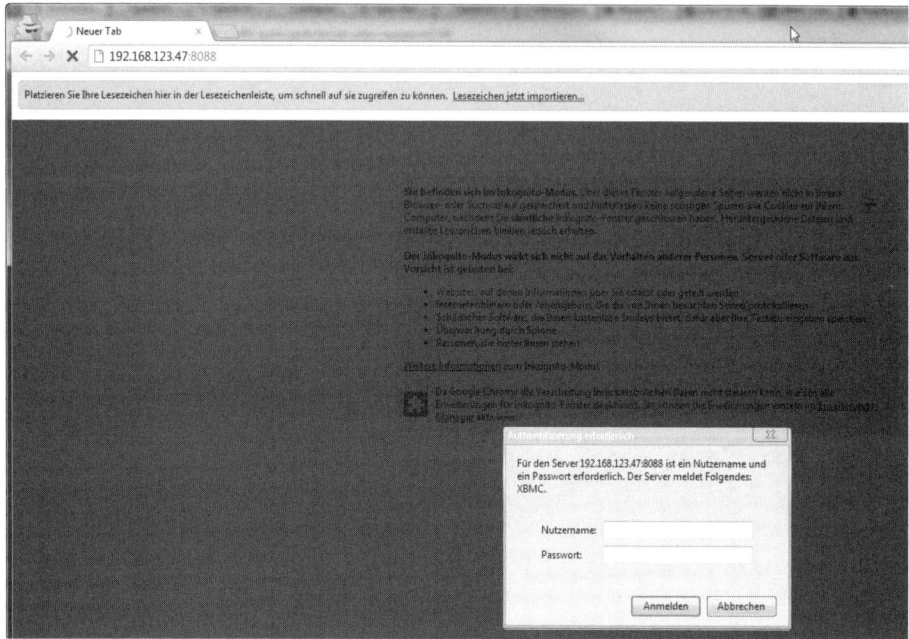

Bild 7.31: Abgesicherter Google Chrome: Der Webserver läuft zwar, verweigert aber das Login.

Ein alternativer Browser wie Firefox zeigt dieses Verhalten nicht und präsentiert nach der Eingabe von Nutzername und Passwort das Webfrontend von XBMC.

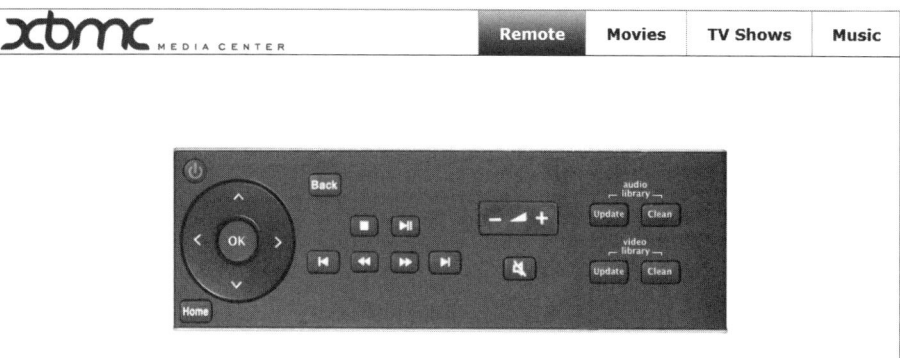

Bild 7.32: Einfach, praktisch, gut: Mit dieser *Remote*-Fernbedienung über HTTP können Sie nun das Mediacenter des Raspberry Pi auch bequem per Webseite steuern.

Beachten Sie, dass Sie den Webserver nur laufen lassen sollten, wenn Sie ihn auch wirklich einsetzen. Aufgrund der beschränkten Ressourcen des Raspberry Pi ist es hier sinnvoll, zugunsten einer besseren Performance nur die notwendigsten Services zu betreiben.

7.3.8 Wettervorhersage mit dem Wetter-Plug-in

Wer mit jedem System und jederzeit über das Wetter und die Vorhersage für die nächsten Tage informiert sein will, aktiviert auch auf dem Raspberry Pi das Wetter-Plug-in.

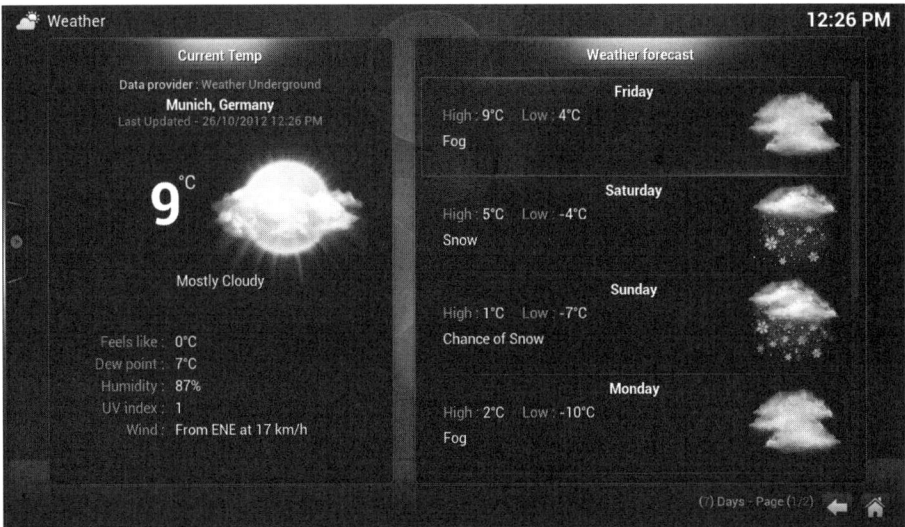

Bild 7.33: Schön gemacht, aber auf dem Raspberry Pi aus Ressourcengründen ganz schön nutzlos.

Im Ernst: Der Raspberry Pi ist mit dem XBMC mehr als genug beschäftigt, hier haben wir neben dem Wetter-Plug-in auch das RSS-Laufband deaktiviert, um die eingebaute CPU nicht permanent auf 100 % CPU-Auslastung laufen zu lassen.

7.3.9 OpenELEC: hohe CPU-Auslastung reduzieren

Verfolgt man im Internet in den OpenELEC-Foren die Diskussionen darüber, wo am häufigsten Probleme und Nachfragen auftreten, ist die Thematik CPU-Auslastung und Speicherauslastung mit auf den vorderen Plätzen. Hier sind die Standardantworten immer die gleichen: unnötige Dienste abschalten, Features wie Wetter-Frontend und RSS-Benachrichtigungen abschalten – doch die CPU-Belastung scheint unvermindert hoch zu bleiben.

Eine Hilfe ist jedoch der Hinweis eines XBMC-Entwicklers, die Aufmerksamkeit in die richtige Richtung zu lenken – wie auf einer Webseite (*http://thepcspy.com/read/how-fix-idle-100-cpu-issue xbmc/*) zu diesem Thema beschrieben. Das Reaktivieren der sogenannten Dirty Regions soll helfen, die CPU-Last spürbar zu senken. Falls aktiviert, werden hier nur die geänderten Menübereiche neu berechnet, anstatt das komplette Menü neu auf dem Bildschirm aufzubauen.

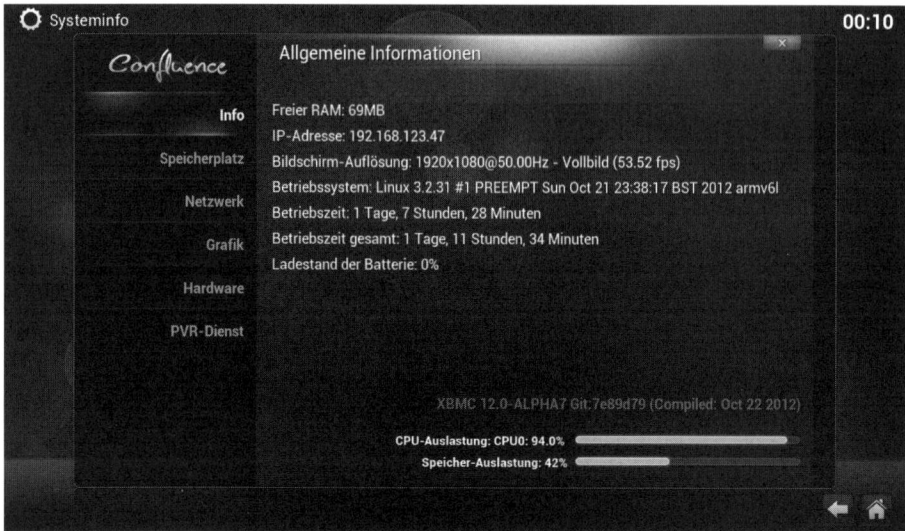

Bild 7.34: Speicherauslastung in Ordnung, CPU-Auslastung mies: Hier ist etwas Tuning angesagt, um die CPU-Last im Leerlauf zu reduzieren.

Haben Sie die in diesem Buch beschriebene Samba-Konfiguration im Einsatz, können Sie bequem per Windows-Explorer, Mac OS X Finder oder mit anderen Dateimanagern auf die Netzwerkfreigabe /storage/.config zugreifen. Dort erstellen Sie eine Datei mit dem Namen `advancedsettings.xml`. Das können Sie allerdings auch per SSH in der Konsole tun:

```
nano /storage/.config/advancedsettings.xml
```

Die Datei müssen Sie natürlich nicht komplett abtippen. Laden Sie sich besser von der OpenELEC-Projektseite die Datei als Schablone herunter und passen Sie die Einträge an (*https://github.com/OpenELEC/OpenELEC.tv/blob/master/projects/RPi/xbmc/advancedsettings.xml*).

```
<?xml version="1.0" encoding="UTF-8"?>
<advancedsettings>
    <!-<loglevel>1</loglevel>->
    <splash>false</splash>
    <showexitbutton>false</showexitbutton>
    <destroywindowcontrols>false</destroywindowcontrols>
    <fanartheight>512</fanartheight>
    <thumbsize>256</thumbsize>
    <bginfoloadermaxthreads>2</bginfoloadermaxthreads>
    <useddsfanart>true</useddsfanart>
<gui>
    <algorithmdirtyregions>3</algorithmdirtyregions>
    <nofliptimeout>0</nofliptimeout>
```

```
  <visualizedirtyregions>off</visualizedirtyregions>
</gui>
<network>
  <cachemembuffersize>30242880</cachemembuffersize>
</network>
<samba>
  <clienttimeout>30</clienttimeout>
</samba>
</advancedsettings>
```

Die neue `xml`-Datei sollte die gleichen Berechtigungen besitzen wie die anderen `xml`-Dateien, die sich bereits im `userdata`-Verzeichnis befinden.

```
mv /storage/.config/advancedsettings.xml ~/.xbmc/userdata/
chmod 644 ~/.xbmc/userdata/advancedsettings.xml
ls ~/.xbmc/userdata/ -latr
```

Das war's zunächst. Starten Sie nun XBMC neu und prüfen Sie, ob die erstellte `xml`-Datei verarbeitet und auch genutzt wird. In unserem Fall stellten wir nur einen leichten Rückgang der CPU-Auslastung auf 88 % fest – also nicht ganz der durchschlagende Erfolg. Das war übrigens auch der Tatsache geschuldet, dass die Auflösung unverändert auf 1.920 x 1.080 geblieben war. Das soll auch so bleiben, da im Heimnetz über den Raspberry Pi häufig HD-Streams übertragen und auf den Schirm gebracht werden müssen.

7.3.10 Mehr Funktionen: Add-ons nachrüsten, einrichten und nutzen

Spiegel Online, N24, Bild.de, YouTube, Süddeutsche.de und viele mehr, die sich groß im Internet präsentieren und dort Videomaterial veröffentlichen, lassen sich auch via XBMC als Video-Add-on einbinden. Damit haben Sie dann nicht nur eine übersichtliche Aufbereitung der Videos der entsprechenden Angebote, sondern auch eine werbefreie und somit mittlerweile komfortable Darstellung und Navigation. Die Video-Add-ons lassen sich bequem über die XBMC-Startseite über *Videos/Video Add-ons* installieren.

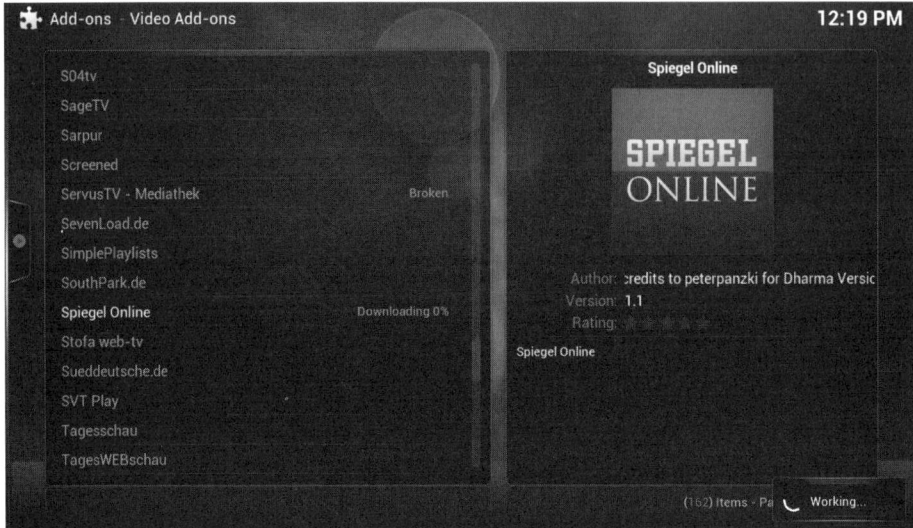

Bild 7.35: Im linken Bereich können Sie einfach das gewünschte Webangebot auswählen und markieren. Anschließend wählen Sie *Install* aus, um das entsprechende Modul auf dem XBMC zu aktivieren.

Nach Download und Installation stellt das Plug-in die ausgewählte Webseite als Video-quelle bereit.

Bild 7.36: Als Videoquelle können Sie nahezu jede beliebige Webseite, die Videos bereitstellt, hinzufügen. Voraussetzung ist jedoch, dass dafür ein entsprechendes Add-on für den XBMC zur Verfügung steht.

Haben Sie beispielsweise das umfangreiche Videoarchiv von Spiegel Online als Video-
quelle aktiviert, können Sie zunächst die dort definierten Sparten einsehen und von dort
aus weiter in den Tiefen des Archivs wühlen.

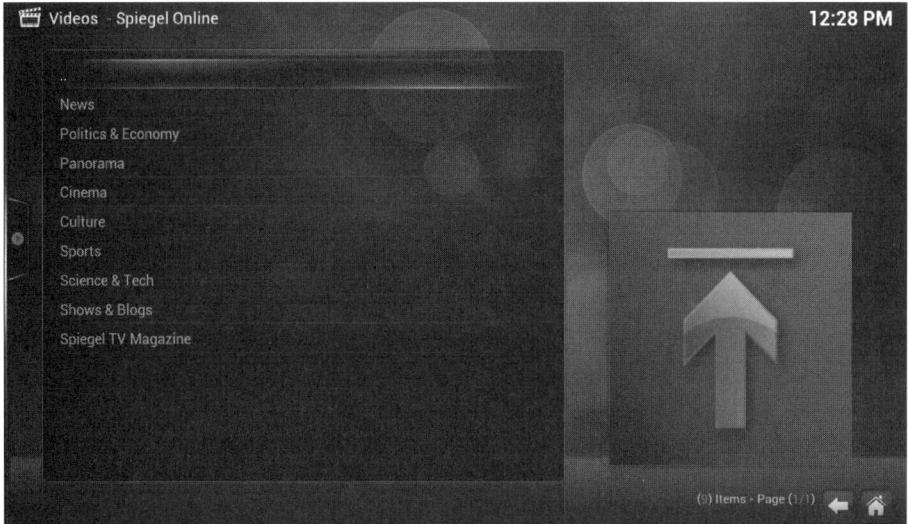

Bild 7.37: Derzeit ist das Spiegel-Online-Archiv in neun Kategorien aufgeteilt. Per Maus oder
Pfeiltasten bewegen Sie sich hindurch.

In diesem Beispiel wurde die Kategorie *Sport* bei *Spiegel Online* ausgewählt, die großteils
in Zusammenarbeit mit dem Fußballmagazin Kicker entstanden ist. Dort werden Sie
tagesaktuell über die Geschehnisse der deutschen Bundesliga und deren Vereine informiert.

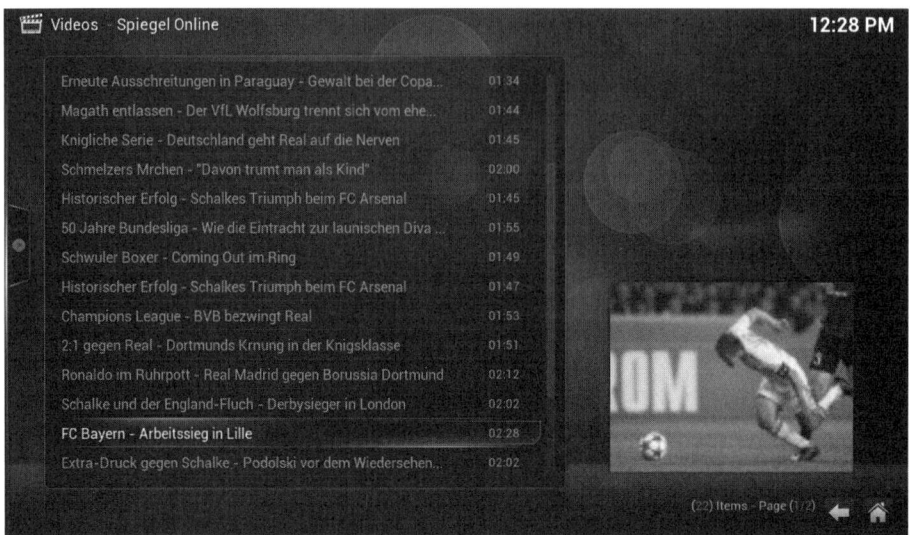

Bild 7.38: *FC Bayern – Arbeitssieg in Lille*: Hier navigieren Sie durch das komplette Videoarchiv von Spiegel Online und spielen die ausgewählten Videos bequem auf dem Fernseher ab.

Sind auf dem Raspberry Pi verschiedene Laufwerke von anderen Computern gemountet und auch als Freigabe eingebunden, stellt die OpenELEC-Standardinstallation auch die Multimediadaten wie Bilder, Videos und Musik im Heimnetz für UPnP-taugliche Geräte zur Verfügung.

Das Abspielen der Mediendateien über das Netzwerk funktioniert in der Regel reibungslos – bei der Wiedergabe von MPEG-codiertem Material auf dem TV bei der Wiedergabe über den Raspberry bleibt jedoch der Bildschirm schwarz: Leider erscheint kein Hinweis dazu – doch im Raspberry-Umfeld ist allgemein bekannt, dass dem Raspberry Pi einfach die nötigen Lizenzen für die MPEG-Wiedergabe fehlen. Durch den nachträglichen Kauf der Lizenzen machen Sie die Wiedergabe möglich.

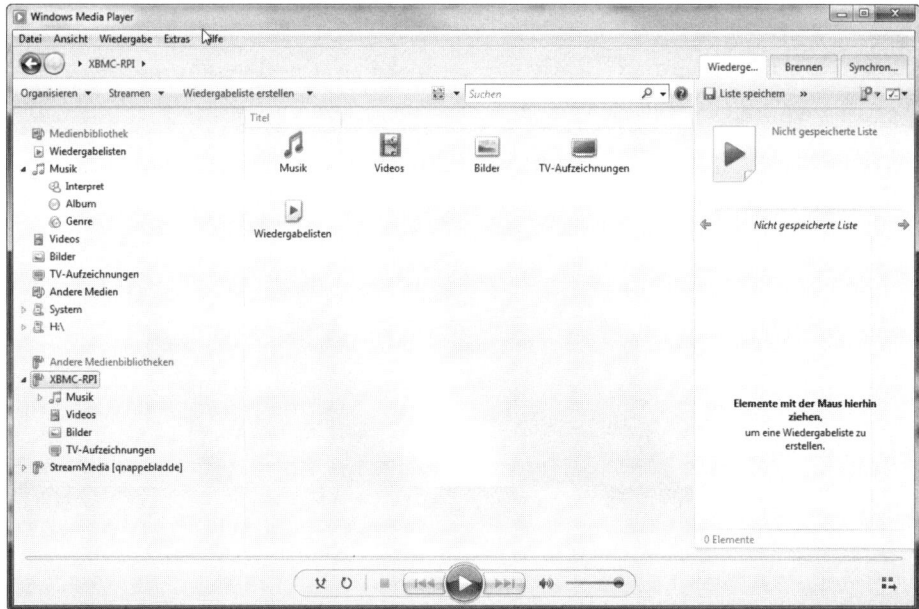

Bild 7.39: UPnP-Player im Heimnetz: Beim Start des Mediaplayers grast dieser die komplette Heimnetzwerkumgebung ab und stellt das verfügbare Material in seiner Mediathek bereit.

7.3.11 MPEG-2- und MPEG-1-Codec nachreichen

Nur für die Nutzung von XBMC und omxplayer ist die etwas nervige Option für das Abspielen von Videodateien interessant, die im MPEG-2- oder MPEG-1-Format kommen, hier jeweils die passende Lizenz für den Decoder käuflich zu erwerben. Dies sind offensichtlich Lizenzkosten, die an die MPEG-Organisation zu entrichten sind.

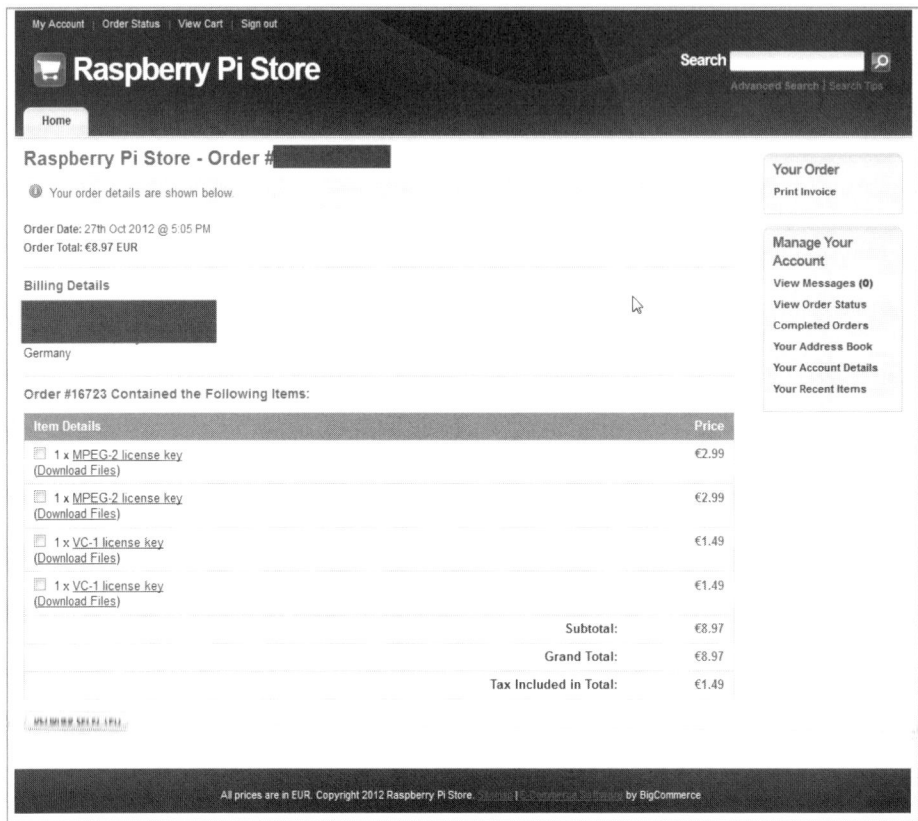

Bild 7.40: Hier erhalten Sie die passenden Keys für Ihren Raspberry Pi:
http://www.raspberrypi.com/license-keys/.

Um die passenden Lizenzen zu kaufen, öffnen Sie die Webseite *www.raspberrypi.com/license-keys/.* Für die Bestellung ist die Seriennummer Ihres Raspberry Pi erforderlich – der Code, den Sie nach Ablauf der Bestellung erhalten haben. Er ist jedoch an den Raspberry Pi gebunden und muss zur Nutzung in der Konfigurationsdatei config.txt des Raspberry Pi angegeben werden. Um nun die Seriennummer des Raspberry Pi herauszufinden, öffnen Sie die Kommandozeile via SSH und geben den Befehl

```
cat /proc/cpuinfo
```

ein.

Nach wenigen Stunden oder auch mehreren Tagen erhalten Sie eine E-Mail, in der sich Ihr persönlicher Code für die Decodierung der Videodateien beim Abspielen befindet. Um diesen Code dem Raspberry Pi bzw. dem XBMC bekannt zu machen, ist es erforderlich, dass Sie die Konfigurationsdatei config.txt bearbeiten und den entsprechenden Code darin eintragen.

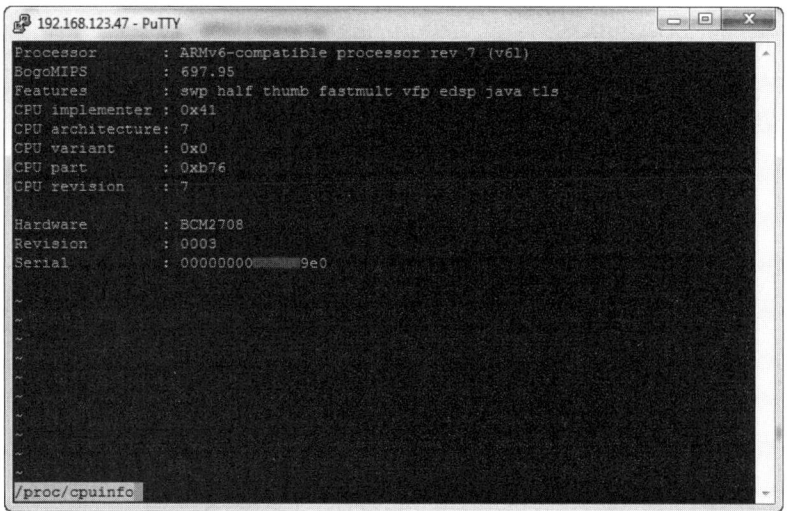

Bild 7.41: In der letzten Zeile sehen Sie die Seriennummer. Markieren Sie diese mit der Maus und kopieren Sie sie in die Zwischenablage. Anschließend kann die Seriennummer einfach in den Bestelldialog auf der Webseite hineinkopiert werden.

Sie können entweder die SD-Karte aus dem Raspberry holen und über den SD-Kartenslot des Computers die Konfigurationsdatei öffnen, oder Sie bearbeiten die Datei via SSH direkt im laufenden Betrieb. Bei einem normalen Raspberry Pi öffnen Sie via SSH die Datei /boot/config.txt:

```
nano /boot/config.txt
```

Bei dem OpenELEC-System ist die Datei im schreibgeschützten /flash-Bereich untergebracht. Hier öffnen Sie zunächst den /flash-Speicher für Schreibaktionen und ändern anschließend die config.txt-Datei. Nach dem Speichern der Änderungen setzen Sie den Schreibschutz für den Flashspeicher wieder zurück.

```
mount -o remount,rw /flash
vi /flash/config.txt
mount -o remount,r /flash
```

Fügen Sie einfach für jeden Codec eine neue Zeile hinzu und tragen Sie diesen wie die nachstehenden Beispielcodes ein:

```
decode_MPG2=0x56781234,0x00001234
decode_WVC1=0x12345678,0x00005678
```

Sind mehrere Schlüssel im Einsatz, beispielsweise weil Sie die MPEG-2- und MPEG-1-Codierung für mehrere Geräte gekauft haben, tragen Sie alle Schlüssel in eine Datei ein. Der Vorteil ist, dass Sie die Speicherkarte dann auch bequem mal auf unterschiedlichen Raspberry Pi-Geräten nutzen können. Nach dem Eintragen der Schlüssel sollte das Abspielen von MPEG-2- und MPEG-1-codiertem Videomaterial möglich sein.

7.3.12 Manchmal praktisch: Screenshots erstellen

Für Dokumentationszwecke und dergleichen ist das Anfertigen eines Screenshots des XBMC ein willkommenes Werkzeug, das Sie einfach per angeschlossener Tastatur mit Strg + S anfertigen. Ist keine Tastatur am Raspberry Pi angeschlossen, sondern lediglich eine spartanische Fernbedienung im Einsatz, benötigen Sie eine Kommandozeilenverbindung via SSH.

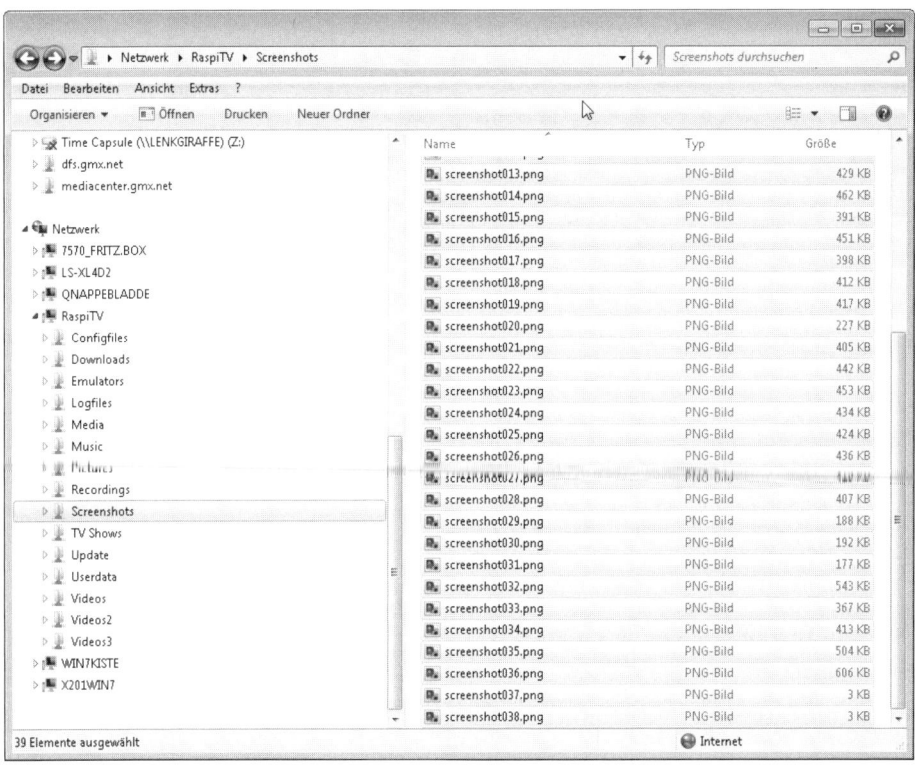

Bild 7.42: Beim auf das Heimnetz zugeschnittenen Samba-Server stellen Sie im Idealfall dieses Verzeichnis als Freigabe im Heimnetz zur Verfügung, sodass Sie einfach per Explorer (Windows) oder Finder (Mac OS X) darauf Zugriff haben.

Grundsätzlich ist für das Anfertigen eines Screenshots auf dem OpenELEC-System folgendes Kommando notwendig:

```
xbmc-send --host=127.0.0.1 -a "TakeScreenshot"
```

Alternativ lässt sich, wie im Kapitel »Raspberry Pi per Mausklick abschalten« auf Seite 64 beschrieben, mit dem putty/plist-Werkzeug auch eine bequeme Batchdatei per Mausklick vom Windows-Desktop aus starten. Die angefertigten Screenshots landen im /storage/screenshots-Verzeichnis auf dem Raspberry Pi.

8 Raspberry Pi-Praxis: Projekte und Lösungen

Wer heutzutage mehr als einen Computer besitzt – sei es, weil ein neuer angeschafft wurde, sei es, weil zu Hause ein zweiter zum Spielen oder von den Kindern eingesetzt wird –, kommt spätestens jetzt mit der Anschaffung des Raspberry Pi um das Thema Netzwerk nicht herum. Gerade im Netzwerkbetrieb spielt der Raspberry Pi seine Stärken aus: Unabhängig davon, wo Sie sich gerade befinden und ob die Daten, auf die Sie zugreifen wollen, auf verschiedenen Computern und Festplatten liegen – der Raspberry Pi stellt den Zugriff bereit.

8.1   Mit VPN: sicherer Zugriff auf das Heimnetz

Wer von unterwegs mit seinem Computer auf den Raspberry Pi und somit auf seine Daten im Heimnetz ohne Spione und Mitleser zugreifen will, kann auch hier die VPN-Funktionen des heimischen DSL/WLAN-Routers nutzen. Gerade ein Produkt wie die FRITZ!Box von AVM bietet grundsätzlich diese Möglichkeit, muss jedoch noch eingerichtet und konfiguriert werden.

Danach steht dem sicheren Zugriff auf den Raspberry Pi nichts mehr in Weg. Sie können Daten hinauf- oder herunterladen, Dinge auf dem Raspberry Pi konfigurieren und nutzen und vieles andere mehr. Darüber hinaus ist nicht nur der Datenzugriff, sondern auch der Datentransport auf Freigabebasis möglich und überaus praktisch – beispielsweise dann, wenn die Speicherkapazität der Digitalkamera im Urlaub zur Neige geht und die Daten einfach und vor allem sicher auf die heimische Festplatte gespeichert werden können.

Hierzu ist neben dem entsprechend konfigurierten DSL/WLAN-Router mit VPN-Funktionalität lediglich ein VPN-Client für Windows oder Mac OS X nötig, der teilweise kostenlos zur Verfügung steht. Anhand der weitverbreiteten FRITZ!Box wird hier dieser praktische Anwendungsfall beschrieben – je nach DSL/WLAN-Routermodell mit VPN-Funktionen lässt er sich auch auf andere Modelle übertragen.

8.1.1   VPN-Verbindung zum FRITZ!Box-Heimnetz einrichten

Um von unterwegs auf das Heimnetz über VPN zuzugreifen, wird ein VPN-tauglicher DSL/WLAN-Router sowie ein spezieller Software-VPN-Client auf dem Notebook, Mac oder PC benötigt. Egal welches VPN-Verfahren bzw. Protokoll – PPTP, L2TP, IPsec, SSL etc. – zum Einsatz kommt, beide Kommunikationspartner müssen dasselbe verwenden, damit eine Verbindung zustande kommt. In den meisten SOHO-Lösungen ist das IPSec-Protokoll implementiert, das dazugehörige Schlüsselprotokoll ISAKMP/IKE sorgt für die eigentliche Verschlüsselung der Verbindung.

In diesem Beitrag wird die Konfiguration einer VPN-Verbindung von einem entfernten PC und Mac zu einer VPN-tauglichen FRITZ!Box aus dem Hause AVM erklärt. Diese DSL/WLAN-Boxen werden nicht nur von AVM selbst, sondern auch von Internetprovidern wie GMX, 1&1 etc. vertrieben. Die Anleitung bezieht sich zwar auf die Original-FRITZ!Box, ist aber auch auf die OEM-Modelle übertragbar. Grundsätzlich sind folgende Arbeitsschritte notwendig:

* Erstellen der Konfigurationsdatei für die FRITZ!Box

* Erstellen der Konfigurationsdatei für den benutzerbasierten Zugang

* Import der Konfigurationsdatei in die FRITZ!Box

* gegebenenfalls Installation eines VPN-Clients und Konfiguration des VPN-Clients anhand der FRITZ!Box-Konfigurationsdatei

Bei der Kopplung von zwei Netzen entfällt der letzte Schritt, hier wird einfach auf beiden Seiten die Konfigurationsdatei eingespielt.

8.1.2   VPN-Config-Datei für FRITZ!Box erstellen

Die FRITZ!Box erhält ihre VPN-Konfiguration über eine sogenannte Config-Datei, in der die wichtigsten Parameter für die Verbindung abgelegt sind. Um hier Tipp- und Syntaxfehler auszuschließen, stellt AVM einen Assistenten mit der Bezeichnung *FRITZ!Box-Fernzugang einrichten* für die Erzeugung der `config`-Dateien zur Verfügung, der auf dem AVM-Webserver (*http://webgw.avm.de/download/Download.jsp?partid= 13112*) bereitsteht.

Das Programm *FRITZ!Box-Fernzugang einrichten* ist jedoch nur für den Windows-Betrieb ausgelegt – wenn kein Windows-PC in Ihrem Heimnetzwerk zur Verfügung steht, ist ein installiertes Windows XP oder 7/8 auf dem Mac via Boot Camp oder Parallels bzw. VMware Fusion zwingend notwendig,. Alternativ kann auch der Büro-PC genutzt werden – nur der Einrichtungsassistent von AVM muss mit den entsprechenden Parametern bestückt werden, das Einspielen der Konfigurationsdateien erfolgt nach Feierabend zu Hause problemlos über den Mac.

Nach Download und Installation starten Sie das Programm *FRITZ!Box-Fernzugang einrichten*. Bevor Sie loslegen, sollten Sie jedoch nachstehende Informationen für die VPN-Konfiguration bereithalten – fehlt eine Kleinigkeit, wird die VPN-Verbindung scheitern. Am besten tragen Sie Ihre Daten in nachstehende Tabelle ein:

Information	Beispiel	Ihre Daten
Benutzername	ihremail@adresse.de	
Dynamischer DNS-Name oder öffentliche IP-Adresse	ihrdnsname.homedns.org	
Dynamischer DNS-Benutzername	ihrdnsname	
Dynamisches DNS-Passswort	password	
IP-Netz zu Hause	192.168.123.0	_____._____._____.0
Subnetzmaske	255.255.255.0	255._____._____._____

Wer mit einer Einwahlverbindung bzw. einer wechselnden öffentlichen IP-Adresse im Internet unterwegs ist, benötigt eine dynamische DNS-Adresse bei einem FreeDNS-Anbieter. Profiuser mit fester IP-Adresse können stattdessen die IP-Adresse nutzen. Der Dynamic DNS-Account kann unter *Einstellungen/Internet/Fernzugang/Dynamic DNS* eingerichtet werden. Starten Sie das Programm *FRITZ!Box-Fernzugang einrichten* und klicken Sie auf die Schaltfläche *Neu*.

Bild 8.1: Spartanisch: Nach dem Start des Assistenten klicken Sie auf die Schaltfläche *Neu*.

Nun öffnet sich ein Assistent – dort wählen Sie die Option *Fernzugang für einen Benutzer einrichten* aus und klicken auf die *Weiter*-Schaltfläche.

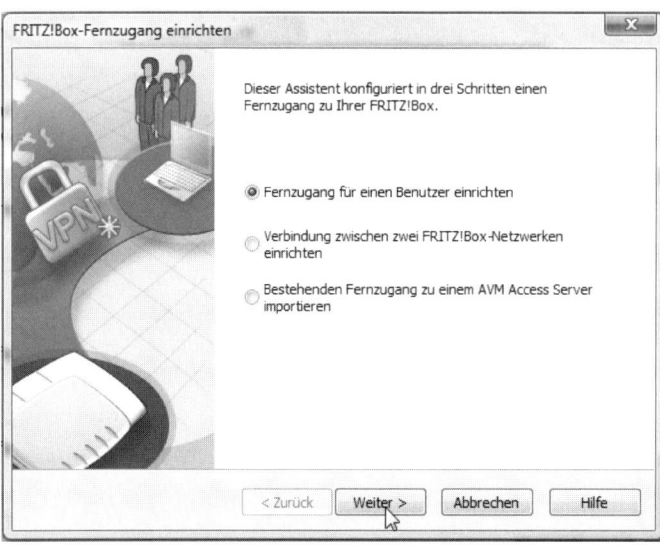

Bild 8.2: Abhängig davon, welche Art von VPN-Verbindung erstellt werden soll, wählen Sie hier die entsprechende Option aus. Bei der Kopplung zweier Heimnetze ist die zweite Option die richtige – für den benutzerspezifischen VPN-Zugang zum Heimnetz ist *Fernzugang für einen Benutzer einrichten* auszuwählen.

Im folgenden Dialog tragen Sie in das Eingabefeld *E-Mail-Adresse des Benutzers* die E-Mail-Adresse des Nutzers ein. Dies ist der Benutzername, der nicht unbedingt eine E-Mail-Adresse zu sein braucht – es lässt sich auch ein beliebiger Benutzername verwenden. Das Passwort zu diesem Benutzernamen erzeugt der Assistent automatisch.

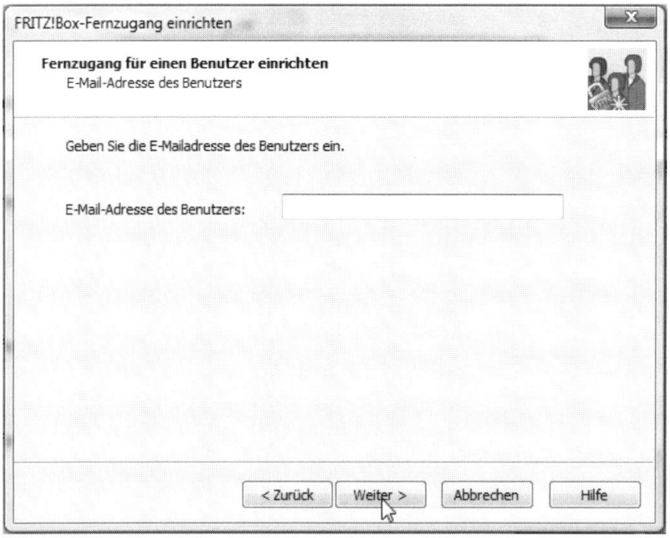

Bild 8.3: In diesem Dialog tragen Sie den Benutzernamen ein und klicken anschließend auf die *Weiter*-Schaltfläche.

Im nächsten Dialog tragen Sie in das Eingabefeld *Name* den in der FRITZ!Box konfigurierten dynamischen DNS-Domainnamen ein. Alternativ kann eine IP-Adresse eingetragen werden – Poweruser mit fester öffentlicher IP-Adresse zu Hause brauchen den Umweg über den dynamischen DNS-Namen nicht zu gehen.

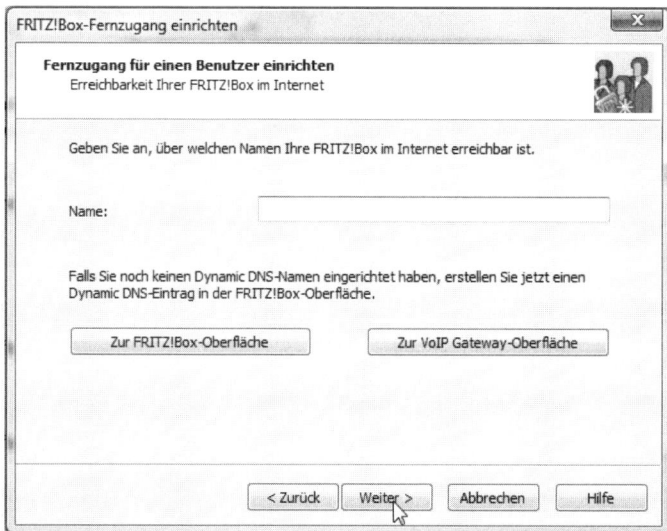

Bild 8.4: Nach dem Eintragen der IP-Adresse oder des dynamischen DNS-Namens klicken Sie auf die *Weiter*-Schaltfläche, um zum nächsten Konfigurationsschritt zu gelangen.

Falls die FRITZ!Box im Heimnetz die Standardkonfiguration für den IP-Adressbereich verwendet, nutzen Sie die Option *Werkseinstellung der FRITZ!Box für das IP-Netzwerk übernehmen*. In diesem Fall stellt die FRITZ!Box den Adressbereich *192.168.178.0* für die Geräte im Heimnetz zur Verfügung.

Wer hingegen den IP-Adressbereich nach seinen persönlichen Wünschen konfiguriert hat, wählt hier die Option *Anderes IP-Netzwerk verwenden* und trägt das IP-Netzwerk sowie die Subnetzmaske ein.

Außerdem geben Sie hier die IP-Adresse ein, die Notebook, Mac oder PC beim VPN-Verbindungsaufbau erhalten soll. Dabei ist darauf zu achten, dass die IP-Adresse nicht bereits von irgendeinem Gerät in Ihrem Heimnetz verwendet wird, damit es nicht zu Verwechslungen kommen kann.

Bild 8.5: Nach dem Klick auf die *Weiter*-Schaltfläche erzeugt der Assistent die Konfigurationsdatei für die FRITZ!Box.

Nun kann der Assistent die Konfigurationsdateien für die FRITZ!Box und den Benutzerzugang erzeugen. Dies dauert einen kleinen Moment – im nächsten Dialog können Sie auswählen, was mit den erstellten Konfigurationsdateien als Nächstes passieren soll.

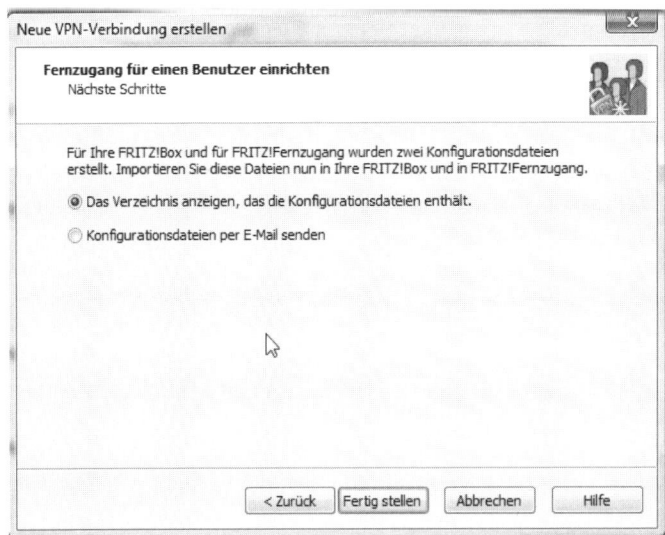

Bild 8.6: Völlig ausreichend: Lassen Sie sich einfach das Verzeichnis anzeigen, in dem der FRITZ!Box-Assistent die Konfigurationsdateien abgelegt hat.

Um die Einstellungen besser zu verstehen, sind im Folgenden die relevanten Bereiche der beiden erstellten Beispieldateien abgedruckt. In der benutzerspezifischen Konfigurationsdatei `vpnuser.cfg` ist im Bereich `targets` unter `name/remotehostname` der dynamische DNS-Name (hier: `ihrdnsname.homedns.org`) eingetragen. Außerdem sind der Benutzername (`user_fqdn`) sowie das verschlüsselte Passwort (`key`) für den Verbindungsaufbau wichtig, diese Informationen brauchen Sie immer, auch wenn ein alternativer VPN-Client für den Zugriff verwendet wird.

```
targets {
        policies {
                name = "ihrdnsname.homedns.org";
                connect_on_channelup = no;
                always_renew = no;
                reject_not_encrypted = no;
                dont_filter_netbios = yes;
                localip = 0.0.0.0;
                virtualip = 192.168.123.201;
                remoteip = 0.0.0.0;
                remotehostname = "ihrdnsname.homedns.org";
                localid {
                        user_fqdn = "ihremail@adresse.de";
                }
                mode = mode_aggressive;
                phase1ss = "all/all/all";
                keytype = keytype_pre_shared;
                key = "9bdde4d6K83ki17b3Uc3dd2_0316d7e0e8";
                cert_do_server_auth = no;
                use_nat_t = no;
                use_xauth = no;
                use_cfgmode = no;
                phase2ss = "esp-all-all/ah-none/comp-all/pfs";
                accesslist = "permit ip any 192.168.123.0 255.255.255.0";
                wakeupremote = no;
        }
}
```

Bild 8.7: Bei der benutzerbasierten Konfigurationsdatei sind der dynamische DNS-Name bei remotehostname sowie die IP-Adressparameter bei virtualip und bei accesslist zunächst das A und O, um eine erfolgreiche VPN-Verbindung aufzubauen.

Unter accesslist (Zugriffsregel) ist das IP-Netz angegeben, auf das per VPN zugegriffen werden darf. In diesem Fall hat das entfernte Netz den Bereich 192.168.123.0/24. Bei Bedarf kann diese Liste mit einem Komma getrennt erweitert werden – das ist jedoch in der Regel nicht notwendig. Wer den Zugriff auf einen einzelnen Fileserver beschränken möchte, kann dies auch hier tun – statt des Netzwerks lässt sich auch eine einzelne Hostadresse eintragen.

```
fritzbox.cfg
vpncfg {
        connections {
                enabled = yes;
                conn_type = conntype_user;
                name = "ihremail@adresse.de";
                always_renew = no;
                reject_not_encrypted = no;
                dont_filter_netbios = yes;
                localip = 0.0.0.0;
                local_virtualip = 0.0.0.0;
                remoteip = 0.0.0.0;
                remote_virtualip = 192.168.123.201;
                remoteid {
                        user_fqdn = "ihremail@adresse.de";
                }
                mode = phase1_mode_aggressive;
                phase1ss = "all/all/all";
                keytype = connkeytype_pre_shared;
                key = "9bdde4d6K83ki17b3Uc3dd2_0316d7e0e8";
                cert_do_server_auth = no;
                use_nat_t = no;
                use_xauth = no;
                use_cfgmode = no;                     I
                phase2ss = "esp-all-all/ah-none/comp-all/pfs";
                accesslist =
                        "permit ip 192.168.123.0 255.255.255.0 192.168.123.201 255.255.255.255";
        }
        ike_forward_rules = "udp 0.0.0.0:500 0.0.0.0:500",
                            "udp 0.0.0.0:4500 0.0.0.0:4500";
}

// EOF
```

Bild 8.8: Der `key` (Kennwort) wird vom *FRITZ!Box-Fernzugang einrichten*-Assistenten
automatisch generiert und verschlüsselt. Wer möchte, kann auch manuell nachbessern.

Unter `remote_virtualip` ist die IP-Adresse angegeben, die der Client nach dem
Abarbeiten der VPN-Sicherheitsparameter zugewiesen bekommt. Wer nachträglich die
IP-Adresse verändern möchte, passt diesen Eintrag an und importiert die Konfigurationsdatei `fritzbox.cfg` erneut in die FRITZ!Box, um dieser die Änderung bekannt zu
geben.

8.1.3   VPN-Konfiguration in FRITZ!Box importieren

Die FRITZ!Box lässt bis zu fünf gleichzeitige VPN-Verbindungen zu – für jede wird
unter Umständen eine eigene Konfigurationsdatei benötigt. Um die erzeugte Konfigurationsdatei `fritzbox.cfg` in die FRITZ!Box zu importieren, öffnen Sie zunächst über
den Webbrowser die Benutzeroberfläche der FRITZ!Box. Dort wechseln Sie zu *Einstel-
lungen/Internet/Fernzugang/VPN*. Über die *Durchsuchen*-Schaltfläche ist zunächst die
entsprechende `fritzbox.cfg`-Konfigurationsdatei auszuwählen.

Bild 8.9: Klicken Sie auf die Schaltfläche *VPN-Einstellungen importieren* und anschließend auf die *OK*-Schaltfläche.

Die Konfigurationsdateien für die VPN-Verbindung liegen bei Windows 8, Windows 7 und Vista im Verzeichnis

```
%USERPROFILE%\AppData\Roaming\AVM\FRITZ!Fernzugang\
```

bei Windows XP im Verzeichnis

```
%USERPROFILE%\Anwendungsdaten\AVM\FRITZ!Fernzugang\
```

Dort befindet sich ein Verzeichnis mit demselben Namen wie der von Ihnen gewählte dynamische DNS-Domainname. Darin finden Sie die Konfigurationsdatei `fritzbox.cfg` für die FRITZ!Box.

Bild 8.10: Erst nach dem erfolgreichen Import der Konfigurationsdatei ist die FRITZ!Box bereit, VPN-Verbindungen mit dem entfernten Benutzer aufzubauen.

Im nächsten Schritt muss der Zugriff vonseiten des entfernten Benutzers eingerichtet werden. Für Windows-Anwender stellt AVM hierfür einen speziellen Client zur Verfügung, der, wie im nächsten Abschnitt beschrieben, installiert und mithilfe der Konfigurationsdatei eingerichtet wird.

8.1.4   Sicherer Zugriff auf das Heimnetz mit Mac OS X

Alles, was man neben dem entsprechend konfigurierten DSL/WLAN-Router mit VPN-Funktionalität braucht, ist ein VPN-Client für Mac OS X, der kostenlos zur Verfügung steht. Anhand der weitverbreiteten FRITZ!Box 7170 wird hier dieser praktische Anwendungsfall beschrieben. Je nach DSL/WLAN-Routermodell mit VPN-Funktionen lässt er sich auch auf andere Modelle übertragen.

VPN-Verbindung zum FRITZ!Box-Heimnetz einrichten

Ist die FRITZ!Box mit dem passenden Konfigurationsfile bestückt, lässt sich auch mit einem entfernten Mac auf das Heimnetz zugreifen. Hier wird lediglich ein VPN-Client wie IPSecuritas (*www.lobotomo.com/products/IPSecuritas/index.html*) benötigt. Im Gegensatz zu anderen kommerziellen Lösungen ist IPSecuritas Freeware und steht kostenlos zum Download bereit.

Nach Download und Installation von IPSecuritas für Mac OS X konfigurieren Sie zunächst den VPN-Client anhand der benutzerbasierten `vpnuser.cfg` des Windows-Programms *FRITZ!Box-Fernzugang einrichten*, wie im Abschnitt »VPN-Config-Datei für FRITZ!Box erstellen« auf Seite 140 beschrieben. Auch ohne diese Datei lässt sich die

VPN-Verbindung einrichten, Sie müssen jedoch sicherstellen, dass das genutzte Passwort (key) mit jenem auf der FRITZ!Box übereinstimmt.

Die Konfiguration starten Sie über *Finder/Programme/IPSecuritas* und wählen dann in der Menüleiste *Verbindungen/Verbindungen bearbeiten* aus. Anschließend erscheint folgender Dialog:

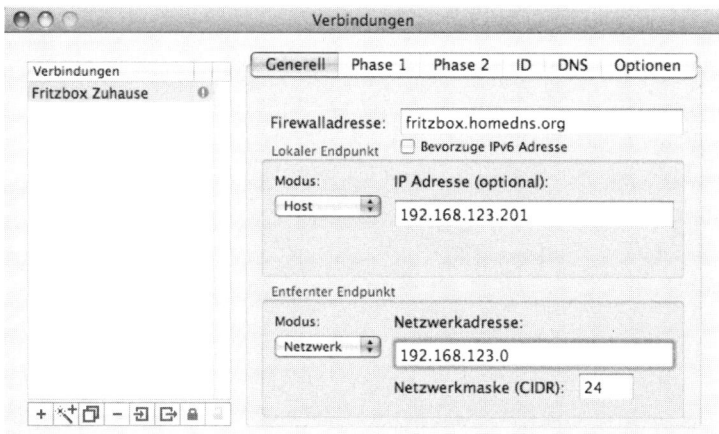

Bild 8.11: Zunächst klicken Sie links im unteren Bereich auf das Plussymbol und tragen einen aussagekräftigen Namen für die VPN-Verbindung ein.

Im Register *Generell* tragen Sie bei *Firewalladresse* den dynamischen DNS-Namen ein, unter dem Ihr Heimnetz im Internet erreichbar ist. Wer stattdessen eine feste IP-Adresse von seinem Internetprovider bekommen hat, nutzt diese. Anschließend tragen Sie bei *Modus•Host* die IP-Adresse ein, die der Mac als lokale IP-Adresse im Heimnetz nutzen soll.

In diesem Beispiel wurde die IP-Adresse *192.168.123.201* eingerichtet. Diese befindet sich im gleichen Adressbereich wie das entfernte Heimnetz, das in diesem Fall unter *Entfernter Endpunkt/Netzwerk* mit dem Adressbereich *192.168.123.0* sowie der Netzwerkmaske */24* – was 255.255.255.0 entspricht – konfiguriert wurde. Anschließend wechseln Sie in das Register *Phase 1*.

Bild 8.12: Die Gültigkeit der VPN-Verbindung lässt sich in Sekunden-, Minuten- und Stundenintervallen einrichten. Auf der sicheren Seite sind Sie mit dem Eintrag *1* (*Stunden*).

Ansonsten stellen Sie den Diffie-Hellman-Eintrag bei *DH Gruppe* auf *1024 (2)*, die *Verschlüsselung* auf *AES 256* sowie die *Authentifikation* auf den Hash-Algorithmus *SHA-1* ein. Für den Modus für die IKE-Phase 1 stellen Sie bei *Exchange Mode Aggressive* ein, die weiteren Einstellungen entnehmen Sie der Abbildung.

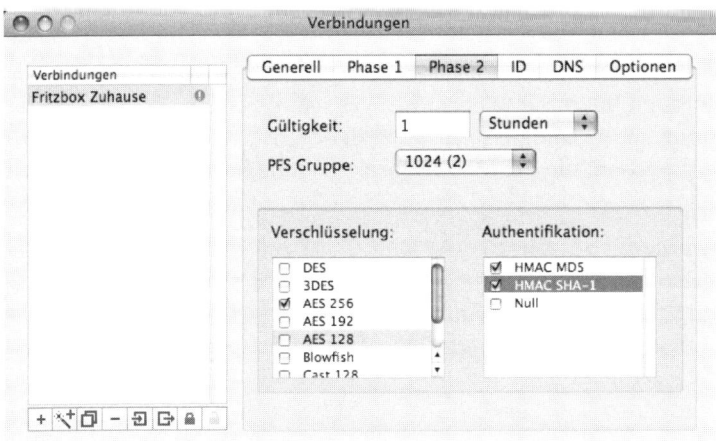

Bild 8.13: Wenige Klicks: Für die *Phase 2* wählen Sie das *AES 256*-Verschlüsselungsverfahren sowie *SHA-1* für die Authentifikation aus.

Analog werden in *Phase 2* das Verschlüsselungsverfahren sowie die Authentifikation konfiguriert, die Einstellungen können Sie von der folgenden Abbildung übernehmen. Im Register *ID* verwenden Sie den Benutzernamen sowie das Passwort, die in der fritzbox.cfg in die FRITZ!Box importiert wurden. In diesem Beispiel steht dort ihremail@adresse.de.

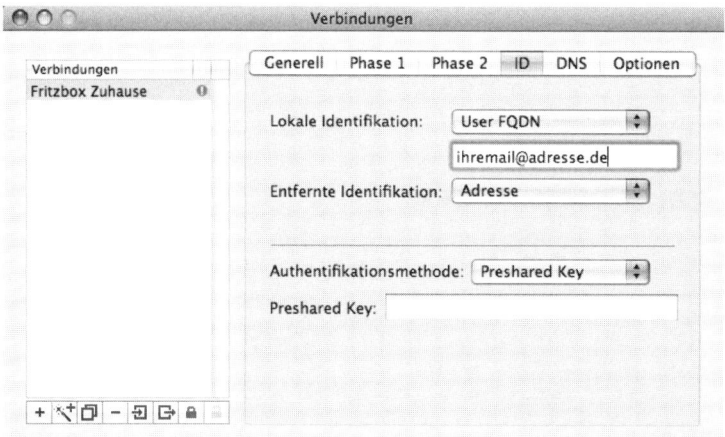

Bild 8.14: Sind die Einstellungen im Register *ID* vorgenommen, öffnen Sie gleich das Register *Optionen*. Das Register *DNS* findet nur dann Beachtung, wenn Sie in Ihrem Heimnetz einen eigenen DNS-Server für die lokale Namensauflösung betreiben. In der Regel ist das jedoch nicht der Fall.

Stellen Sie bei *Lokale Identifikation* das Optionsfeld auf *USER_FQDN* um und tragen Sie im nächsten Feld die Benutzerkennung (hier: E-Mail-Adresse) ein. Für die *Entfernte Identifikation* stellen Sie *Adresse* ein. Bevor Sie bei *Preshared Key* das Passwort aus der fritzbox.cfg per Copy-and-paste hineinkopieren, stellen Sie sicher, dass die *Authentifikationsmethode* auf den Eintrag *Preshared Key* eingestellt ist.

```
fritzbox.cfg

vpncfg {
        connections {
                enabled = yes;
                conn_type = conntype_user;
                name = "ihremail@adresse.de";
                always_renew = no;
                reject_not_encrypted = no;
                dont_filter_netbios = yes;
                localip = 0.0.0.0;
                local_virtualip = 0.0.0.0;
                remoteip = 0.0.0.0;
                remote_virtualip = 192.168.123.201;
                remoteid {
                        user_fqdn = "ihremail@adresse.de";
                }
                mode = phase1_mode_aggressive;
                phase1ss = "all/all/all";
                keytype = connkeytype_pre_shared;
                key = "9bdde4d6K83ki17b3Uc3dd2_0316d7e0e8";
                cert_do_server_auth = no;
                use_nat_t = no;
                use_xauth = no;
                use_cfgmode = no;
                phase2ss = "esp-all-all/ah-none/comp-all/pfs";
                accesslist =
                        "permit ip 192.168.123.0 255.255.255.0 192.168.123.201 255.255.255.255";
        }
        ike_forward_rules = "udp 0.0.0.0:500 0.0.0.0:500",
                            "udp 0.0.0.0:4500 0.0.0.0:4500";
}

// EOF
```

Bild 8.15: Das Passwort für den Zugriff auf das Heimnetz entnehmen Sie der `fritzbox.cfg` – dieses steht bei `key` innerhalb der Anführungszeichen.

Im Register *Optionen* setzen Sie die Häkchen analog zur nachstehenden Abbildung.

Bild 8.16: Das A und O sind in diesem Dialog die beiden Häkchen bei *IPSec DOI* sowie *Lokale IP in entf. Netzwerk*.

Nach Abschluss der Konfiguration schließen Sie das Verbindungsfenster.

VPN-Verbindungsaufbau und Datenaustausch

Die erstellte Verbindung befindet sich im Statusfenster von IPSecuritas. Haben Sie nun extern eine Internetverbindung aufgebaut, starten Sie einfach per Klick auf die *Start*-Schaltfläche eine VPN-Verbindung zu Ihrem Heimnetz zu Hause.

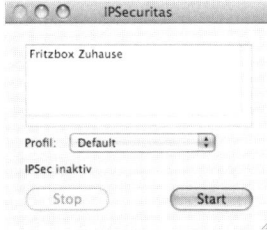

Bild 8.17: Nach dem Konfigurieren des Verbindungsprofils sind Sie nur noch einen Klick von Ihrem Heimnetz entfernt.

Nach einem kurzen Augenblick ist die Verbindung in das Heimnetz aufgebaut. Nun stehen im Finder die Heimnetzfreigaben zur Verfügung.

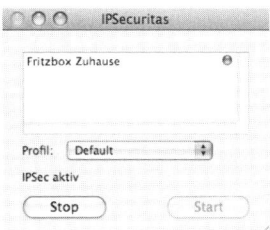

Bild 8.18: Im Verbindungsfenster weist IPSecuritas mit *IPSec aktiv* und einem grünen Lämpchen auf eine aktive Verbindung hin.

Auf der Gegenseite – im Heimnetz – weist die Konfigurationsseite der FRITZ!Box ebenfalls auf eine aktive eingehende VPN-Verbindung hin. Im Übersichtsdialog leuchtet bei *Fernzugang* das grüne Lämpchen.

Bild 8.19: Ist der VPN-Zugriff erfolgreich hergestellt, wird neben dem Status *hergestellt* auch der aktive VPN-Benutzername im Übersichtsfenster der FRITZ!Box angezeigt.

Bei einer aktiven VPN-Verbindung können Sie auf die verfügbaren Dateifreigaben im Heimnetz, beispielsweise auf den NAS-Server, die Time-Capsule-Netzwerkfestplatte und natürlich auf den Raspberry Pi, zugreifen. Hier gehen Sie im Finder-Menü über *Gehe zu* zum Dialog *Mit Server verbinden*. Dort tragen Sie das verwendete Protokoll sowie die IP-Adresse der Freigabe ein.

So greifen Sie beispielsweise mit dem Eintrag *smb://192.168.123.20* auf die Windows/Samba-Freigaben des Geräts mit der IP-Adresse *192.168.123.20* zu. Wer die Weboberfläche des Raspberry Pi öffnen möchte, nutzt im Webbrowser die Adresse des Heimnetzes – in diesem Fall die private Adresse *192.168.123.47*.

8.2   Raspberry Pi als AirPrint-Server im Heimnetz

Einfach und bequem: Sie sitzen auf dem Sofa und entdecken etwas Interessantes im Internet, was Sie gern ausdrucken möchten. Bisher haben Sie sich den entsprechenden Link per E-Mail zugesandt, so auf dem iPad oder iPhone ein E-Mail-Konto konfiguriert ist, diese E-Mail am Computer geöffnet und anschließend von dort aus zum Drucker geschickt. Im Gegensatz dazu können Sie über den Raspberry Pi zukünftig direkt von iOS den Druckauftrag zum Drucker schicken – ohne den lästigen Umweg über den Computer. Dies funktioniert natürlich nur bei iOS-Anwendungen, die die Druckfunktionen grundsätzlich unterstützen, wie beispielsweise Mail, Foto, Safari und weitere.

Um den Raspberry Pi als AirPrint-Server im Heimnetz für iPhone, iPod touch oder iPad zur Verfügung zu stellen, sind einige Verrenkungen und Anpassungen notwendig – auch wenn es darum geht, neue iDevices mit iOS 6 und dem Raspberry Pi in Betrieb zu nehmen. Da diese AirPrint-Funktion ursprünglich der eigentliche Kaufgrund für den Raspberry Pi war, ist in diesem Projekt noch von der Debian/Raspian-Version 6 – Squeezy – die Rede, die zwar noch als Download erhältlich ist, aber mittlerweile von Debian/Raspian Version 7 – Wheezy – abgelöst wurde.

8.2.1   Undokumentiert: AirPrint nachrüsten

Wer mal eben schnell vom iPad oder iPhone etwas ausdrucken möchte, der stößt zunächst an Grenzen: Während bei einem Computer einfach der passende Treiber installiert wird, ist diese Möglichkeit bei einem iOS-Gerät wie iPad oder iPhone von der Architektur her nicht vorgesehen. Auch mithilfe des USB-Kabels kommen Sie bei der Verbindung mit einem Drucker nicht weit – haben Sie ein Funknetzwerk zu Hause, nutzen Sie besser das drahtlose Drucken über WLAN.

Seit 2011, mit dem Update von iOS 4.2.1 für iPhone und iPad, kann direkt vom Handschmeichler aus mit der AirPrint-Funktion auch der heimische Drucker im lokalen Netzwerk verwendet werden. Doch im Gegensatz zur ursprünglichen Release-Version ist die Druckfunktion ab Version iOS 5 und dem neuen iPad wieder beschnitten worden und funktioniert nach dem Willen von Apple erst mal zunächst nur noch auf speziellen AirPrint-Druckern von Canon, HP und anderen.

Bild 8.20: Die Druckfunktion ist auf iPhone und iPad erst mal mit an Bord, doch der Drucker im Heimnetz muss dem Gerät noch bekannt gemacht werden.

Um AirPrint auf dem offiziellen Weg nutzen zu können, braucht es keine weitere Installation auf iPad oder Drucker. Hier nutzen Sie einfach die *Weiterleiten*-Funktion auf dem iPhone oder iPad und wählen per Tipp auf *Drucken* das *Drucker*-Menü. Im nächsten Schritt sucht das Gerät das heimische WLAN-Netzwerk nach AirPrint-kompatiblen Druckern ab und listet diese in der Druckerauswahl auf. Anschließend senden Sie den Druckauftrag vom iPhone oder iPad über WLAN direkt an den gefundenen Drucker.

8.2.2 AirPrint-Drucker von Apples Gnaden

Das Besondere an einem sogenannten AirPrint-Drucker ist, dass dieser die notwendigen Netzwerkdruckserverdienste bereits integriert hat – hier benötigen Sie keinen zwischengeschalteten Computer, der sozusagen den Ausdruck für den Drucker in Druckersprache übersetzt. Mit einem Trick ist es jedoch möglich, einen mit dem Computer verbundenen Drucker als AirPrint-Drucker im Netzwerk zu betreiben – dann übernimmt der Clientcomputer die Aufbereitung und Steuerung des Druckers.

Eine lästige Voraussetzung dafür ist jedoch, dass der Computer dauerhaft eingeschaltet sein muss – das ist je nach eingesetztem Computer in Sachen Stromkosten ein teurer Spaß und nur in den Fällen wirklich empfehlenswert, wenn der Computer ohnehin eingeschaltet ist. Für die Bereitstellung eines 24/7-Service ist jedoch der Raspberry Pi die deutlich bessere Wahl – und kostengünstiger sowieso.

Haben Sie keinen Drucker mit AirPrint-Funktion zu Hause, sollten Sie – wenn es nach Apple geht – Platz im Arbeitszimmer schaffen und einen kompatiblen Drucker kaufen. Doch wer bereits im Besitz eines Druckers (ohne AirPrint-Funktion) ist, sollte bei seinem Druckerhersteller nach einer aktuelleren Firmwareversion Ausschau halten. So baut HP die AirPrint-kompatible Druckerpalette ständig aus, und einige ältere Drucker bekommen per Firmware-Update die AirPrint-Funktion nachgereicht. Steht eine neue Firmwareversion zur Verfügung, installieren Sie diese nach den Herstellerangaben.

Doch in Zeiten des papierlosen Büros drucken viele schon auf dem heimischen Computer nichts mehr oder nur noch so selten aus, dass die Druckfunktion am iPad wahrscheinlich noch viel seltener zum Einsatz kommen wird. Deswegen ergibt die Neuanschaffung eines Druckers nur wegen der AirPrint-Funktion keinen Sinn – hier nutzen Sie den Raspberry Pi und rüsten diesen mit dem Linux-Drucksystem CUPS auf, um damit AirPrint-Funktionen zum Nulltarif zur Verfügung zu stellen.

8.2.3 AirPrint-Drucker mit Raspberry Pi nachrüsten

Beachten Sie, dass nach Abschluss der Installation eine Speicherkarte mit 2 GByte nahezu gefüllt ist – die Installation der Druckertreiber, der PDF-Funktionen und dergleichen nehmen einigen Platz in Anspruch. Falls es auf der Speicherkarte bereits eng wird, sollten Sie spätestens jetzt den Wechsel auf eine 4-GByte-Speicherkarte oder größer vornehmen. Zunächst bringen Sie den Raspberry Pi auf den aktuellen Stand.

```
sudo apt-get update
```

Sind zu viele Pakete zu aktualisieren, kommt der Update-Mechanismus manchmal aus dem Tritt und findet die angeforderten Pakete nicht auf Anhieb.

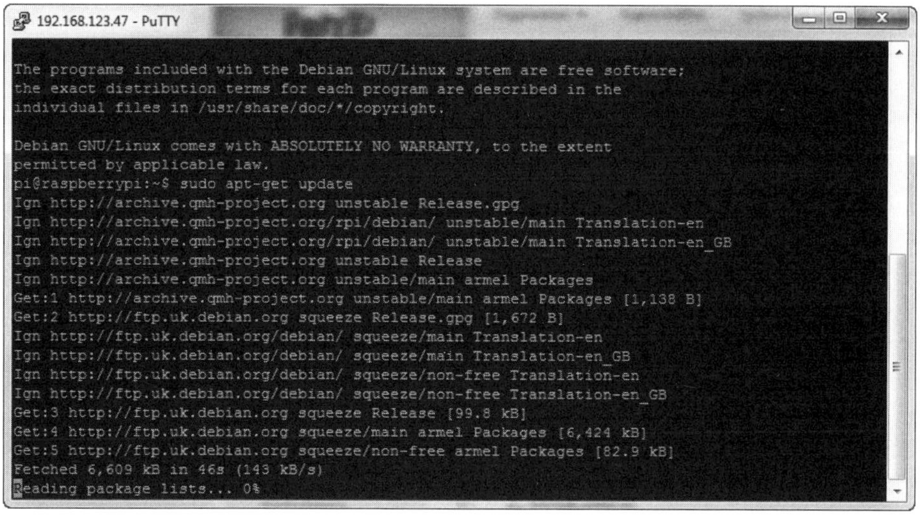

Bild 8.21: Bitte warten: Das Herunterladen, Prüfen, Entpacken und Installieren dauert je nach Anzahl der Pakete eine Weile.

Treten Fehler auf, hilft es in der Praxis, den Befehl anschließend sicherheitshalber erneut per Konsole anzustoßen. Im nächsten Schritt bringen Sie die installierte Distribution auf dem Raspberry Pi mit folgendem Befehl auf den aktuellen Stand:

```
sudo apt-get upgrade
```

In diesem Beispiel mussten 59 Pakete aktualisiert werden. Zum Glück teilt der Update-Mechanismus mit, wie viel Speicherplatz in etwa benötigt wird.

Geht es in Sachen Speicherplatz auf der SD-Speicherkarte eng zu, sollten Sie etwas darauf achten, welche Pakete wie viel Platz benötigen. Zwar teilt Debian mit, wie viel Speicherplatz die zu installierenden Pakete in etwa benötigen, unterschlägt aber dabei, dass für das allgemeine Arbeiten und für die Swapdatei natürlich auch noch Platz beansprucht wird. Nebeneffekt: Gerade wenn Sie mit Kapazitätsproblemen zu kämpfen haben, wirkt sich das auch auf die Performance aus – der Raspberry Pi wird langsamer.

Der Vorteil eines frisch aktualisierten Systems ist, dass Sie etwaigen Fehlern schon im Vorfeld aus dem Weg gehen. Dank der Prüfung möglicher Abhängigkeiten bleiben Pakete halbwegs aktuell, auch wenn sie nicht explizit zum Aktualisieren ausgewählt werden.

```
192.168.123.47 - PuTTY
Setting up procps (1:3.2.8-9squeeze1) ...
Setting kernel variables ...done.
Setting up libmagic1 (5.04-5+squeeze2) ...
Setting up file (5.04-5+squeeze2) ...
Setting up libtasn1-3 (2.7-1+squeeze+1) ...
Setting up libgnutls26 (2.8.6-1+squeeze2) ...
Setting up libkrb5support0 (1.8.3+dfsg-4squeeze6) ...
Setting up libk5crypto3 (1.8.3+dfsg-4squeeze6) ...
Setting up libkrb5-3 (1.8.3+dfsg-4squeeze6) ...
Setting up libgssapi-krb5-2 (1.8.3+dfsg-4squeeze6) ...
Setting up libxml2 (2.7.8.dfsg-2+squeeze5) ...
Setting up locales (2.11.3-4) ...
Generating locales (this might take a while)...
  en_GB.UTF-8... done
Generation complete.
Setting up openssh-client (1:5.5p1-6+squeeze2) ...
Setting up openssh-server (1:5.5p1-6+squeeze2) ...
Restarting OpenBSD Secure Shell server: sshd.
Setting up python-minimal (2.6.6-3+squeeze7) ...
Setting up python (2.6.6-3+squeeze7) ...
Setting up libdpkg-perl (1.15.8.13) ...
Setting up dpkg-dev (1.15.8.13) ...
Setting up firmware-linux-free (2.6.32-46) ...
Setting up libarchive1 (2.8.4.forreal-1+squeeze2) ...
Setting up libexpat1 (2.0.1-7+squeeze1) ...
Setting up libfreetype6 (2.4.2-2.1+squeeze4) ...
Setting up libicu44 (4.4.1-8) ...
Setting up libmozjs2d (1.9.1.16-17) ...
Setting up libnss3-1d (3.12.8-1+squeeze5) ...
Setting up libpng12-0 (1.2.44-1+squeeze4) ...
Setting up libpolkit-gobject-1-0 (0.96-4+squeeze2) ...
Setting up libpolkit-agent-1-0 (0.96-4+squeeze2) ...
Setting up libpolkit-backend-1-0 (0.96-4+squeeze2) ...
Setting up libwbclient0 (2:3.5.6~dfsg-3squeeze8) ...
Setting up libsmbclient (2:3.5.6~dfsg-3squeeze8) ...
Setting up libtiff4 (3.9.4-5+squeeze4) ...
Setting up libvorbis0a (1.3.1-1+squeeze1) ...
Setting up libvorbisfile3 (1.3.1-1+squeeze1) ...
Setting up libvte-common (1:0.24.3-4) ...
Setting up libvte9 (1:0.24.3-4) ...
Setting up libxi6 (2:1.3-7) ...
Setting up libxslt1.1 (1.1.26-6+squeeze1) ...
Setting up policykit-1 (0.96-4+squeeze2) ...
Setting up python-crypto (2.1.0-2+squeeze1) ...
Setting up samba-common (2:3.5.6~dfsg-3squeeze8) ...
Setting up samba-common-bin (2:3.5.6~dfsg-3squeeze8) ...
Setting up sudo (1.7.4p4-2.squeeze.3) ...
Creating group 'sudo' with gid = 27
Setting up ssh (1:5.5p1-6+squeeze2) ...
Processing triggers for menu ...
Processing triggers for python-central ...
pi@raspberrypi:~$
```

Bild 8.22: Erfolgreich aktualisiert: Nun ist der Raspberry Pi in Sachen Betriebssystem und Pakete auf dem aktuellen Stand.

Deshalb schadet bei einer Neuinstallation eines Pakets ein anschließendes `apt-get install update` und `apt-get install upgrade` natürlich nicht. Wer den Raspberry Pi ausschließlich als AirPrint-Drucker und beispielsweise als Samba-Server im Heimnetz betreiben möchte, benötigt Dinge wie beispielsweise den grafischen Desktop samt dazugehöriger Tools nicht. Entfernen Sie diese – damit schaffen Sie Platz auf der SD-Karte. In diesem Beispiel wurden per

```
apt-get purge lxde
apt-get purge iceweasel
apt-get autoremove
```

über 200 MByte Speicherplatz freigeräumt, um auf der vorliegenden 2-GByte-Karte etwas Platz zu schaffen.

8.2.4 CUPS und AirPrint-Funktionen herunterladen und installieren

Egal ob AirPrint-Funktion oder nicht – für den Einsatz eines Druckers unter Linux hat sich das *Common Unix Printing System* (CUPS) durchgesetzt. Hier ist der Druckvorgang in einen Druckclient, der die Druckaufträge sortiert und weiterleitet, und den Druckserver, der das eigentliche Drucken erledigt, aufgeteilt. Dazu gehören neben den klassischen CUPS-Paketen wie `cups cups-pdf cups-driver-gutenprint` auch jene, die für die Kopplung der Hardware die klassischen Treiber bereitstellen.

Bei der Vielzahl der verfügbaren und unterstützten Drucker werden auch entsprechend viele Treiber auf dem Raspberry Pi installiert. Für die AirPrint-Funktionalität kommen später Programme und Dienste mit ins Spiel, die ihrerseits auf die CUPS-Funktionen zugreifen und damit den Drucker steuern. Doch dazu später mehr, installieren Sie CUPS über die Kommandozeile mit folgenden Befehlen:

```
sudo bash
apt-get install foomatic-db foomatic-db-engine foomatic-filters
apt-get install cups cups-pdf cups-driver-gutenprint
```

`gutenprint` hat nichts mit einem ehemaligen Verteidigungsminister der Bundesrepublik Deutschland zu tun, sondern ist eine Treibersammlung von Druckerherstellern wie Canon, Epson, Lexmark, Sony, Olympus und PCL Drucker, die nach der Installation mit Ghostscript, CUPS, Foomatic und GIMP verwendet werden kann.

Ist die Speicherkarte zu knapp bemessen, ergibt es eventuell Sinn, vorher zu prüfen, ob der eingesetzte Drucker überhaupt von `gutenprint` unterstützt wird oder nicht. Im letzteren Fall könnten Sie dann auf `gutenprint` verzichten, wenn Sie einen passenden CUPS-Treiber für Ihren Drucker vom Hersteller für Debian 6 bekommen können.

Spielt der Speicherplatz keine große Rolle, ist die Installation nicht zuletzt aus Kompatibilitätsgründen sinnvoll. Auch wenn Sie später einen Drucker nachrüsten möchten, ist der Drucker unter Umständen umgehend betriebsbereit.

```
192.168.123.47 - PuTTY
Setting up libpolkit-backend-1-0 (0.96-4+squeeze2) ...
Setting up libwbclient0 (2:3.5.6~dfsg-3squeeze8) ...
Setting up libsmbclient (2:3.5.6~dfsg-3squeeze8) ...
Setting up libtiff4 (3.9.4-5+squeeze4) ...
Setting up libvorbis0a (1.3.1-1+squeeze1) ...
Setting up libvorbisfile3 (1.3.1-1+squeeze1) ...
Setting up libvte-common (1:0.24.3-4) ...
Setting up libvte9 (1:0.24.3-4) ...
Setting up libxi6 (2:1.3-7) ...
Setting up libxslt1.1 (1.1.26-6+squeeze1) ...
Setting up policykit-1 (0.96-4+squeeze2) ...
Setting up python-crypto (2.1.0-2+squeeze1) ...
Setting up samba-common (2:3.5.6~dfsg-3squeeze8) ...
Setting up samba-common-bin (2:3.5.6-dfsg-3squeeze8) ...
Setting up sudo (1.7.4p4-2.squeeze.3) ...
Creating group 'sudo' with gid = 27
Setting up ssh (1:5.5p1-6+squeeze2) ...
Processing triggers for menu ...
Processing triggers for python-central ...
pi@raspberrypi:~$ apt-get install cups cups-pdf cups-driver-gutenprint
E: Could not open lock file /var/lib/dpkg/lock - open (13: Permission denied)
E: Unable to lock the administration directory (/var/lib/dpkg/), are you root?
pi@raspberrypi:~$ sudo apt-get install cups cups-pdf cups-driver-gutenprint
Reading package lists... Done
Building dependency tree
Reading state information... Done
The following extra packages will be installed:
  bc cups-client cups-common cups-ppdc fancontrol foomatic-db foomatic-db-engine
  foomatic-filters foomatic-filters-ppds ghostscript ghostscript-cups gsfonts hpijs libcupscgi1
  libcupsdriver1 libcupsimage2 libcupsmime1 libcupsppdc1 libgs8 libgutenprint2 libhpmud0
  libijs-0.35 libjbig2dec0 liblcms1 libopenjpeg2 libpaper-utils libpaper1 libper15.10
  libpoppler5 libsensors4 libslp1 libsnmp-base libsnmp15 lm-sensors min12xxw openssl pnm2ppa
  poppler-utils ssl-cert
Suggested packages:
  cups-bsd hplip xpdf-korean xpdf-japanese xpdf-chinese-traditional xpdf-chinese-simplified
  smbclient kdeprint gtklp cups-pt xpp gutenprint-doc gutenprint-locales
  system-config-printer hpoj hplib-gui gimp system-config-printer hplip-cups
  foo2zjs splix m2300w pxljr openprinting-ppds openprinting-ppds-extra cjet
  foomatic-db-gutenprint hpijs-ppds hplip-doc liblcms-utils slpd openslp-doc
  snmp-mibs-downloader sensord read-edid i2c-tools ca-certificates magicfilter apsfilter
  openssl-blacklist
The following NEW packages will be installed:
  bc cups cups-client cups-common cups-driver-gutenprint cups-pdf cups-ppdc fancontrol
  foomatic-db foomatic-db-engine foomatic-filters foomatic-filters-ppds ghostscript
  ghostscript-cups gsfonts hpijs libcupscgi1 libcupsdriver1 libcupsimage2 libcupsmime1
  libcupsppdc1 libgs8 libgutenprint2 libhpmud0 libijs-0.35 libjbig2dec0 liblcms1 libopenjpeg2
  libpaper-utils libper15.10 libpoppler5 libsensors4 libslp1 libsnmp-base libsnmp15
  lm-sensors min12xxw openssl pnm2ppa poppler-utils ssl-cert
0 upgraded, 42 newly installed, 0 to remove and 0 not upgraded.
Need to get 24.7 MB of archives.
After this operation, 77.8 MB of additional disk space will be used.
Do you want to continue [Y/n]?
```

Bild 8.23: 42 neue Pakete werden nachgeladen, unter anderem auch das `cups-pdf`, das eigentlich unter Linux für den PDF-Druck verwendet wird.

Für Besitzer eines Druckers von Hewlett-Packard ist die Installation des `hplip`-Pakets notwendig:

```
sudo apt-get install hplip
sudo apt-get install pycups python2 python-cups
```

Anschließend installieren Sie, falls noch nicht vorhanden, die Skriptsprache Python sowie den Connector `pycups` bzw. `python-cups`, der für die Nutzung der CUPS-1.2-API in Python-Programmen zuständig ist und somit Python-basierten Programmen das Drucken erlaubt.

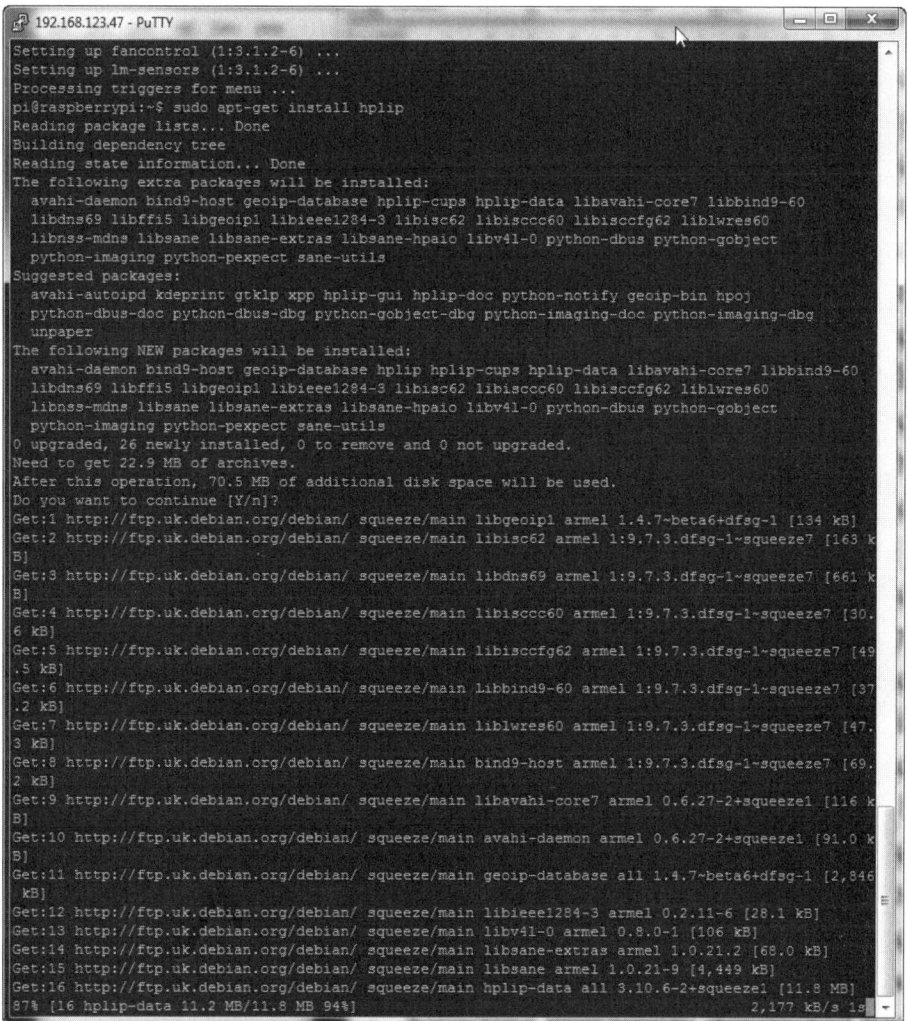

Bild 8.24: Haben Sie einen Drucker des Herstellers Hewlett-Packard im Einsatz, nutzen Sie zusätzlich noch das Paket hplip.

Nun sollte das Linux-Drucksystem CUPS samt Drucker installiert sein. Laden und konfigurieren Sie jetzt den Avahi-Treiber bzw. -Daemon, der quasi die eigentliche AirPrint-Funktionalität zur Verfügung stellt. Wer bereits das Paket hplip im Fall eines HP-Druckers installiert hat, der hat avahi und mDNS in der Regel bereits mit an Bord. Trotzdem gehen Sie hier nochmals auf Nummer sicher und installieren das Paket im Zweifelsfall erneut.

8.2.5 Zwingend: Avahi und mDNS-Server installieren

Für die eigentliche AirPrint-Funktion benötigen Sie neben CUPS noch weitere Pakete, die erst nach der erfolgreichen CUPS-Installation zu installieren sind. Mit dem folgenden Befehl holen Sie die grundlegenden Pakete, die ihrerseits wiederum ihre Abhängigkeiten prüfen und gegebenenfalls noch weitere Pakete nachladen, bis das eigentliche Programm sauber installiert ist.

```
sudo apt-get install avahi avahi-daemon avahi-discover libnss-mdns
```

Erst mit der Installation von `avahi` und `libnss-mdns` stellen Sie sicher, dass der CUPS-Raspberry auch seine Bonjour-Funktion für die iOS-Geräte im Heimnetz wahrnehmen kann. Neben mDNS (*Multicast DNS*) nutzt Bonjour den *DNS Service Discovery* (DNS-SD). Nach der Installation wird automatisch der mDNS-Responder auf dem Raspberry eingerichtet, der hier die Query- und Reply-Anfragen der iOS-Geräte beantwortet.

Mit dem Discovery Browser von Tildesoft (kostenlos im iTunes Store erhältlich) können Sie beispielsweise mit Ihrem iPhone oder iPad die Bonjour-Fähigkeiten der Raspberry Pi-Installation testen – er scannt sozusagen das komplette Heimnetzwerk nach Bonjour-fähigen Geräten ab.

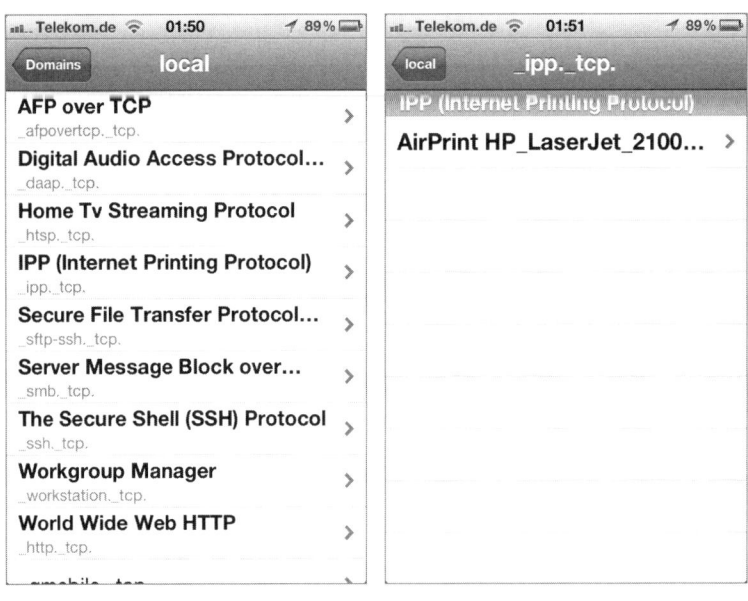

Bild 8.25: Sehr praktisch: Nicht nur Bonjour, sondern auch sämtliche Protokolle und offene Schnittstellen im Heimnetz in Form bekannter Dienste und Ports zeigt der Discovery Browser von Tildesoft an.

Prinzipiell ist es auch beim Einsatz mit CUPS so, dass Sie noch einen administrativen Benutzer benötigen, der nicht nur den Drucker installieren kann, sondern auch später für Wartungszwecke über die CUPS-Konfigurationsseite verschiedene Einstellungen vornehmen darf. Grundsätzlich muss dieser Benutzer auch ein Benutzerkonto auf der entsprechenden Maschine – in diesem Fall dem Raspberry Pi – haben; nutzen Sie einfach den bestehenden Benutzer `pi` – in diesem Beispiel mit dem Standardkennwort `raspberry`. Dieser Benutzer ist mittels des `usermod`-Befehls über die Kommandozeile der entsprechende CUPS-Gruppe – der `lpadmin`-Gruppe – hinzuzufügen.

```
sudo usermod -aG lpadmin pi
```

Sollten Sie bereits einen anderen Benutzernamen für diesen Zweck eingerichtet haben, nutzen Sie diesen dafür. Im nachstehenden Beispiel legen wir einen Benutzer mit dem Namen `printer` und dem Kennwort `printerpassword` an.

```
sudo adduser printer
sudo usermod -aG lpadmin printer
```

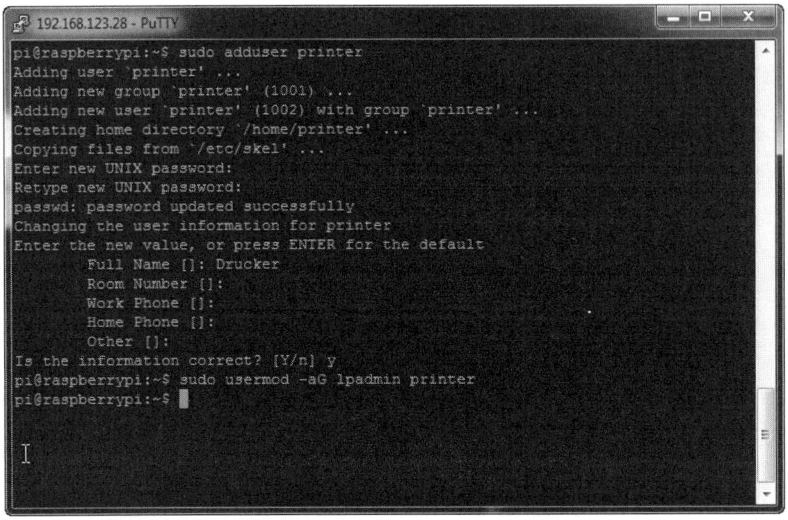

Bild 8.26: Einen neuen Benutzer legen Sie auf dem Raspberry Pi in wenigen Schritten über das Terminal an.

Ist der Benutzer angelegt und Mitglied der lpadmin-Gruppe, starten Sie CUPS erstmalig in der Standardkonfiguration. Die Installation und Konfiguration des eigentlichen Druckers bzw. die Anpassung für AirPrint erfolgt dann im nächsten Schritt. Hier geht es zunächst darum, das CUPS-Drucksystem als Basis für die nächsten Schritte festzuzurren.

Hierfür starten Sie CUPS und anschließend den Avahi-Daemon über die Kommandozeile:

```
sudo /etc/init.d/cups start
sudo /etc/init.d/avahi-daemon start
```

Sollten bereits beim Start der beiden Dienste Fehler auftreten, müssen Sie die Pakete wie oben beschrieben nochmals installieren – beide sind für die nächsten Schritte zwingend notwendig.

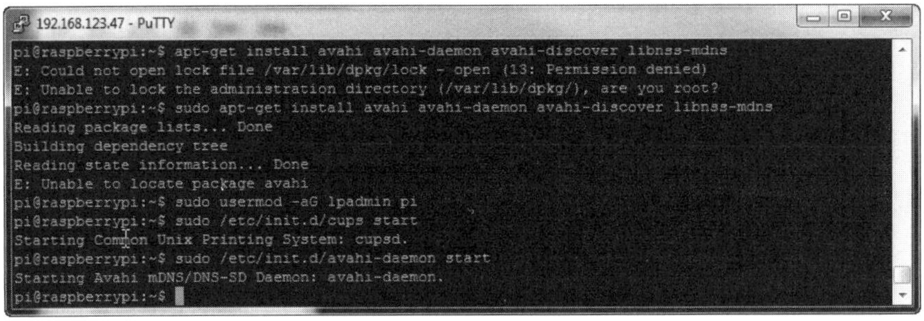

Bild 8.27: Nun sind die benötigten Dienste erfolgreich gestartet.

Läuft der CUPS-Daemon, können Sie sich später erstmalig an der Konfigurationsseite von CUPS anmelden – bevor Sie das tun, müssen Sie aber zunächst noch den entsprechenden Port festlegen und den Zugriff für die lokalen Clients auf CUPS freigeben.

8.2.6   Alle zu Hause? – Zugriff auf CUPS konfigurieren

Erste Anlaufstelle in Sachen CUPS-Konfiguration auf der Kommandozeile ist die Datei `cupsd.conf`, die sich im Verzeichnis `/etc/cups` befindet. Hier sehen Sie die wichtigsten Änderungen für den AirPrint-Zugriff im Überblick – detailliert erfahren Sie etwas später, welche Eingriffe notwendig sind.

```
ServerAlias *
Port 631
Listen /var/run/cups/cups.sock
```

Um die benötigten Änderungen für CUPS umzusetzen, öffnen Sie die CUPS-Konfigurationsdatei mit dem Befehl

```
sudo nano /etc/cups/cupsd.conf
```

Je nach verwendetem Editor (hier: nano) navigieren Sie zunächst mit den Pfeiltasten nach unten, bis Sie zum Eintrag `localhost:631` gelangen. Hier lauscht CUPS nach Aufträgen an der lokalen Maschine (`localhost`) an `Port 631`.

Das ist zwar eine gute Idee, aber wir wollen ja vom gesamten Heimnetz aus den Drucker nutzen, also sollte CUPS nicht nur an `localhost`, sondern grundsätzlich an `Port 631` lauschen.

Aus diesem Grund wird der Eintrag `localhost:631` per vorangestelltem Lattenzaunsymbol (#) auskommentiert, und in der folgenden Zeile wird der Eintrag `Port 631` gesetzt. Diese Änderungen wurden in der nachstehenden Abbildung mit `Change1-Airprint` und `Change2-Airprint` dokumentiert.

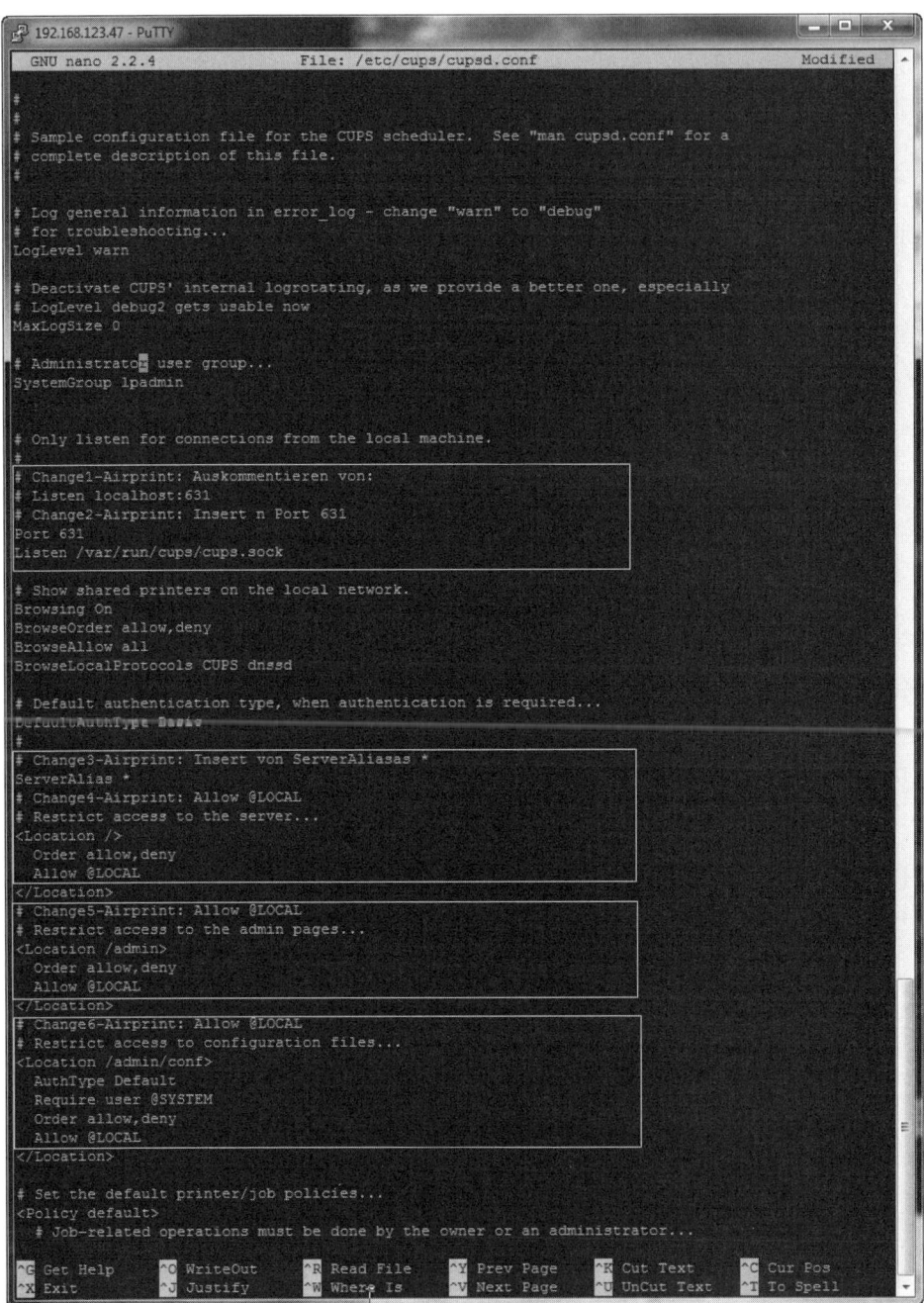

```
192.168.123.47 - PuTTY

  GNU nano 2.2.4              File: /etc/cups/cupsd.conf                    Modified

#
#
# Sample configuration file for the CUPS scheduler.  See "man cupsd.conf" for a
# complete description of this file.
#

# Log general information in error_log - change "warn" to "debug"
# for troubleshooting...
LogLevel warn

# Deactivate CUPS' internal logrotating, as we provide a better one, especially
# LogLevel debug2 gets usable now
MaxLogSize 0

# Administrator user group...
SystemGroup lpadmin


# Only listen for connections from the local machine.
#
# Change1-Airprint: Auskommentieren von:
# Listen localhost:631
# Change2-Airprint: Insert n Port 631
Port 631
Listen /var/run/cups/cups.sock

# Show shared printers on the local network.
Browsing On
BrowseOrder allow,deny
BrowseAllow all
BrowseLocalProtocols CUPS dnssd

# Default authentication type, when authentication is required...
DefaultAuthType Basic
#
# Change3-Airprint: Insert von ServerAliasas *
ServerAlias *
# Change4-Airprint: Allow @LOCAL
# Restrict access to the server...
<Location />
  Order allow,deny
  Allow @LOCAL
</Location>
# Change5-Airprint: Allow @LOCAL
# Restrict access to the admin pages...
<Location /admin>
  Order allow,deny
  Allow @LOCAL
</Location>
# Change6-Airprint: Allow @LOCAL
# Restrict access to configuration files...
<Location /admin/conf>
  AuthType Default
  Require user @SYSTEM
  Order allow,deny
  Allow @LOCAL
</Location>

# Set the default printer/job policies...
<Policy default>
  # Job-related operations must be done by the owner or an administrator...

^G Get Help    ^O WriteOut    ^R Read File   ^Y Prev Page   ^K Cut Text    ^C Cur Pos
^X Exit        ^J Justify     ^W Where Is    ^V Next Page   ^U UnCut Text  ^T To Spell
```

Bild 8.28: Die vorgenommenen Änderungen in der Konfigurationsdatei sind entsprechend markiert, damit Sie den AirPrint-Zugriff bequem einrichten können.

Damit der CUPS-Drucker für jedes Gerät im Heimnetz sichtbar ist und nicht mehr zu sensibel mit Anfragen umgeht, die keinen korrekten HTTP-Header mitbringen, wird der grundsätzliche Zugriff für alle (*) erlaubt – also auch für Apples Bonjour-Dienste bzw. Geräte, die diese Technik nutzen.

Dafür tragen Sie möglichst zu Beginn den Parameter `ServerAlias *` in der `cupsd.conf` ein. Diese Änderung ist in der Abbildung mit `Change3-Airprint` dokumentiert, die restlichen drei (`Change4-Airprint`, `Change5-Airprint`, `Change6-Airprint`) betreffen den Zugriff auf die entsprechenden Konfigurationsseiten auf dem CUPS-Webfrontend, auf die Admin-Seite sowie auf die Konfigurationsdateien. Hier wurde für den Zugriff der Parameter `Allow @LOCAL` gesetzt. Möchten Sie beispielsweise den Zugriff auf die Konfigurationsseiten einschränken, nutzen Sie am besten den Schalter `@SYSTEM`, der darauf achtet, dass nur Mitglieder der Systemgruppe `lpadmin` auf diese zugreifen dürfen.

```
<Location /admin/conf>
 AuthType Basic
 Require user @SYSTEM
 Order allow,deny
</Location>
```

Möchten Sie nun den Zugriff auf das System vom Netzwerk aus freigeben, erfolgt das wie in unserem Beispiel durch `Allow @LOCAL` – was dafür sorgt, dass alle Computer (und die iPhones, iPads etc.) im lokalen Netzwerk auf den entsprechenden CUPS-Dienst zugreifen dürfen. Der Parameter `@LOCAL` ist dabei nichts anderes als der IP-Adressbereich, in dem der CUPS-Server betrieben wird. Sind die gewünschten Änderungen eingetragen, speichern Sie die Datei per Tastenkombination ⌨Strg + ⌨X samt Bestätigung zum Überschreiben ab.

```
sudo /etc/init.d/cups restart
```

Anschließend starten Sie den CUPS-Dienst auf dem Raspberry Pi neu, um die vorgenommenen Änderungen zu aktivieren und sich anschließend auf der CUPS-Administrationsseite anzumelden.

8.2.7 Admin-Webseite nutzen: Drucker mit CUPS koppeln

CUPS besitzt einen integrierten Webserver, der über Port 631 zu erreichen ist und für das Einrichten und Verwalten der Drucker genutzt wird. Die CUPS-Admin-Seite ist naturgemäß unter derselben IP-Adresse erreichbar wie der Raspberry Pi. Wer keinen DNS-Server im Heimnetz betreibt oder einfach diese IP-Adresse vergessen hat, der holt sie sich auf der Konsole des Raspberry Pi per `ifconfig`-Befehl.

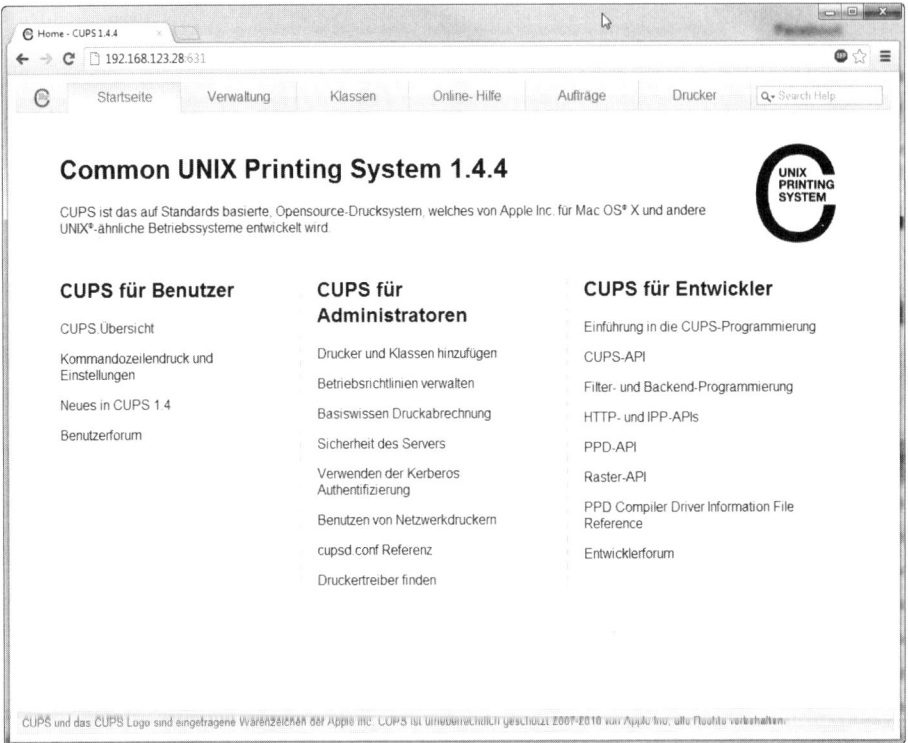

Bild 8.29: Erfolgreich installiert: Die Konfigurations-/Startseite von CUPS auf dem Raspberry ist aktiv.

In diesem Beispiel ist der Raspberry Pi über *192.168.123.28* erreichbar – in der Konfigurationsdatei wurde Port 631 festgelegt. Im Endeffekt bedeutet dies, dass Sie mit der Eingabe von *192.168.123.28:631* in die Adresszeile des Webbrowsers von einem x-beliebigen Computer im Heimnetz aus nun die CUPS-Übersichtsseite auf dem Raspberry Pi erreichen.

Jetzt navigieren Sie zum Register *Verwaltung* und geben dort den noch hinzuzufügenden Drucker frei. Grundsätzlich ist es bei der Admin-Seite so, dass jeder Benutzer hier alle Aktionen durchführen darf – möchten Sie einen Drucker hinzufügen, erscheint beim Ändern eine Passwortabfrage. Dafür haben Sie vorhin bei der Einrichtung einen entsprechenden Benutzernamen angegeben, der auch Mitglied der Linux-Gruppe lpadmin auf dem Raspberry Pi ist. In diesem Beispiel gab es den Raspberry Pi-Benutzer pi sowie den neu angelegten Benutzer mit dem Namen printer, der ebenfalls zur Gruppe lpadmin hinzugefügt wurde.

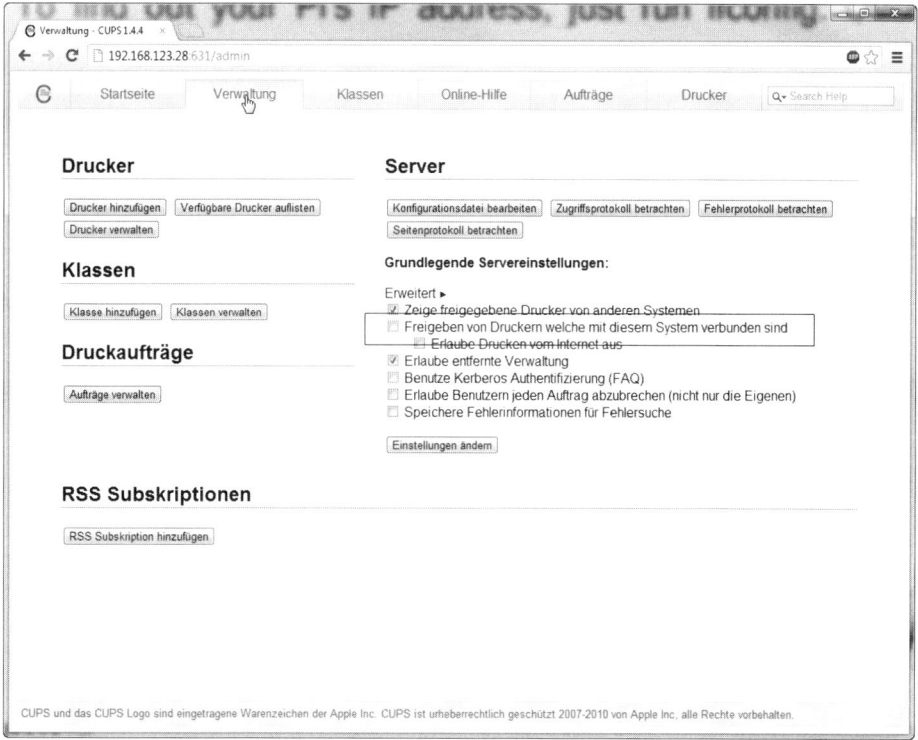

Bild 8.30: Die Registerkarte *Verwaltung* ist bei der CUPS-Konfiguration die erste Anlaufstelle. Dort geben Sie den mit dem Raspberry Pi gekoppelten Drucker für die Computer im Heimnetz frei.

Setzen Sie dort das Häkchen bei *Freigeben von Druckern welche mit diesem System verbunden sind* und klicken Sie zum Übernehmen auf die Schaltfläche *Einstellungen ändern*. Anschließend erwartet die Webseite eine erneute Bestätigung der Änderung. Lassen Sie sich von der eventuell vorher erscheinenden Seite *Das Sicherheitszertifikat der Webseite ist nicht vertrauenswürdig* nicht einschüchtern – an der IP-Adresse sehen Sie, dass dies Ihr Druckserver ist. Deshalb klicken Sie bei dieser Seite auf die *Weiter/Trotzdem fortfahren*-Schaltfläche.

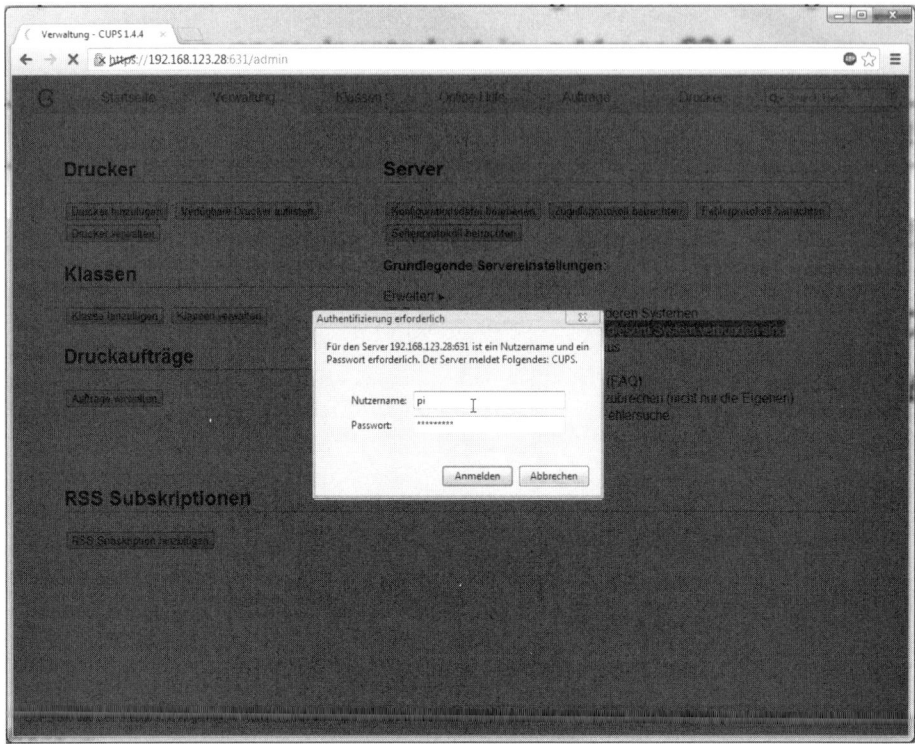

Bild 8.31: Für die Authentifizierung gegenüber CUPS nutzen Sie den Benutzer pi und – falls noch nicht geändert – das Standardpasswort raspberry. Haben Sie einen eigenen Benutzer für diesen Zweck eingerichtet, der Mitglied der lpadmin-Gruppe ist, ist dies der Anlass, ihn zu nutzen.

Nun haben Sie sich gegenüber CUPS ordnungsgemäß authentifiziert und können sich auf der Konfigurationsseite den oder die im Heimnetz verfügbaren Drucker für CUPS einrichten.

8.2.8 Drucker im Heimnetz zu CUPS hinzufügen und einrichten

Genial – wer einen Drucker mit USB-Schnittstelle besitzt, kann diesen nun im Raspberry Pi einstecken und einschalten. Dank des Raspberry Pi haben Sie einen kostengünstigen Printserver im Heimnetz, den Sie nun von allen Computern aus zu Hause nutzen können. Neben den am Raspberry Pi anschließbaren Druckern unterstützt CUPS natürlich auch Drucker, die sich an anderen Computern im Heimnetz befinden (und dort freigegeben wurden), sowie die klassischen Netzwerkdrucker, die mit einem eingebauten Printserver kommen und ebenfalls über eine IP-Adresse im Heimnetz erreichbar sind.

Egal welchen Drucker bzw. Druckertyp Sie einsetzen – es werden lokale, direkt am Raspberry Pi angeschlossene Drucker, nur über das Netzwerk erreichbare Drucker sowie Drucker an entfernten Druckservern mit den gleichen Schritten bei CUPS eingerichtet. Wichtig ist lediglich, dass der oder die Drucker angeschaltet und direkt oder indirekt über das Heimnetzwerk erreichbar sind.

Lassen Sie zunächst die Suche im Heimnetz nach verfügbaren Druckern anlaufen. Durch das Klicken auf die Schaltfläche *Verfügbare Drucker auflisten* werden bereits viele Geräte automatisch gefunden.

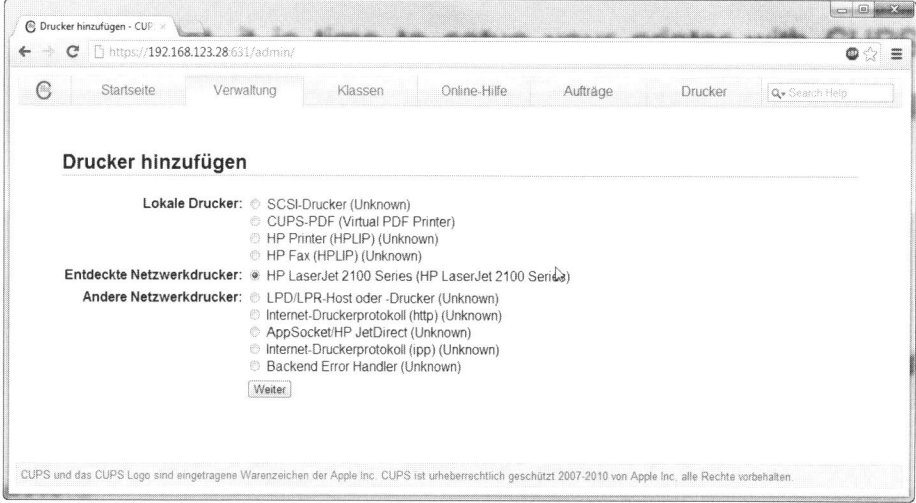

Bild 8.32: Drucker im Heimnetz gefunden: Egal ob lokal am Raspberry Pi oder im Netzwerk – per Klick auf die *Weiter*-Schaltfläche kommen Sie zum nächsten Schritt.

Nun klicken Sie auf die *Weiter*-Schaltfläche und wählen den Treiber des gefundenen Druckers aus, der in der Regel im CUPS-Paket bereits enthalten sein sollte. Nach wenigen Augenblicken erscheint eine ganze Reihe an verfügbaren Treibern.

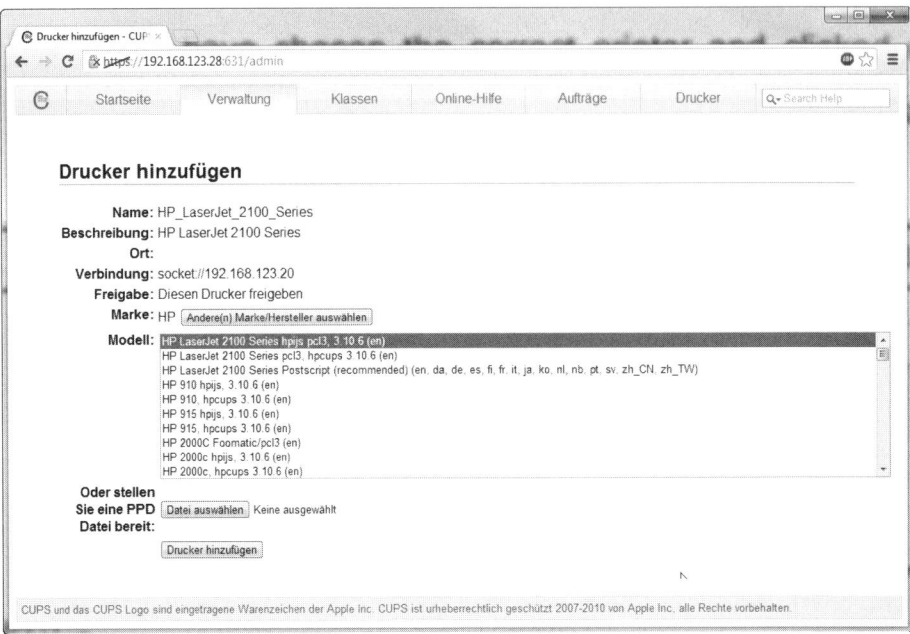

Bild 8.33: Treiber gefunden: Markieren Sie den gewünschten Treiber und klicken Sie auf die Schaltfläche *Drucker hinzufügen*.

Oftmals werden für ein Modell mehrere Treiber aufgelistet – welcher davon die beste Druckqualität und Leistung bringt, ist womöglich ein Erfahrungswert, den Sie selbst einordnen müssen. Nun ist der Drucker zur CUPS-Konfiguration hinzugefügt, doch druckt er auch? Den Testdruck können Sie im Register *Drucker* beim jeweiligen Drucker über das Ausklappfeld *Wartung* mit der Option *Testseite drucken* starten.

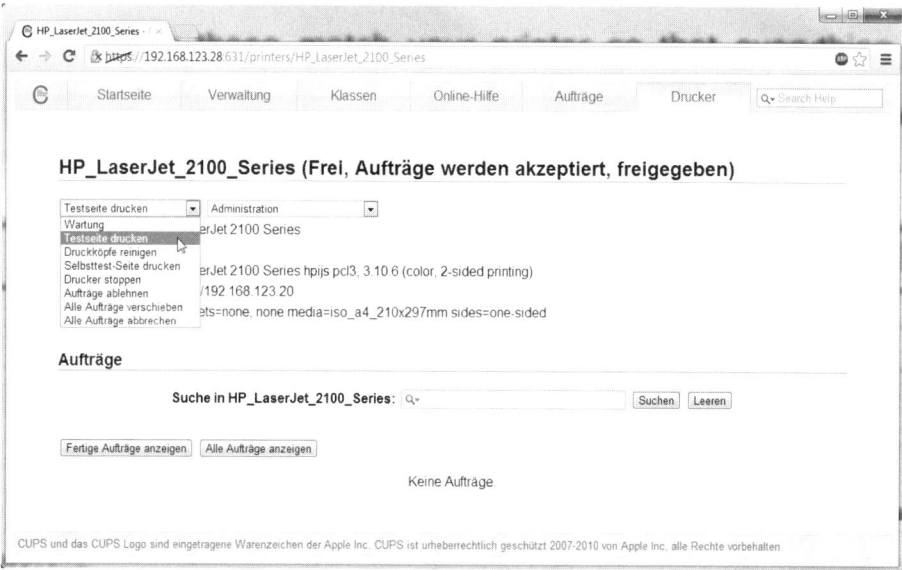

Bild 8.34: Druckerübersicht: Wählen Sie *Testseite drucken* aus, um zu sehen, ob der Drucker via Raspberry auch wirklich genutzt werden kann.

Kommt in wenigen Minuten aus dem angeschlossenen Drucker eine Testseite zum Vorschein, haben Sie CUPS erfolgreich eingerichtet.

8.2.9 Raspberry Pi-Printserver: Netzwerkdrucker für alle

Um beispielsweise den eingerichteten CUPS-Drucker des Raspberry Pi im Heimnetz für die Computer in Betrieb zu nehmen, ist dort die Installation eines Netzwerkdruckers notwendig. Unter Windows beispielsweise wählen Sie dafür in der Systemsteuerung den Punkt *Drucker* aus und klicken im Menübereich auf die Option *Drucker hinzufügen*, um den Druckerinstallationsassistenten zu starten.

Neben einem normalen, lokalen Drucker steht auch die Option *Einen Netzwerk-, Drahtlos- oder Bluetoothdrucker hinzufügen* zur Verfügung. Klicken Sie auf die Windows-Netzwerkfreigaben der angeschlossenen PCs, um die Freigaben bzw. freigegebenen Drucker sehen zu können.

Alternativ können Sie auch auf die Option *Der gesuchte Drucker ist nicht aufgeführt* klicken und über *Durchsuchen* den freigegebenen Drucker von Hand auswählen. Wählen Sie diese nun aus. Im darauffolgenden Dialog tragen Sie bei *Freigegebener Drucker über den Namen auswählen* die Adresse des Raspberry Pi/CUPS-Servers ein:

```
http://<IP-Adresse-Raspberry>:631/printers/<Druckerbezeichnung-bei-CUPS-
Konfiguration>
```

In diesem Beispiel nutzen wir

```
http://192.168.123.28:631/printers/HP_LaserJet_2100_Series
```

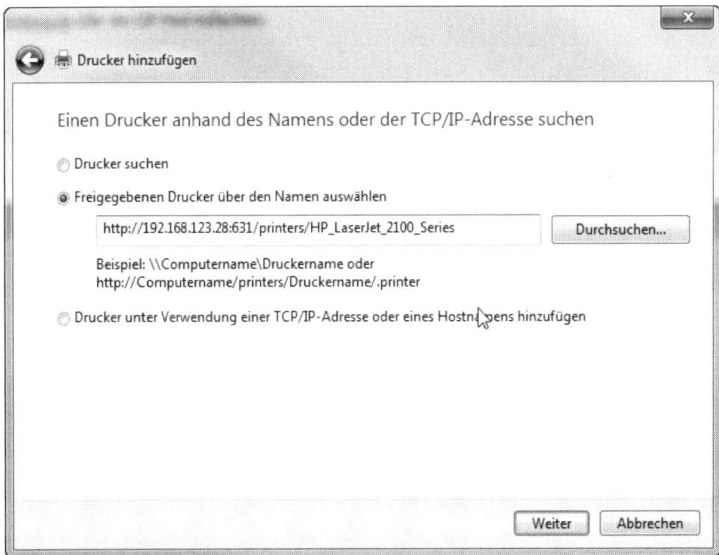

Bild 8.35: Unter *Systemsteuerung/Drucker* klicken Sie der Menüleiste auf *Drucker hinzufügen*, um einen CUPS-Netzwerkdrucker einzurichten.

Nach dem Klick auf *Weiter* sucht Windows nun nach verfügbaren Treibern – und zwar vom Raspberry Pi: Hier verbindet sich der Installationsmechanismus und bietet die entsprechenden Treiber zur Auswahl an. In diesem Fall wählen Sie zunächst den Hersteller und anschließend im rechten Fenster unter *Drucker* das entsprechende Druckermodell aus.

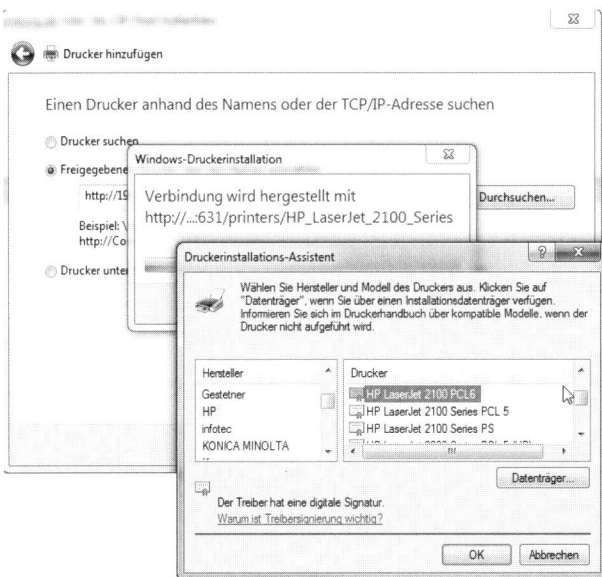

Bild 8.36: Drucker gefunden: Sind der Hersteller und das gewünschte Druckermodell gefunden, werden nach dem Klick auf die *OK*-Schaltfläche die Treiber geladen und unter Windows installiert.

Anschließend lässt sich auf Wunsch noch die Bezeichnung des Druckernamens anpassen.

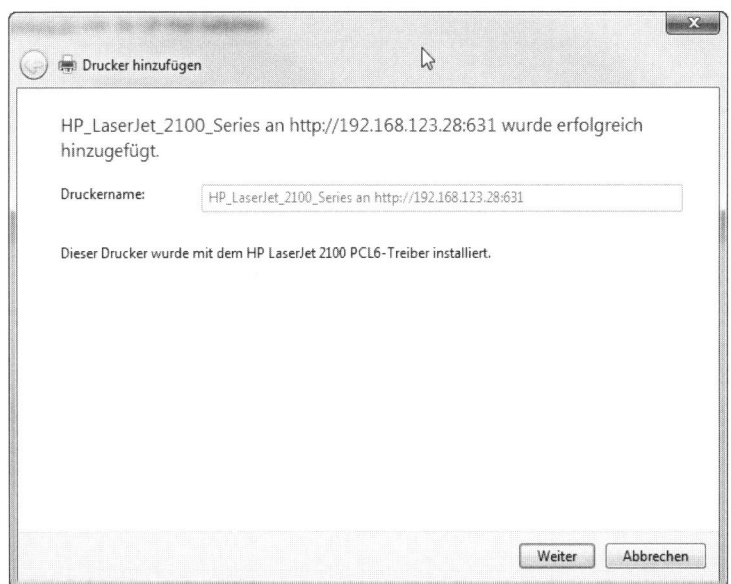

Bild 8.37: Kosmetik für Windows: Wen der ziemlich lange Freigabename stört, der kann diesen unter Windows nach seinem Gusto anpassen.

Hat nun CUPS die entsprechenden Treiber für den Netzwerkdrucker aktiviert, klicken Sie hier auf *Weiter*. Im nächsten Schritt verabschiedet sich der Druckerinstallationsassistent mit einem Zusammenfassungsdialog, in dem Sie auf Wunsch den Druck einer Testseite initiieren können.

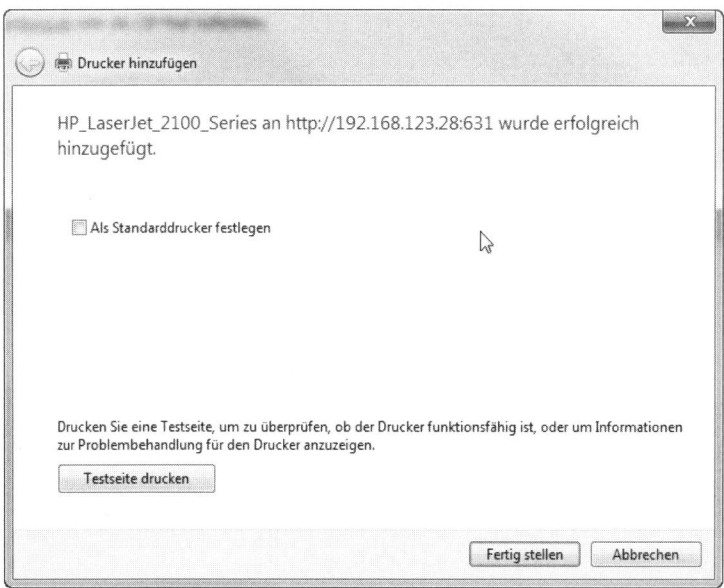

Bild 8.38: Drucker erfolgreich installiert: Nach dem Druck der Testseite klicken Sie auf die Schaltfläche *Fertig stellen*, um die Installation des Druckers abzuschließen.

Im nächsten Schritt koppeln Sie CUPS nun mit dem AirPrint-Gegenüber – dem Avahi Daemon –, der das Netzwerk in Sachen iOS-Geräte aktuell hält.

8.2.10 Automatische AirPrint-Installation mit Python-Skript

Damit die gemachten Änderungen auch nach einem Neustart des Raspberry Pi erhalten bleiben, sind Sie noch auf Unterstützung angewiesen. Dafür ist es notwendig, ein passendes Skript (*https://github.com/tjfontaine/airprint-generate*) einzubinden, das diese Aufgabe automatisch übernimmt. Hier ist es am einfachsten, den Raspberry Pi so hinzubiegen, dass dieses Skript so funktioniert, wie es soll – es sei denn, Sie beherrschen die Skriptsprache Python. Zunächst legen Sie das notwendige Verzeichnis /opt/airprint an und wechseln per cd-Kommando in das Verzeichnis.

```
sudo mkdir /opt/airprint
cd /opt/airprint
sudo wget -O airprint-generate.py --no-check-certificate
https://raw.github.com/tjfontaine/airprint-generate/master/airprint-
generate.py
sudo chmod 755 airprint-generate.py
```

Anschließend laden Sie das Skript per `wget` direkt vom Autor des Python-Skripts (Timothy Fontaine) auf den Raspberry Pi. Beachten Sie, dass sich der obige `sudo wget`-Befehl über zwei Zeilen erstreckt. Nach einem kurzen Moment haben Sie das 10 KByte große Skript heruntergeladen.

```
192.168.123.47 - PuTTY
pi@raspberrypi:~$ sudo wget -O airprint-generate.py --no-check-certificate https://raw.github.com
/tjfontaine/airprint-generate/master/airprint-generate.py
--2012-11-01 20:26:02--  https://raw.github.com/tjfontaine/airprint-generate/master/airprint-gene
rate.py
Resolving raw.github.com... 207.97.227.243
Connecting to raw.github.com|207.97.227.243|:443... connected.
WARNING: cannot verify raw.github.com's certificate, issued by '/C=US/O=DigiCert Inc/OU=www.digic
ert.com/CN=DigiCert High Assurance CA-3':
  Unable to locally verify the issuer's authority.
HTTP request sent, awaiting response... 200 OK
Length: 10093 (9.9K) [text/plain]
Saving to: `airprint-generate.py'

100%[======================================>] 10,093      --.-K/s   in 0s

2012-11-01 20:26:03 (63.7 MB/s) - `airprint-generate.py' saved [10093/10093]

pi@raspberrypi:~$ sudo chmod 755 airprint-generate.py
pi@raspberrypi:~$ sudo ./airprint-generate.py -d /etc/avahi/services
image/urf is not in mime types, HP_LaserJet_2100_Series may not be available on ios6 (see https:/
/github.com/tjfontaine/airprint-generate/issues/5)
pi@raspberrypi:~$
```

Bild 8.39: Python-Skript im Einsatz: Nach dem Herunterladen muss das Skript erst ausführbar gemacht werden – dies erledigen Sie mit dem bekannten `chmod`-Befehl.

Anschließend setzen Sie die Zugriffsberechtigungen des Python-Skripts mit dem Befehl

```
sudo chmod 755 airprint-generate.py
```

Damit kann der Eigentümer der Datei darin schreiben, sie lesen und ausführen, während die Gruppe und alle anderen nur lesen und ausführen dürfen. Das ist auch völlig ausreichend.

Passwortschutz beim Drucken
Werden für das Drucken unter CUPS ein Benutzer und ein Kennwort benötigt, sind diese auch im Python-Skript anzugeben. Dafür öffnen Sie die Datei in einem Editor und suchen nach der Zeichenkette `# air=username,password`, die Sie auskommentieren und anschließend mit dem Benutzer sowie dazugehörigem Kennwort bestücken.

In unserem Fall darf jeder im Haushalt den CUPS-Drucker benutzen, es wurde kein CUPS-Zugriffsschutz aktiviert. Im nächsten Schritt erzeugen Sie die notwendige Service-datei für AirPrint mithilfe des heruntergeladenen Python-Skripts. Das Ziel ist hier `/etc/avahi/services`.

```
sudo ./airprint-generate.py -d /etc/avahi/services
```

Nun erzeugt das Python-Skript die `services`-Datei neu und schreibt diese in das `/etc/avahi/services`-Verzeichnis, was nach einem kurzen Moment abgeschlossen ist.

Wie in der letzten Abbildung zu sehen, läuft das Skript erfolgreich durch, liefert jedoch mit der Ausgabe von

```
image/urf is not in mime types, HP_LaserJet_2100_Series may not be available
on ios6 (see https://github.com/tjfontaine/airprint-generate/issues/5)
```

einen Hinweis darauf, dass bei Geräten mit iOS 6 hier noch nachgebessert werden muss. Um zu testen, ob die Änderungen auch nach einem Neustart des Raspberry Pi Bestand haben, können Sie per `sudo reboot` diesen veranlassen.

8.2.11 iOS6 im Einsatz? – AirPrint auf Raspberry Pi nachrüsten

Die bisher vorgestellte Lösung funktioniert für iOS 5-Geräte reibungslos. Seit der Veröffentlichung von iOS 6 im Herbst 2012 aber taucht bei vielen der Drucker nach dem Update auf iOS 6 nicht mehr auf, oder der Zugriff auf den Drucker läuft ins Leere. Nach der Veröffentlichung von iOS 6 dauerte es nicht lange, bis sich die Beschwerden in den Apple-Foren unter *apple.com* bis unter die Decke häuften, weil Apple schon wieder die AirPrint-Unterstützung gekappt hat wie seinerzeit beim Wechsel von iOS 4 nach i OS 5. Hier hilft die Anpassung zweier Konfigurationsdateien, um dem CUPS-Drucksystem in Sachen AirPrint wieder auf die Sprünge zu helfen.

Never change a running system: Hier sollten Sie vorsichtshalber ein Backup der zu bearbeitenden Dateien machen, um so gegebenenfalls den Ursprungszustand einfach wiederherstellen zu können.

```
ls /etc/avahi/services
```

Zunächst prüfen Sie die `services`-Datei für den erstellten AirPrint-Drucker und sichern gegebenenfalls das Original mit dem `cp`-Kommando. Nach dem Öffnen der Datei zeigt diese folgenden Inhalt:

```
<?xml version="1.0" ?><!DOCTYPE service-group SYSTEM 'avahi-
service.dtd'><service-group><name replace-wildcards="yes">AirPrint
HP_LaserJet_2100_Series @
%h</name><service><type>_ipp._tcp</type><subtype>_universal._sub._ipp._tcp</
subtype><port>631</port><txt-record>txtvers=1</txt-record><txt-
record>qtotal=1</txt-record><txt-record>Transparent=T</txt-record><txt-
record>URF=none</txt-record><txt-
record>rp=printers/HP_LaserJet_2100_Series</txt-record><txt-record>note=HP
LaserJet 2100 Series</txt-record><txt-record>product=(GPL Ghostscript)</txt-
record><txt-record>printer-state=3</txt-record><txt-record>printer-
type=0x80901c</txt-record><txt-record>pdl=application/octet-
stream,application/pdf,application/postscript,image/gif,image/jpeg,image/png
,image/tiff,text/html,text/plain,application/openofficeps,application/vnd.cu
ps-banner,application/vnd.cups-pdf,application/vnd.cups-postscript</txt-
record></service></service-group>
```

Hier fehlt am Ende der Zeile der Ausdruck `image/urf`:

```
pdl=application/octet-
stream,application/pdf,application/postscript,image/gif,image/jpeg,image/png
,image/tiff,text/html,text/plain,application/openofficeps,application/vnd.cu
ps-banner,application/vnd.cups-pdf,application/vnd.cups-postscript,image/urf
```

Diese Kontrolle ist jedoch nicht zwingend und eine Änderung schon gar nicht notwendig, da diese Datei automatisch beim Neustart des `airprint-generate.py`-Skripts neu erstellt wird. Denn nach den vorliegenden Fakten ist jeweils eine Änderung in zwei Dateien notwendig. Zunächst sichern Sie diese per `cp`-Befehl:

```
sudo cp /usr/share/cups/mime/mime.types /usr/share/cups/mime/mime.types.org
sudo cp /usr/share/cups/mime/mime.convs /usr/share/cups/mime/mime.convs.org
```

Anschließend öffnen Sie die Konfigurationsdatei `mime.types`, die dafür sorgt, dass der CUPS-Drucker bei dem iOS-Gerät als Gerät angezeigt wird.

```
sudo nano /usr/share/cups/mime/mime.types
```

Dort fügen Sie die Zeile

```
image/urf urf (0,UNIRAST)
```

in die Datei ein – achten Sie auf die Abstände, die Sie mit der ⎵Tab⎵ -Taste erzeugen.

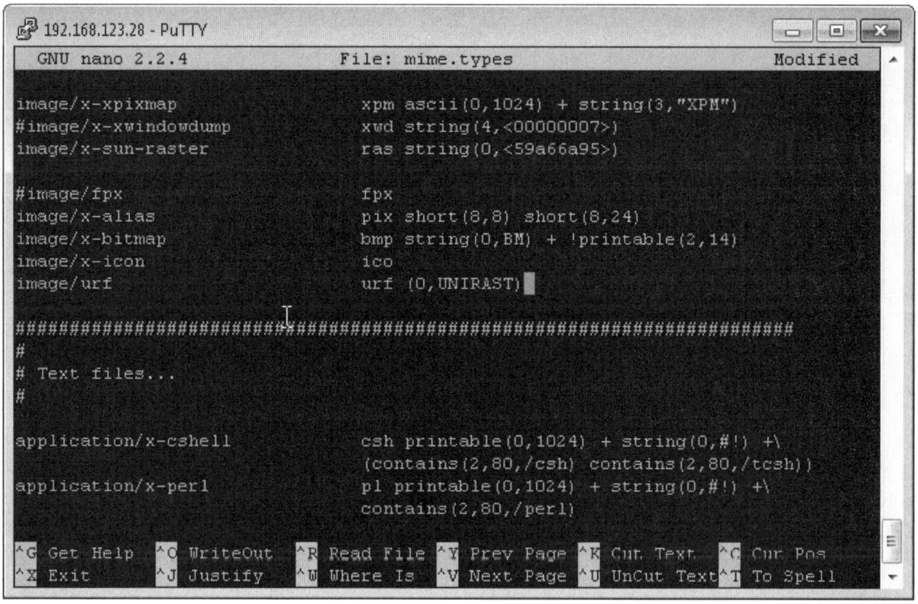

Bild 8.40: Navigieren Sie zunächst zu den anderen `image/`-Einträgen, fügen Sie eine Zeile ein und tragen Sie dort `image/urf urf (0,UNIRAST)` ein. Anschließend speichern Sie die Datei.

Analog gehen Sie bei der Datei `mime.convs` vor.

```
sudo nano /usr/share/cups/mime/mime.convs
```

Dort fügen Sie die Zeile

```
image/urf application/vnd.cups-postscript 66 pdftops
```

ebenfalls sauber mit Abständen per ⊡Tab⊡-Taste in die Konfigurationsdatei ein.

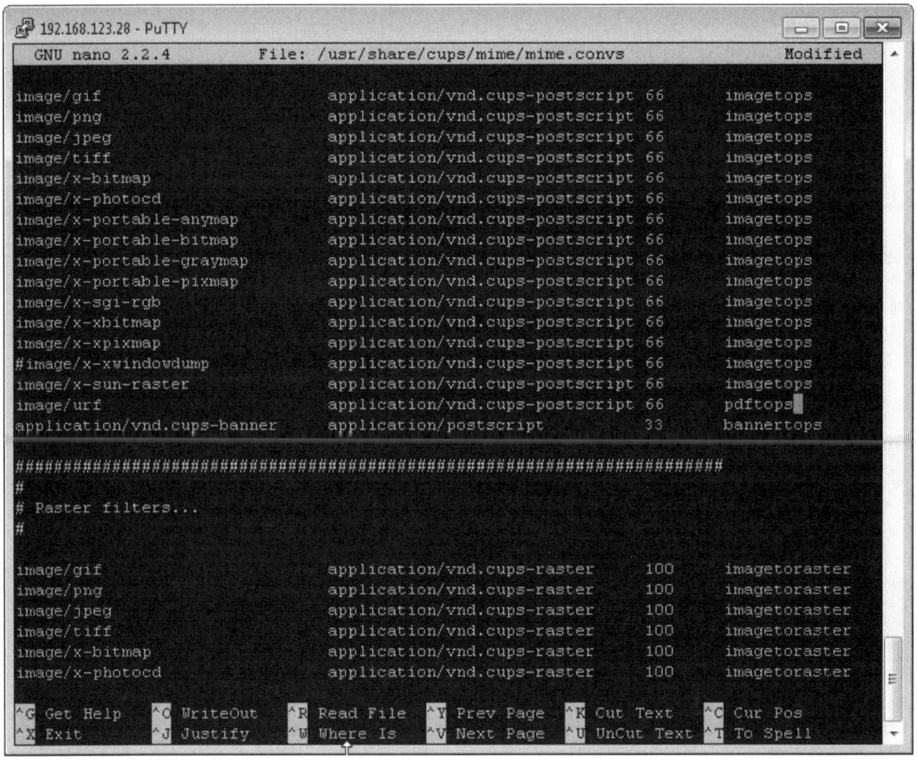

Bild 8.41: Nach dem Speichern der Änderung kann der Raspberry sowohl Arbeitsaufträge von iOS 5- als auch von iOS 6-Geräten entgegennehmen und an den CUPS-Druckerserver weiterleiten.

Sind die Änderungen gespeichert, wechseln Sie in das Verzeichnis `/opt/airprint/`:

```
cd /opt/airprint/
sudo ./airprint-generate.py -d /etc/avahi/services
```

und starten das AirPrint-Python-Skript erneut. Dieses schreibt die `services`-Datei neu und sichert sie für den Drucker im `/etc/avahi/services`-Verzeichnis, was nach einem kurzen Moment abgeschlossen ist. Dann starten Sie mit dem Befehl

```
sudo /etc/init.d/avahi-daemon restart
```

den Bonjour-Dienst auf dem Raspberry Pi neu, um die vorgenommenen Änderungen zu aktivieren.

```
AirPrint HP_LaserJet_2100_Series @ raspi-airprint._ipp._tcp.local.
IPP (Internet Printing Protocol)


raspi-airprint.local:631
192.168.123.28:631


note = HP LaserJet 2100 Series
pdl = application/octet-
stream,application/pdf,application/postscript,image/gif,image/jpeg,image/png
,image/tiff,text/html,text/plain,application/openofficeps,application/vnd.cu
ps-banner,application/vnd.cups-pdf,application/vnd.cups-postscript,image/urf
printer-state = 3
printer-type = 0x80901c
product = (GPL Ghostscript)
qtotal = 1
rp = printers/HP_LaserJet_2100_Series
Transparent = T
txtvers = 1
URF = none
```

Wer über seinen iPad oder sein iPhone den *Tildesoft Discoverer* im Einsatz hat, der erhält beim Parsen des IPP *(Internet Printing Protocol)* eine Ausgabe, in der Sie nun auch den benötigten `image/urf`-Parameter finden.

8.2.12 Drucker via AirPrint mit iPad oder iPhone nutzen

Bei der Verwendung von AirPrint stehen bestimmte Funktionen wie beispielsweise Duplexdruck, Auswahl eines anderen Papierfachs etc. möglicherweise nicht zur Verfügung.

Schritt	Bemerkung
Im Menü *Drucken* ...	
Drucker auswählen ...	

Schritt	Bemerkung
Druckoptionen auswählen ...	
Der Druckauftrag wurde erteilt.	

Nach einem kurzen Moment legt der angeschlossene Drucker los. Nun sind Sie dank des Raspberry Pi in Ihrem Heimnetzwerk vollwertig ausgestattet – neben den Computern drucken Sie dank der nachgerüsteten Bonjour-Funktion nun auch mit den iDevices aus Cupertino.

8.3 AirPlay selbst gebaut: Musik im Badezimmer

Mit Apples AirPlay-Technik können Inhalte vom iOS, wie iPhone oder iPad, via Raspberry Pi einfach drahtlos an die angeschlossenen Lautsprecher gestreamt werden. Das Einzige, was Sie hierfür benötigen, ist ein WLAN-Funknetzwerk, Lautsprecher sowie einen Raspberry Pi, den Sie in wenigen Minuten als AirPlay-Gerät einrichten. Natürlich können Sie auch von einem Computer im Heimnetz, auf dem sich iTunes befindet, die auf dem Raspberry Pi installierte Lösung nutzen – kommen doch iTunes und das iPhone bzw. das iPad aus demselben Hause.

8.3.1 Klinke als Standardausgabegerät für Audio

Normalerweise ist der Audioausgang des Raspberry Pi standardmäßig aktiv. Wer hier auf Nummer sicher gehen möchte, stellt den 3,5-mm-Klinkenausgang fix als Standardausgabegerät für Audio ein. Dafür nutzen Sie auf der Kommandozeile den Befehl:

```
amixer cset numid=3 1
```

In diesem Fall steht der Wert 1 in dem Befehl für den 3,5-mm-Kopfhörer-Klinkenausgang – grundsätzlich können Sie diesen Wert wie folgt belegen:

Ausgänge	Wert
Automatisch	0
3,5-mm-Kopfhörer-Klinkenausgang	1
Audio über HDMI	2

Falls – wie in der nachfolgenden Abbildung zu sehen – dabei ein Fehler (*amixer*: command not found) auftritt, liegt das daran, dass in diesem Fall die Audiounterstützung (noch) gar nicht installiert ist oder wieder deinstalliert wurde.

```
sudo bash
apt-get install alsa-utils
modprobe snd_bcm2835
```

Wie auch immer – für AirPlay benötigen Sie natürlich den Audioausgang des Raspberry Pi, damit die angeschlossenen Lautsprecher auch mit Musik befüllt werden können.

```
192.168.123.28 - PuTTY
root@raspi-airprint:/etc/init.d# sudo amixer cset numid=3 1
sudo: amixer: command not found
root@raspi-airprint:/etc/init.d# sudo apt-get install alsa-utils
Reading package lists... Done
Building dependency tree
Reading state information... Done
The following extra packages will be installed:
  alsa-base linux-sound-base lsof
Suggested packages:
  apmd alsa-oss oss-compat
The following NEW packages will be installed:
  alsa-base alsa-utils linux-sound-base lsof
0 upgraded, 4 newly installed, 0 to remove and 0 not upgraded.
Need to get 1,747 kB of archives.
After this operation, 3,138 kB of additional disk space will be used.
Do you want to continue [Y/n]?
Get:1 http://ftp.uk.debian.org/debian/ squeeze/main lsof armel 4.81.dfsg.1-1 [282 kB]
Get:2 http://ftp.uk.debian.org/debian/ squeeze/main linux-sound-base all 1.0.23+dfsg-2 [29.0 kB]
Get:3 http://ftp.uk.debian.org/debian/ squeeze/main alsa-base all 1.0.23+dfsg-2 [313 kB]
Get:4 http://ftp.uk.debian.org/debian/ squeeze/main alsa-utils armel 1.0.23-3 [1,124 kB]
Fetched 1,747 kB in 1s (987 kB/s)
Preconfiguring packages ...
Selecting previously deselected package lsof.
(Reading database ... 47467 files and directories currently installed.)
Unpacking lsof (from .../lsof_4.81.dfsg.1-1_armel.deb) ...
Selecting previously deselected package linux-sound-base.
Unpacking linux-sound-base (from .../linux-sound-base_1.0.23+dfsg-2_all.deb) ...
Selecting previously deselected package alsa-base.
Unpacking alsa-base (from .../alsa-base_1.0.23+dfsg-2_all.deb) ...
Selecting previously deselected package alsa-utils.
Unpacking alsa-utils (from .../alsa-utils_1.0.23-3_armel.deb) ...
Processing triggers for man-db ...
Setting up lsof (4.81.dfsg.1-1) ...
Setting up linux-sound-base (1.0.23+dfsg-2) ...
Setting up alsa-base (1.0.23+dfsg-2) ...
Setting up alsa-utils (1.0.23-3) ...
root@raspi-airprint:/etc/init.d#
```

Bild 8.42: Bitte warten: Zunächst ist die grundlegende Audiounterstützung zu installieren, damit der Audioausgang konfiguriert werden kann.

Anschließend fügen Sie per modprobe den Treiber in das System ein und aktivieren ihn. Dann starten Sie die Konfiguration des Standardausgabegeräts für die Audiowiedergabe nochmals:

```
amixer cset numid=3 1
```

```
root@raspi-airprint:/etc/init.d# sudo modprobe snd_bcm2835
root@raspi-airprint:/etc/init.d# amixer cset numid=3 1
numid=3,iface=MIXER,name='PCM Playback Route'
  ; type=INTEGER,access=rw------,values=1,min=0,max=3,step=0
  : values=1
root@raspi-airprint:/etc/init.d#
```

Bild 8.43: Audioausgang erfolgreich konfiguriert. Wer stattdessen eine qualitativ höherwertige Audiolösung wünscht, nutzt besser eine USB-Soundkarte, die jedoch extra angeschafft werden muss.

Im nächsten Schritt sind die Raspberry Pi-Vorbereitungen erledigt, nun können Sie das kostenlose Shairport-Paket installieren und in Betrieb nehmen.

8.3.2 Shairport-Paket installieren

Zunächst bringen Sie den Raspberry Pi auf den aktuellen Stand und installieren anschließend verschiedene Pakete, die für die erfolgreiche Durchführung der Installation notwendig sind. Zwar befinden sich git und perl in der Regel auf dem Raspberry Pi – hier holen Sie sicherheitshalber die Installation nach:

```
sudo apt-get update
sudo apt-get install git libao-dev libssl-dev libcrypt-openssl-rsa-perl
libio-socket-inet6-perl libwww-perl avahi-utils pkg-config
```

Sind die Vorbereitungen für die Installation von Shairport erledigt, klonen Sie das Shairport-Repository von github.com auf das lokale /home-Verzeichnis des pi-Benutzers auf dem Raspberry Pi.

```
sudo git clone https://github.com/albertz/shairport.git shairport
cd ~/shairport
sudo make && make install
sudo apt-get install pkg-config
sudo make && make install
```

Kommt es hier abermals zu Fehlern, nehmen Sie die Installation mit vollen root-Rechten vor.

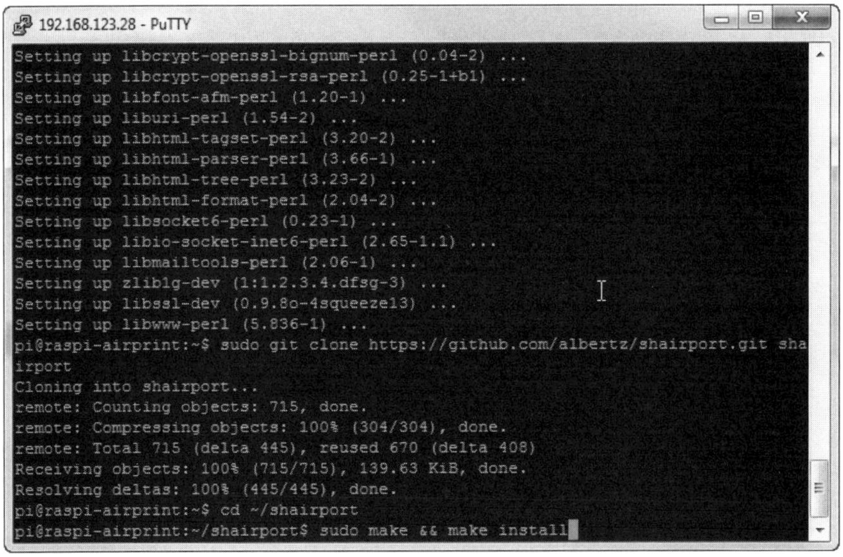

Bild 8.44: Nach dem Herunterladen der Quellen wechseln Sie in das shairport-Verzeichnis. Führen Sie den make- und anschließend den make install-Befehl zur Installation aus.

Dazu öffnen Sie mit `sudo bash` eine root-Konsole, räumen nochmals auf und starten das Kompilieren erneut:

```
sudo bash
make clean
make && make install
```

Dieser Vorgang dauert erneut wenige Minuten.

Bild 8.45: Bitte warten: Das Kompilieren dauert auf einem Raspberry auch bei kleineren Paketen ein paar Minuten.

Bevor Sie Shairport auf Ihre Umgebung konfigurieren und nach dem Booten des Raspberry Pi automatisch starten lassen, installieren Sie noch eine Bugfix-Datei für das *Session Description Protocol* (SDP), die für den Betrieb von iOS 6-Geräten für die erfolgreiche Nutzung von Shairport notwendig ist:

```
wget http://www.inf.udec.cl/~diegocaro/talleracm/libnet-sdp-perl_0.07-
1_all.deb
sudo dpkg -i libnet-sdp-perl_0.07-1_all.deb
```

Nach der Installation der `libnet-sdp-perl_0.07-1_all.deb`-Datei per `dpkg -i` ist nun auch das installierte Shairport in Sachen iPad- und iPod-Unterstützung auf den aktuellen Stand gebracht. Nun konfigurieren Sie noch Shairport für den automatischen Start, falls der Raspberry Pi mal neu gestartet wird.

8.3.3 Shairport einrichten

Im erstellten Quellverzeichnis von Shairport befindet sich eine Beispieldatei, die Sie auch als Startdatei mit einer kleinen Anpassung für den Raspberry Pi benötigen. Diese kopieren Sie in das Startverzeichnis `/etc/init.d/` des Raspberry Pi, in dem sämtliche Startskripte liegen, und setzen die entsprechenden Berechtigungen der Datei, damit diese auch beim Systemstart ausgeführt werden kann.

```
sudo bash
cd /etc/init.d
cp ~/shairport/shairport.init.sample /etc/init.d/shairport
chmod a+x shairport
update-rc.d shairport defaults
insserv shairport
```

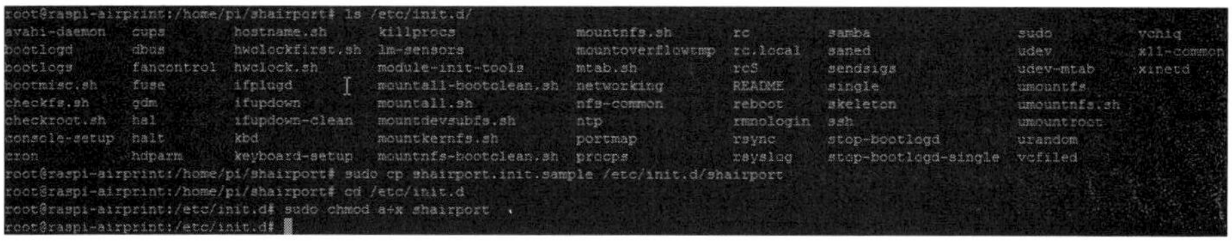

Bild 8.46: Die Startdateien in `/etc/init.d` sind nichts anderes als Startskripte, die allesamt ausführbar sein müssen, damit der entsprechende Dienst nach dem Neustart des Raspberry Pi wieder zur Verfügung steht.

Im nächsten Schritt ändern Sie die zu übergebenden Argumente für den Daemon-Start auf eine Bezeichnung, unter der das iPhone oder iPad den Raspberry Pi später finden soll.

```
sudo nano shairport
```

Hierzu passen Sie die Startdatei `/etc/init.d/shairport` an und ändern dort den Eintrag `DAEMON_ARGS`. Dieser lautet ursprünglich:

```
DAEMON_ARGS="-w $PIDFILE"
```

Hier kommentieren Sie den alten Eintrag per Lattenzaunsymbol aus und fügen die neue Zeile ein:

```
DAEMON_ARGS="-w $PIDFILE -a rAirPort"
```

Alternativ können Sie selbstverständlich auch direkt die entsprechende Codezeile im Skript ändern, das bleibt Ihnen überlassen.

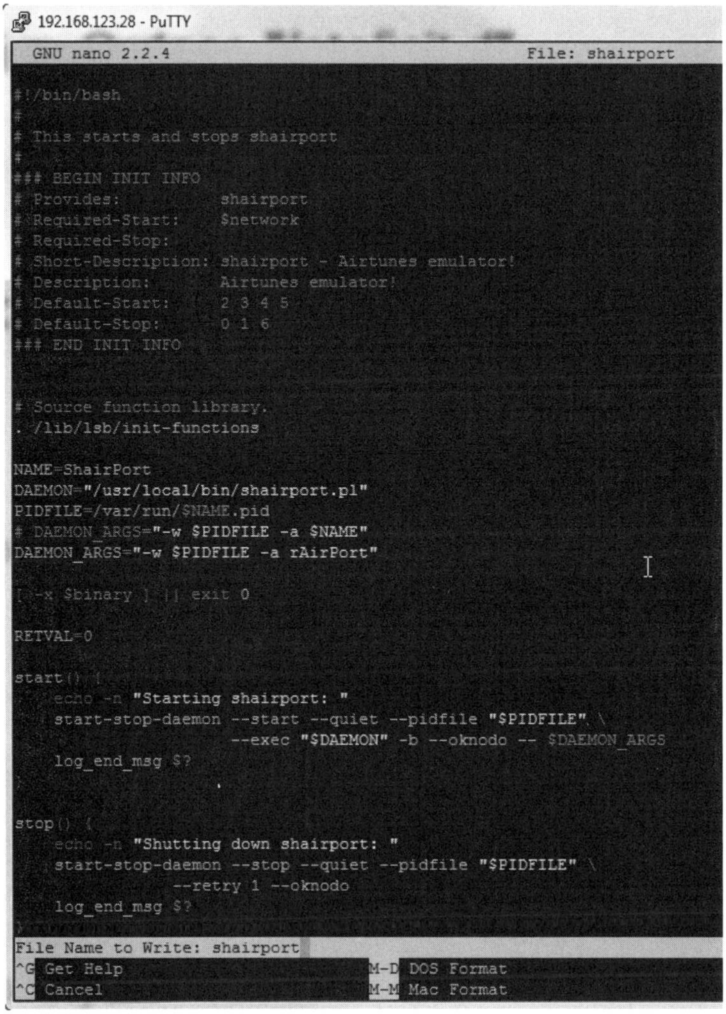

Bild 8.47: Nach dem Ändern bzw. Hinzufügen der Codezeile beenden Sie den nano-Editor wie gewohnt mit Strg + X und speichern die Datei unter ihrem alten Namen ab.

Nach dem Speichern der Datei und Beenden des Editors starten Sie sicherheitshalber den shairport-Dienst auf dem Raspberry Pi neu.

```
sudo /etc/init.d/shairport restart
```

Im nächsten Schritt können Sie die Lautsprecher am Raspberry Pi anschließen und das iPad oder das iPhone, von dem Sie Musik zum Raspberry Pi streamen möchten, zur Hand nehmen.

8.3.4 Shairport auf dem iPhone nutzen

Starten Sie zunächst wie gewohnt die Musik-App auf dem iPhone und navigieren Sie zu Ihrer Lieblingsmusikwiedergabeliste. Starten Sie einen beliebigen Song auf dem iPhone – nun müsste das Lied über die eingebauten Lautsprecher des iPhones zu hören sein. Um nun die Audioausgabe auf die mit dem Raspberry Pi verbundenen Lautsprecher umzulenken, wählen Sie das AirPlay-Symbol aus.

Bild 8.48: Sowohl direkt in der Musik-App als auch auf dem Sperrbildschirm bei der Musikwiedergabe lässt sich der AirPlay-Dienst des Raspberry Pi – hier unter der Bezeichnung *rAirPort* – nutzen.

Ist der Raspberry Pi nicht als Lautsprecher sichtbar, starten Sie auf dem iPhone den *Einstellungen*-Dialog und prüfen, ob Sie sich auch im selben Netz befinden wie der Raspberry Pi – gegebenenfalls hilft hier ein Deaktivieren und Aktivieren der Netzwerkeinstellungen. Wechseln Sie einfach kurz in den Flugmodus und beenden Sie ihn wieder – anschließend steht der Raspberry Pi als AirPlay-Gerät zur Verfügung.

8.4 Anwendungsmöglichkeiten: Webcam und Raspberry Pi

Haben Sie eine Nullachtfünfzehn-Webcam – etwa von einer Playstation 3 – herumliegen, können Sie diese mithilfe des Raspberry Pi wieder zum Leben erwecken und beispielsweise als Webcam nutzen. Da diese Kombination nicht nur funktioniert, sondern aufgrund des geringen Stromverbrauchs des Raspberry Pi auch in Zeiten hoher Strompreise ökonomisch empfehlenswert ist, ist die vorgestellte Lösung umso attraktiver.

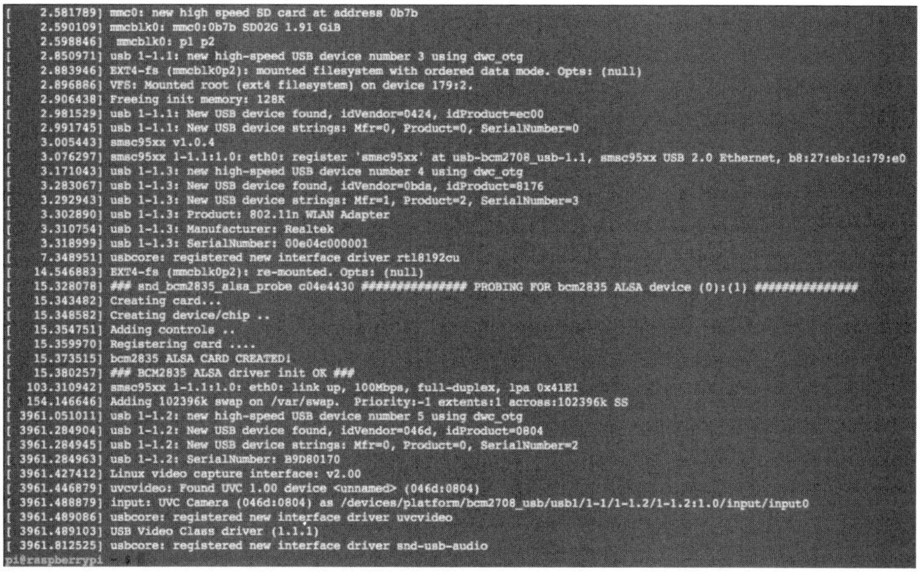

Bild 8.49: Wird eine USB-Webcam am Raspberry Pi eingesteckt, prüfen Sie zunächst mit dem `dmesg`-Befehl, ob die Webcam überhaupt vom System erkannt wird.

Hier installieren Sie zunächst das unter Linux bekannte FFMpeg-Paket, das für die Komprimierung der eingefangenen Bilder zuständig ist und diese für weitere Anwendungen zur Verfügung stellt, beispielsweise für die Übertragung per Webseite in einem Mediaplayer-tauglichen Format als MJPEG-Stream oder einfach für einen entfernten Mediaplayer wie VLC auf einem anderen Computer.

8.4.1 FFMpeg besorgen und kompilieren

Das weitverbreitete FFMpeg-Paket ist leider nicht in den Standardpaketquellen des Raspberry Pi enthalten und muss manuell hinzugefügt werden. Anschließend sind der Download und das Kompilieren des Pakets für den Raspberry Pi notwendig. Doch eins nach dem anderen – zunächst fügen Sie die Bezugsquelle für FFMpeg der Raspberry Pi-Konfiguration hinzu.

Quellen bearbeiten

Um die Paketquellen auf dem Debian-Wheezy-Raspberry bearbeiten zu können, sind administrative Berechtigungen notwendig, die Sie über den führenden sudo erhalten:

```
sudo nano /etc/apt/sources.list
```

Hier fügen Sie die beiden Zeilen

```
deb-src http://www.deb-multimedia.org sid main
deb http://www.deb-multimedia.org wheezy main non-free
```

einfach den bereits bestehenden hinzu.

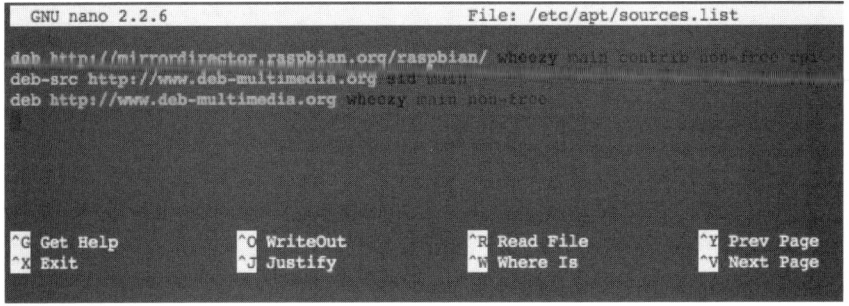

Bild 8.50: Mit dem nano-Editor ist das Ändern einer Konfigurationsdatei kein Problem.

Um die neuen Quellen zu initialisieren und in Betrieb zu nehmen, führen Sie nun eine Aktualisierung mit dem folgenden Kommando durch:

```
sudo apt-get update
```

Quellen initialisieren und erneut anpassen

Anschließend installieren Sie von der »neuen« Quelle das Paket deb-multimedia-keyring:

```
sudo apt-get install deb-multimedia-keyring
nano /etc/apt/sources.list
```

Ist das geschehen, bearbeiten Sie nochmals die Konfigurationsdatei für die Paketquellen und kommentieren die Zeile

```
deb http://www.deb-multimedia.org wheezy main non-free
```

mithilfe des führenden Lattenzaunsymbols aus oder löschen die Zeile komplett aus der Datei /etc/apt/sources.list.

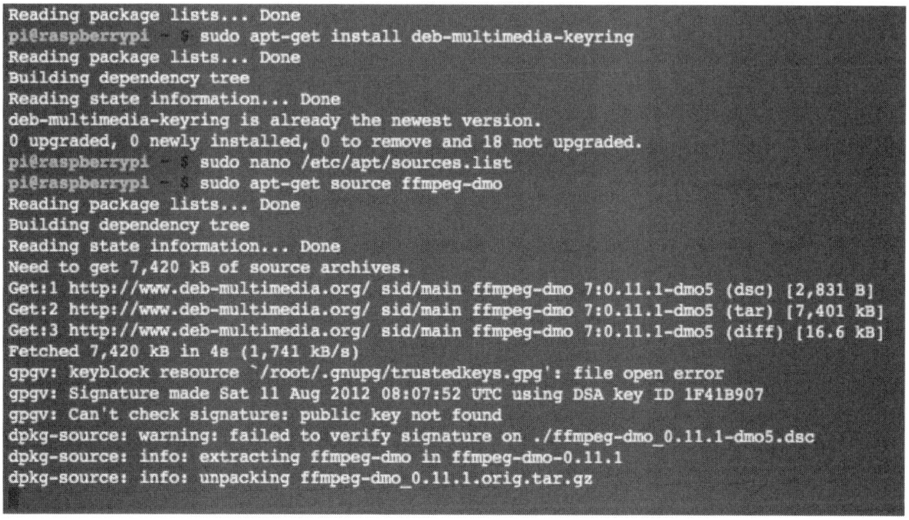

```
Reading package lists... Done
pi@raspberrypi ~ $ sudo apt-get install deb-multimedia-keyring
Reading package lists... Done
Building dependency tree
Reading state information... Done
deb-multimedia-keyring is already the newest version.
0 upgraded, 0 newly installed, 0 to remove and 18 not upgraded.
pi@raspberrypi ~ $ sudo nano /etc/apt/sources.list
pi@raspberrypi ~ $ sudo apt-get source ffmpeg-dmo
Reading package lists... Done
Building dependency tree
Reading state information... Done
Need to get 7,420 kB of source archives.
Get:1 http://www.deb-multimedia.org/ sid/main ffmpeg-dmo 7:0.11.1-dmo5 (dsc) [2,831 B]
Get:2 http://www.deb-multimedia.org/ sid/main ffmpeg-dmo 7:0.11.1-dmo5 (tar) [7,401 kB]
Get:3 http://www.deb-multimedia.org/ sid/main ffmpeg-dmo 7:0.11.1-dmo5 (diff) [16.6 kB]
Fetched 7,420 kB in 4s (1,741 kB/s)
gpgv: keyblock resource `/root/.gnupg/trustedkeys.gpg': file open error
gpgv: Signature made Sat 11 Aug 2012 08:07:52 UTC using DSA key ID 1F41B907
gpgv: Can't check signature: public key not found
dpkg-source: warning: failed to verify signature on ./ffmpeg-dmo_0.11.1-dmo5.dsc
dpkg-source: info: extracting ffmpeg-dmo in ffmpeg-dmo-0.11.1
dpkg-source: info: unpacking ffmpeg-dmo_0.11.1.orig.tar.gz
```

Bild 8.51: Ist der Eintrag deb http://www.deb-multimedia.org wheezy main non-free aus der sources.list gelöscht, laden Sie mit apt-get source die Quellen von FFMpeg.

Im nächsten Schritt laden Sie die Quellen vom eigentlichen FFMpeg-Paket.

FFMpeg-Quelldateien holen und kompilieren

Für die perfekte Anpassung an das Zielsystem ist das maßgeschneiderte Kompilieren zwar langweilig und zeitraubend, hat aber den Vorteil, dass die fertige Lösung in der Regel auch funktioniert. Zunächst holen Sie sich die Quellen per apt-get-Befehl:

```
sudo apt-get source ffmpeg-dmo
```

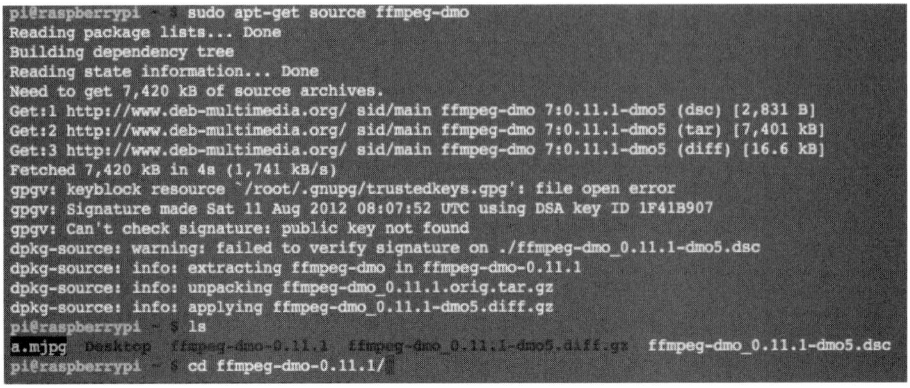

```
pi@raspberrypi ~ $ sudo apt-get source ffmpeg-dmo
Reading package lists... Done
Building dependency tree
Reading state information... Done
Need to get 7,420 kB of source archives.
Get:1 http://www.deb-multimedia.org/ sid/main ffmpeg-dmo 7:0.11.1-dmo5 (dsc) [2,831 B]
Get:2 http://www.deb-multimedia.org/ sid/main ffmpeg-dmo 7:0.11.1-dmo5 (tar) [7,401 kB]
Get:3 http://www.deb-multimedia.org/ sid/main ffmpeg-dmo 7:0.11.1-dmo5 (diff) [16.6 kB]
Fetched 7,420 kB in 4s (1,741 kB/s)
gpgv: keyblock resource `/root/.gnupg/trustedkeys.gpg': file open error
gpgv: Signature made Sat 11 Aug 2012 08:07:52 UTC using DSA key ID 1F41B907
gpgv: Can't check signature: public key not found
dpkg-source: warning: failed to verify signature on ./ffmpeg-dmo_0.11.1-dmo5.dsc
dpkg-source: info: extracting ffmpeg-dmo in ffmpeg-dmo-0.11.1
dpkg-source: info: unpacking ffmpeg-dmo_0.11.1.orig.tar.gz
dpkg-source: info: applying ffmpeg-dmo_0.11.1-dmo5.diff.gz
pi@raspberrypi ~ $ ls
a.mjpg  Desktop  ffmpeg-dmo-0.11.1  ffmpeg-dmo_0.11.1-dmo5.diff.gz  ffmpeg-dmo_0.11.1-dmo5.dsc
pi@raspberrypi ~ $ cd ffmpeg-dmo-0.11.1/
```

Bild 8.52: Nach dem Herunterladen der Quellen befindet sich im aktuellen Verzeichnis ein neues Verzeichnis mit der Bezeichnung `ffmpeg-dmo-0.11`. Die Version kann natürlich differieren, falls eine neue Version von FFMpeg zur Verfügung steht.

Wechseln Sie nun per `cd`-Befehl in das Quellenverzeichnis. Nutzen Sie am besten die Autovervollständigungsfunktion der `Tab`-Taste – dies hilft enorm, um auch in das richtige Zielverzeichnis zu gelangen.

```
cd ffmpeg-dmo-0.11
./configure
make && make install
```

Mit dem Start des Skripts `./configure` triggern Sie das Zusammenstellen und Konfigurieren der vorliegenden Quelldateien an, um sie anschließend per `make` bzw. `make install` auf dem Raspberry zu installieren.

```
aevalsrc              fieldorder            removelogo
aformat               fifo                  rgbtestsrc
amerge                format                select
amix                  fps                   setdar
amovie                gradfun               setfield
anull                 hflip                 setpts
anullsink             idet                  setsar
anullsrc              life                  settb
aresample             lut                   showinfo
ashowinfo             lutrgb                silencedetect
asplit                lutyuv                slicify
astreamsync           mandelbrot            split
bbox                  movie                 swapuv
blackdetect           negate                testsrc
buffersink            noformat              thumbnail
cellauto              null                  tile
color                 nullsink              transpose
copy                  nullsrc               unsharp
crop                  overlay               vflip
deshake               pad                   volume
drawbox

Enabled bsfs:
aac_adtstoasc         mjpeg2jpeg            mp3_header_decompress
chomp                 mjpega_dump_header    noise
dump_extradata        mov2textsub           remove_extradata
h264_mp4toannexb      mp3_header_compress   text2movsub
imx_dump_header

Enabled indevs:
dv1394                lavfi                 v4l2
fbdev                 oss

Enabled outdevs:
oss

License: LGPL version 2.1 or later
Creating config.mak and config.h...
pi@raspberrypi ~/ffmpeg-dmo-0.11.1 $ sudo make && make install
```

Bild 8.53: Nach dem Zusammenstellen der Pakete dauert das eigentliche Kompilieren per make ein paar Minuten.

Anschließend steht das FFMpeg-Paket auf dem Raspberry Pi zur Nutzung bereit.

Audiodaten streamen

Möchten Sie beim Streaming auch Audiodaten – sprich Töne – über die angeschlossene Webcam übertragen, muss das die Webcam natürlich unterstützen, also ein eingebautes Mikrofon haben. Außerdem muss auf dem Raspberry Pi das ALSA-Soundpaket nachinstalliert werden.

Sound erwünscht? – ALSA einschalten

Dafür öffnen Sie nochmals die Konfigurationsdatei für die Paketquellen mit dem nano-Editor:

```
sudo nano /etc/apt/sources.list
```

und fügen zwei Paketquellen hinzu:

```
deb-src http://www.deb-multimedia.org sid main
deb http://www.deb-multimedia.org wheezy main non-free
```

Nach dem Initialisieren der Paketquellen mit

```
apt-get update
```

installieren Sie nun die Soundunterstützung nach:

```
apt-get install deb-multimedia-keyring libasound2-dev
```

Dann ist ein erneutes Bearbeiten der Paketquellen erforderlich – wie bekannt, muss die Zeile

```
deb http://www.deb-multimedia.org wheezy main non-free
```

in der Paketdatei

```
/etc/apt/sources.list
```

gelöscht oder auskommentiert werden. Falls nicht mehr vorhanden, laden Sie die Quellen von FFMpeg nochmals auf den Raspberry Pi:

```
apt-get source ffmpeg-dmo
```

wechseln in das Verzeichnis und führen mit

```
./configure
```

sowie

```
make && make install
```

das Kompilieren und Erstellen des FFMpegs-Pakets erneut durch – diesmal mit Soundunterstützung. Im nächsten Schritt können Sie FFMpeg konfigurieren und in Betrieb nehmen.

8.4.2   FFMpeg einrichten und Konfigurationsdatei erstellen

Für den Betrieb eines Diensts oder Programms sind in der Regel Parameter notwendig, die in einer zum Paket gehörenden Konfigurationsdatei angelegt sind. In diesem Fall legen Sie eine solche Datei im /etc-Verzeichnis mit dem touch-Befehl selbst an:

```
sudo touch /etc/ffmpegserver.conf
```

Um die erstellte Datei auch mit Inhalten zu füllen, öffnen Sie sie mit dem nano-Editor:

```
sudo nano /etc/ffmpegserver.conf
```

und fügen folgende Zeilen dort ein:

```
Port 80
BindAddress 0.0.0.0
MaxClients 5
MaxBandwidth 50000
NoDaemon
<Feed picam.ffm>
    file /tmp/picam.ffm
    FileMaxSize 10M
</Feed>
<Stream picam.mjpeg>
    Feed picam.ffm
    Format mjpeg
    VideoSize 640x480
    VideoFrameRate 10
    VideoBitRate 2000
    VideoQMin 1
    VideoQMax 9
</Stream>
```

Die Einträge sind selbsterklärend. Wer die Webcam auf einem anderen Port als dem Standard-Webserverport 80 laufen lassen möchte, ändert diesen Wert. Auch die Beschränkung auf die Anzahl der gleichzeitig zulässigen Zugriffe (hier: 5) sowie die maximale Bandbreite helfen, die Raspberry Pi-Ressourcen zu schonen. Anschließend wird ein Feed sowie der Stream erzeugt – bei Letzterem tragen Sie bei `VideoSize` die Werte ein, die Ihre an den Raspberry Pi angeschlossene Webcam liefert. Bei einer mageren Netzwerkverbindung hilft es, diesen Wert auf 320 x 240 zu reduzieren. Speichern Sie nun diese Datei.

8.4.3 Startskript für Webcam erzeugen

Damit der installierte FFMpeg-Server auch weiß, wo seine Konfiguration liegt und mit welchen Parametern bzw. mit welchem Gerät er überhaupt arbeiten soll, erzeugen Sie noch ein Startskript, das auch nach einem Neustart des Raspberry Pi dafür sorgt, dass die Kamera läuft. Mit dem Befehl

```
sudo nano /usr/sbin/picam.sh
```

erzeugen Sie die Datei – in unserem Beispiel nennen wir sie `picam.sh` – im Verzeichnis `/usr/sbin` und tragen dort die Konfiguration

```
ffserver -f /etc/ffmpegserver.conf & ffmpeg -v verbose -r 5 -s 640x480 -f
video4linux2 -i /dev/video0 http://localhost/picam.ffm
```

ein. Nach Eintragen und Speichern der Datei muss diese wie unter Linux gewohnt zunächst ausführbar gemacht werden. Das erledigen Sie am einfachsten mit dem Befehl

```
chmod +x /usr/sbin/picam.sh
```

Nun sind die Vorbereitungen abgeschlossen, im nächsten Schritt können Sie die Webcam in Betrieb nehmen.

8.4.4 Los geht's: Live-Übertragung starten

Ist das erstellte Skript mit den Ausführen-Berechtigungen versehen, starten Sie das Skript mit dem folgenden Befehl auf der Kommandozeile:

```
/usr/sbin/picam.sh
```

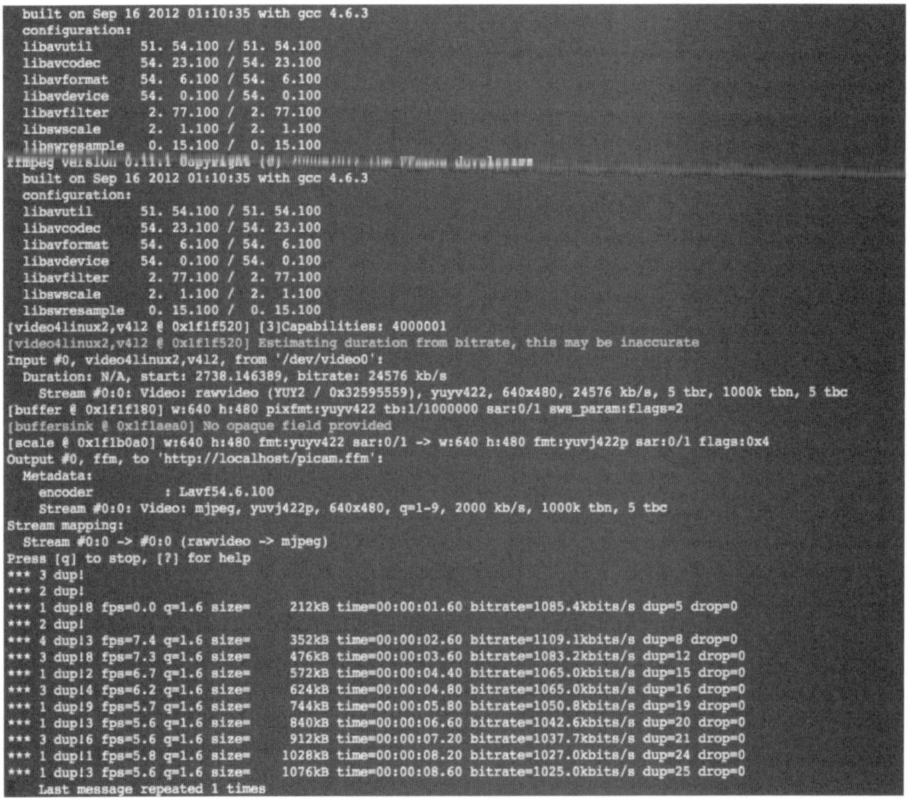

```
  built on Sep 16 2012 01:10:35 with gcc 4.6.3
  configuration:
  libavutil      51. 54.100 / 51. 54.100
  libavcodec     54. 23.100 / 54. 23.100
  libavformat    54.  6.100 / 54.  6.100
  libavdevice    54.  0.100 / 54.  0.100
  libavfilter     2. 77.100 /  2. 77.100
  libswscale      2.  1.100 /  2.  1.100
  libswresample   0. 15.100 /  0. 15.100
  built on Sep 16 2012 01:10:35 with gcc 4.6.3
  configuration:
  libavutil      51. 54.100 / 51. 54.100
  libavcodec     54. 23.100 / 54. 23.100
  libavformat    54.  6.100 / 54.  6.100
  libavdevice    54.  0.100 / 54.  0.100
  libavfilter     2. 77.100 /  2. 77.100
  libswscale      2.  1.100 /  2.  1.100
  libswresample   0. 15.100 /  0. 15.100
[video4linux2,v4l2 @ 0x1f1f520] [3]Capabilities: 4000001
[video4linux2,v4l2 @ 0x1f1f520] Estimating duration from bitrate, this may be inaccurate
Input #0, video4linux2,v4l2, from '/dev/video0':
  Duration: N/A, start: 2738.146389, bitrate: 24576 kb/s
    Stream #0:0: Video: rawvideo (YUY2 / 0x32595559), yuyv422, 640x480, 24576 kb/s, 5 tbr, 1000k tbn, 5 tbc
[buffer @ 0x1f1f180] w:640 h:480 pixfmt:yuyv422 tb:1/1000000 sar:0/1 sws_param:flags=2
[buffersink @ 0x1flaea0] No opaque field provided
[scale @ 0x1f1b0a0] w:640 h:480 fmt:yuyv422 sar:0/1 -> w:640 h:480 fmt:yuvj422p sar:0/1 flags:0x4
Output #0, ffm, to 'http://localhost/picam.ffm':
  Metadata:
    encoder         : Lavf54.6.100
    Stream #0:0: Video: mjpeg, yuvj422p, 640x480, q=1-9, 2000 kb/s, 1000k tbn, 5 tbc
Stream mapping:
  Stream #0:0 -> #0:0 (rawvideo -> mjpeg)
Press [q] to stop, [?] for help
*** 3 dup!
*** 2 dup!
*** 1 dup!8 fps=0.0 q=1.6 size=     212kB time=00:00:01.60 bitrate=1085.4kbits/s dup=5 drop=0
*** 2 dup!
*** 4 dup!3 fps=7.4 q=1.6 size=     352kB time=00:00:02.60 bitrate=1109.1kbits/s dup=8 drop=0
*** 3 dup!8 fps=7.3 q=1.6 size=     476kB time=00:00:03.60 bitrate=1083.2kbits/s dup=12 drop=0
*** 1 dup!2 fps=6.7 q=1.6 size=     572kB time=00:00:04.40 bitrate=1065.0kbits/s dup=15 drop=0
*** 3 dup!4 fps=6.2 q=1.6 size=     624kB time=00:00:04.80 bitrate=1065.0kbits/s dup=16 drop=0
*** 1 dup!9 fps=5.7 q=1.6 size=     744kB time=00:00:05.80 bitrate=1050.8kbits/s dup=19 drop=0
*** 1 dup!3 fps=5.6 q=1.6 size=     840kB time=00:00:06.60 bitrate=1042.6kbits/s dup=20 drop=0
*** 3 dup!6 fps=5.6 q=1.6 size=     912kB time=00:00:07.20 bitrate=1037.7kbits/s dup=21 drop=0
*** 1 dup!1 fps=5.8 q=1.6 size=    1028kB time=00:00:08.20 bitrate=1027.0kbits/s dup=24 drop=0
*** 1 dup!3 fps=5.6 q=1.6 size=    1076kB time=00:00:08.60 bitrate=1025.0kbits/s dup=25 drop=0
    Last message repeated 1 times
```

Bild 8.54: Nach dem Start des selbst gebauten Skripts für die Webcam sollten Übertragungsmeldungen wie in der obigen Abbildung erscheinen. In diesem Fall haben Sie alles richtig gemacht, die Übertragung läuft.

Nun können Sie diesen Stream in einem Fenster in der eigenen Webseite unterbringen oder den erzeugten Feed (hier: `picam.ffm`) über einen Webbrowser anzeigen lassen. Flexibler sind Sie jedoch mit einem netzwerkfähigen Videoplayer wie beispielsweise dem VLC, der das Abspielen von Netzwerkstreams aus dem Effeff beherrscht.

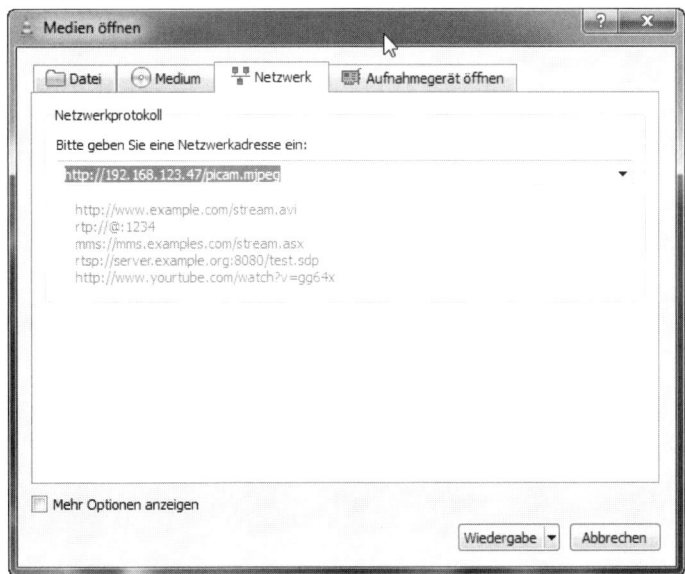

Bild 8.55:
Abschließend prüfen Sie die Funktionalität und Qualität der Webcam-Übertragung mit einem netzwerkfähigen Videoplayer – hier spielt beispielsweise der bekannte Video LAN Client (VLC) seine Stärken aus.

Waren die ersten Gehversuche mit der Videoübertragung über den Raspberry erfolgreich, macht das neugierig und Lust auf mehr. Hier kommen viele Ideen und Anwendungsgebiete ins Spiel – beispielsweise eine voll automatisierte Überwachungslösung für zu Hause.

8.5 Big Brother mit dem Raspberry Pi

Raspberry Pi als elektronischer Wachhund: Was vor ein paar Jahren noch mit enormen Kosten und großem Aufwand verbunden war, erledigen Sie heutzutage mit einem Raspberry Pi und der Anschaffung von einer oder zwei Kameras, die direkt oder über das Heimnetz mit dem Raspberry Pi verbunden sind. Anschließend stellen Sie sich ein System zusammen, mit dem Sie rund um die Uhr verschiedene Vorgänge beobachten und gegebenenfalls aufzeichnen können – von der Nutzung als Multimedia-Babyphone bis zur Haus- oder Grundstücksüberwachung.

Eine dauerhafte Aufzeichnung kostet jedoch nicht nur Rechenpower, sondern auch Speicherkapazität – ein guter Kompromiss ist hier, auf dem Raspberry Pi die Bewegungserkennung der Kamera einzuschalten und die Aufzeichnung nur dann zu starten, wenn es notwendig ist. Oder Sie geben lediglich ganz bestimmte Bildbereiche an, bei denen die Überwachung aktiviert werden soll. Wie auch immer, mit dem Raspberry Pi stellen Sie sich eine Haus- und Grundstücksüberwachung zusammen, die optimal auf Ihre Bedürfnisse zugeschnitten ist.

8.5.1 Zoneminder per apt-get installieren

Für die Installation von Zoneminder ist mindestens eine SD-Speicherkarte der Größe 4 GByte oder mehr empfehlenswert. Da die Standard-Imagegröße der Debian-Image-dateien in der Regel auf Speicherkarten der Größe 2 GByte angepasst ist, muss gemäß Kapitel »SD-Karte checken« (Seite 39) die Speicherkarte angepasst werden, um somit auch den notwendigen Platz für den Raspberry Pi bzw. das Betriebssystem und Zoneminder zur Verfügung zu stellen.

Bild 8.56: Umfangreich: Hier listet `apt-get` alle abhängigen Pakete von Zoneminder auf – in diesem Beispiel werden 79 neue Pakete installiert.

Grundsätzlich sollten Sie vor der Installation von Zoneminder das Gesamtsystem per

```
apt-get update
```

auf den aktuellen Stand bringen bzw. diesen überprüfen. Da das Zoneminder-Paket samt Abhängigkeiten relativ umfangreich ist, kommt es dadurch auch häufiger zu Aktualisierungen.

```
Hole:73 http://mirrordirector.raspbian.org/raspbian/ wheezy/main nullmailer armhf 1:1.11-1 [107 kB]
Es wurden 19,2 MB in 41 s geholt (464 kB/s)
Fehlschlag beim Holen von http://mirrordirector.raspbian.org/raspbian/pool/main/m/mysql-5.5/mysql-common_5.5.24+dfsg-7_
all.deb  404  Not Found
Fehlschlag beim Holen von http://mirrordirector.raspbian.org/raspbian/pool/main/m/mysql-5.5/libmysqlclient18_5.5.24+dfs
g-7_armhf.deb  404  Not Found
Fehlschlag beim Holen von http://mirrordirector.raspbian.org/raspbian/pool/main/m/mysql-5.5/mysql-client-5.5_5.5.24+dfs
g-7_armhf.deb  404  Not Found
Fehlschlag beim Holen von http://mirrordirector.raspbian.org/raspbian/pool/main/m/mysql-5.5/mysql-server-core-5.5_5.5.2
4+dfsg-7_armhf.deb  404  Not Found
Fehlschlag beim Holen von http://mirrordirector.raspbian.org/raspbian/pool/main/m/mysql-5.5/mysql-server-5.5_5.5.24+dfs
g-7_armhf.deb  404  Not Found
Fehlschlag beim Holen von http://mirrordirector.raspbian.org/raspbian/pool/main/m/mysql-5.5/mysql-server_5.5.24+dfsg-7_
all.deb  404  Not Found
E: Einige Archive konnten nicht heruntergeladen werden; vielleicht »apt-get update« ausführen oder mit »--fix-missing«
probieren?
pi@raspberrypi ~ $ sudo apt-get update
Hole:1 http://mirrordirector.raspbian.org wheezy InRelease [12,5 kB]
Hole:2 http://www.deb-multimedia.org sid InRelease [32,8 kB]
Hole:3 http://mirrordirector.raspbian.org wheezy/main armhf Packages [7.368 kB]
Hole:4 http://www.deb-multimedia.org sid/main Sources [44,8 kB]
Hole:5 http://archive.raspberrypi.org wheezy InRelease [7.701 B]
Hole:6 http://archive.raspberrypi.org wheezy/main armhf Packages [5.729 B]
Ign http://archive.raspberrypi.org wheezy/main Translation-de_DE
Ign http://archive.raspberrypi.org wheezy/main Translation-de
Ign http://archive.raspberrypi.org wheezy/main Translation-en
Hole:7 http://mirrordirector.raspbian.org wheezy/contrib armhf Packages [23,3 kB]
Hole:8 http://mirrordirector.raspbian.org wheezy/non-free armhf Packages [46,4 kB]
Hole:9 http://mirrordirector.raspbian.org wheezy/rpi armhf Packages [14 B]
Ign http://mirrordirector.raspbian.org wheezy/contrib Translation-de_DE
Ign http://mirrordirector.raspbian.org wheezy/contrib Translation-de
Ign http://mirrordirector.raspbian.org wheezy/contrib Translation-en
Ign http://mirrordirector.raspbian.org wheezy/main Translation-de_DE
Ign http://mirrordirector.raspbian.org wheezy/main Translation-de
Ign http://mirrordirector.raspbian.org wheezy/main Translation-en
Ign http://mirrordirector.raspbian.org wheezy/non-free Translation-de_DE
Ign http://mirrordirector.raspbian.org wheezy/non-free Translation-de
Ign http://mirrordirector.raspbian.org wheezy/non-free Translation-en
Ign http://mirrordirector.raspbian.org wheezy/rpi Translation-de_DE
Ign http://mirrordirector.raspbian.org wheezy/rpi Translation-de
Ign http://mirrordirector.raspbian.org wheezy/rpi Translation-en
100% [3 Packages bzip2 0 B]                                                              11,2 kB/s 0 s
```

Bild 8.57: Abhängig von der Bandbreite der Internetverbindung dauert das Herunterladen und Installieren der Pakete etwas.

Folgende Befehlssequenz ist notwendig, um Zoneminder samt abhängiger Pakete komplett zu installieren und erstmals in Betrieb zu nehmen:

```
sudo bash
apt-get update
apt-get install zoneminder
service zoneminder restart
service zoneminder status
```

Nach Installation und Start von Zoneminder starten Sie per `restart`-Aufruf Zoneminder neu, um zu sehen, ob das Stoppen der abhängigen Dienste sauber funktioniert und sie auch wieder gestartet werden. Mithilfe des `status`-Parameters lassen Sie sich anschließend den Status von Zoneminder auf der Konsole ausgeben.

8.5.2   Zoneminder mit Apache-Webserver koppeln

Grundsätzlich wird der Apache Webserver beim Zoneminder-Paket immer mitinstalliert, auch wenn sich bereits ein alternativer Webserver auf dem Raspberry befindet. Abgesehen von den Systemressourcen ist Apache jedoch eine gute Wahl für den Betrieb mit Zoneminder, da Apache bereits ab Werk gut konfiguriert und lauffähig ist. Für den automatisierten Start bzw. für den Betrieb unter Apache müssen Sie aber noch einen Link auf die Zoneminder-Konfigurationsdatei anlegen und Apache neu starten, um die Änderung zu aktivieren.

```
sudo bash
ln -s /etc/zm/apache.conf /etc/apache2/conf.d/zoneminder.conf
/etc/init.d/apache2 force-reload
```

Wer auf Nummer sicher gehen möchte, dass Apache bzw. Zoneminder nach einem Neustart des Raspberry Pi wirklich funktioniert, startet mit dem Befehl

```
reboot
```

den Raspberry neu und aktiviert nach dem Verbindungsaufbau anschließend den root-Zugriff auf der Konsole:

```
sudo bash
```

Im nächsten Schritt legen Sie einen Systembenutzer für Zoneminder an.

Zwingend notwendig: Benutzer für Zoneminder anlegen

Damit Zoneminder nach der Installation auch ordnungsgemäß funktioniert, ist es notwendig, dass Sie für die Anwendung eigens einen Benutzer auf dem Raspberry Pi anlegen. Mit dem Befehl

```
sudo adduser www-data video
```

fügen Sie den Benutzer wwww-data der Gruppe video hinzu.

Bild 8.58: Für den sauberen Betrieb muss der Benutzer www-data der Gruppe video zugeordnet werden.

Damit über dem Webbrowser auf dem Zielgerät überhaupt ein Bild oder ein Video von Zoneminder dargestellt werden kann, muss dieser die entsprechenden Dateien bzw. den Datenstrom auch decodieren können.

Kein Firefox? – Cambozola installieren

Kein Käse: Bekanntlich reagieren nicht alle Webbrowser auf der Welt gleich, angefangen von der Darstellung bis hin zum Format. Hier empfehlen die Zoneminder-Entwickler die Installation eines Plug-ins – in diesem Fall Cambozola, das bis dato dem Autor nur aus der Käsetheke bekannt war. Cambozola ist ein in Java geschriebenes Plug-in, das Multipart-JPEG-Streams im Browser decodieren kann – für Benutzer des Internet

Explorer somit notwendig. Um Cambozola zu installieren, gehen Sie beim Raspberry Pi im Terminal wie folgt vor:

```
sudo bash
cd /usr/src
wget http://www.charliemouse.com:8080/code/cambozola/cambozola-latest.tar.gz
tar -xzvf cambozola-latest.tar.gz
cp cambozola-0.92/dist/cambozola.jar /usr/share/zoneminder
```

Zunächst initialisieren Sie die root-Umgebung und laden die aktuellste Version von Cambozola per `wget`-Befehl auf den Raspberry in das Verzeichnis `/usr/src`.

```
cambozola-0.92/testPages/NonInteractive.html
cambozola-0.92/testPages/axis.html
cambozola-0.92/testPages/panasonic.html
root@raspberrypi:/usr/src# cp cambozola-0.92/dist/cambozola.jar /var/www/zm
root@raspberrypi:/usr/src# 
```

Bild 8.59: Nach dem Entpacken per `tar`-Befehl kopieren Sie die `jar`-Datei in das `/usr/share/zoneminder`-Verzeichnis.

Nun starten Sie per `service zoneminder restart` den Zoneminder-Prozess neu:

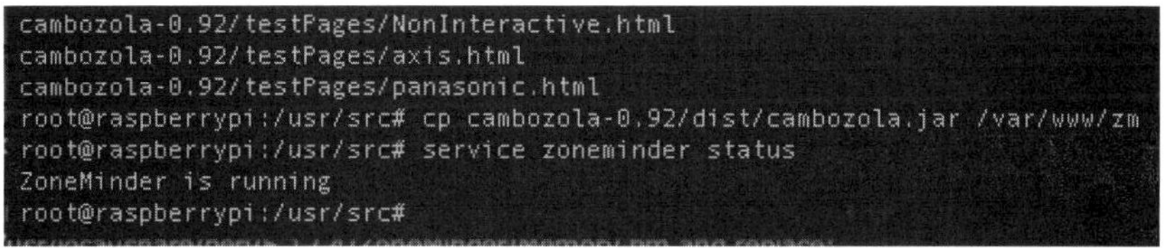

```
cambozola-0.92/testPages/NonInteractive.html
cambozola-0.92/testPages/axis.html
cambozola-0.92/testPages/panasonic.html
root@raspberrypi:/usr/src# cp cambozola-0.92/dist/cambozola.jar /var/www/zm
root@raspberrypi:/usr/src# service zoneminder status
ZoneMinder is running
root@raspberrypi:/usr/src#
```

Bild 8.60: Nach dem Neustart prüfen Sie mit dem Befehl `service zoneminder restart` den Status von Zoneminder.

Anschließend empfehlen die Zoneminder-Entwickler noch ein `apt-get update` und ein `apt-get upgrade`, um das Gesamtsystem sowie Abhängigkeiten von Zoneminder auf den aktuellsten Stand zu bringen.

8.5.3   Apache-Feintuning und Bug-Behebung

Gerade wenn man unterwegs ist, möchte man sich keine langen Domainnamen merken. Da der Raspberry mit Zoneminder mehr als genug ausgelastet ist, kann Zoneminder auch direkt als root-Verzeichnis für den Webserver genutzt werden, damit beim Aufruf des Zoneminder-Frontends die Eingabe des zm-Kürzels in der Adresse überflüssig ist. Somit reicht zukunftig statt der Adresse *http://<IP-Adresse/DNS-Name-RaspberryPi>/zm* der Aufruf von *http://<IP-Adresse/DNS-Name-RaspberryPi>*. Dafür öffnen Sie die Datei `000-default`.

```
sudo bash
nano /etc/apache2/sites-enabled/000-default
```

Dort ersetzen Sie den Eintrag

```
DocumentRoot /var/www
```

mit

```
DocumentRoot /usr/share/zoneminder
```

sowie

```
<Directory /var/www/>
```

mit

```
<Directory /usr/share/zoneminder/>
```

und speichern die Datei ab.

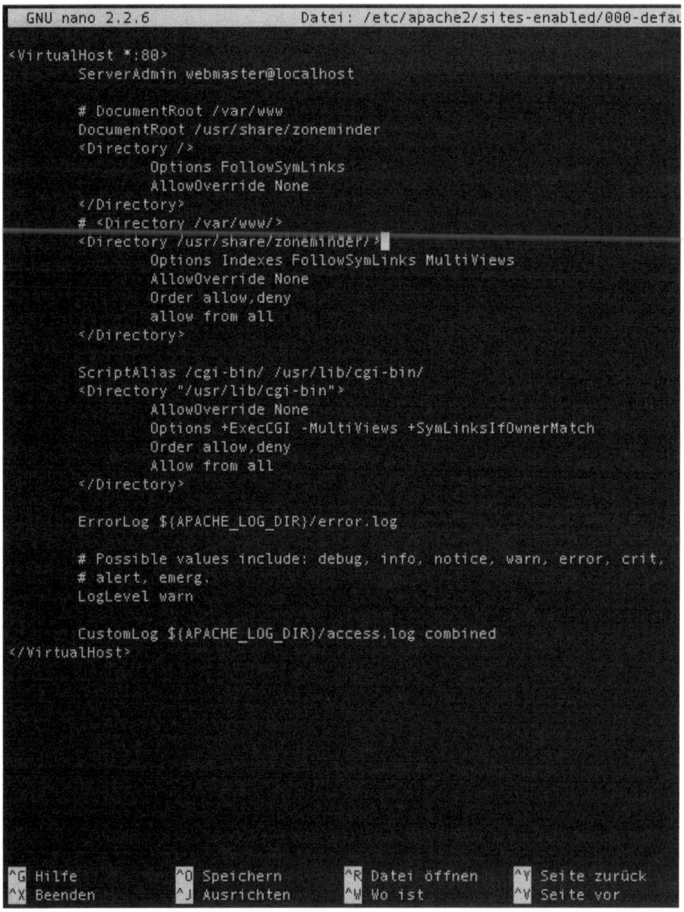

```
  GNU nano 2.2.6              Datei: /etc/apache2/sites-enabled/000-defau

<VirtualHost *:80>
        ServerAdmin webmaster@localhost

        # DocumentRoot /var/www
        DocumentRoot /usr/share/zoneminder
        <Directory />
                Options FollowSymLinks
                AllowOverride None
        </Directory>
        # <Directory /var/www/>
        <Directory /usr/share/zoneminder/>
                Options Indexes FollowSymLinks MultiViews
                AllowOverride None
                Order allow,deny
                allow from all
        </Directory>

        ScriptAlias /cgi-bin/ /usr/lib/cgi-bin/
        <Directory "/usr/lib/cgi-bin">
                AllowOverride None
                Options +ExecCGI -MultiViews +SymLinksIfOwnerMatch
                Order allow,deny
                Allow from all
        </Directory>

        ErrorLog ${APACHE_LOG_DIR}/error.log

        # Possible values include: debug, info, notice, warn, error, crit,
        # alert, emerg.
        LogLevel warn

        CustomLog ${APACHE_LOG_DIR}/access.log combined
</VirtualHost>

^G Hilfe       ^O Speichern    ^R Datei öffnen   ^Y Seite zurück
^X Beenden     ^J Ausrichten   ^W Wo ist         ^V Seite vor
```

Bild 8.61: Sinnvoll bei Änderungen von Konfigurationsdateien ist das Auskommentieren vorheriger Einträge via vorangestelltem #-Symbol – dies ist vor allem dann praktisch, wenn Sie durchgeführte Änderungen später wieder rückgängig machen wollen.

Anschließend starten Sie den Webserver neu. Dafür nutzen Sie diesen Befehl:

```
service apache2 restart
```

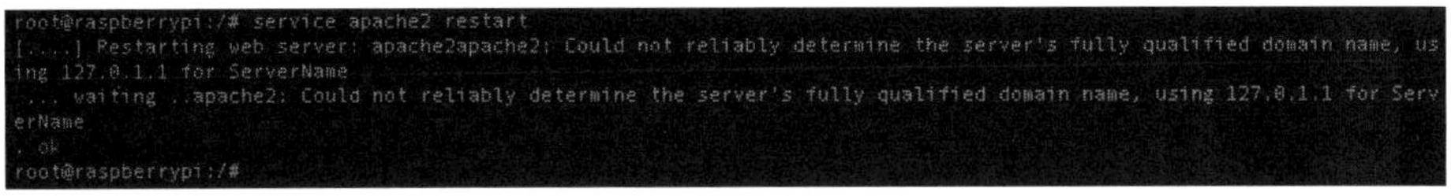

Bild 8.62: Apache wurde erfolgreich gestartet, moniert in diesem Fall jedoch den fehlenden Servernamen.

Erscheint nach dem Neustart des Raspberry Pi bzw. des Apache-Daemons auf der Konsole die Meldung `Could not reliably determine the server's fully qualified domain name, using 127.0.1.1 for ServerName`, hilft ein kleiner Eingriff in die Konfigurationsdatei `httpd.conf`:

```
sudo bash
nano /etc/apache2/httpd.conf
```

Hier fügen Sie am Ende der Datei den Eintrag

```
ServerName localhost
```

hinzu. Nach einem erneuten Start von Apache sollte der Fehlerhinweis auf der Konsole nun der Vergangenheit angehören.

8.5.4 Lokale Webcam für Zoneminder-Einsatz vorbereiten

Ist Zoneminder ordnungsgemäß installiert, können die am Raspberry Pi angeschlossenen Webcam-Modelle nur dann genutzt werden, wenn sie naturgemäß auch von Debian-Linux selbst unterstützt werden. Ist eine Kamera via USB im Raspberry Pi eingesteckt, prüfen Sie zunächst mit dem `dmesg`-Befehl auf der Konsole, ob die Kamera vom System überhaupt erkannt wurde. Wenn ja, schauen Sie, ob die Kamera auch als sogenannter Geräte-Link im Raspberry Pi zur Verfügung steht:

```
ls /dev/video*
```

Ausgabe:

```
/dev/video0 /dev/video1
```

In diesem Beispiel sind beide USB-Anschlüsse des Raspberry von zwei baugleichen Webcams (PS3 Eye-Kamera, unter 10 Euro pro Stück) belegt. Wechseln Sie die Geräte oder ist eines nicht aktiv, sind Sie gezwungen, die Zoneminder-Konfiguration entsprechend anzupassen, da die dort verknüpfte `/dev/video0`-Quelle nun eine andere ist.

Für Abhilfe sorgt die Nutzung der fixen Geräte-Links, die sich im `/dev/v4l/by-id-` und `/dev/v4l/by-`Pfad verstecken – hier besteht jedoch das Problem, dass Zoneminder keine allzu langen Pfadangaben im Quellenfeld unterstützt. Daher kürzt Zoneminder den angegebenen Pfad, der naturgemäß dann nicht gefunden werden kann.

```
ls /dev/v4l/by-path/
```

Ausgabe:

```
platform-bcm2708_usb-usb-0:1.2:1.0-video-index0
platform-bcm2708_usb-usb-0:1.3:1.0-video-index0
```

Da dieser Gerätepfad für Zoneminder definitiv zu lang ist, hilft der Umweg über einen symbolischen Link für jede einzelne Kamera, der anschließend auch für Zoneminder genutzt werden kann.

```
sudo bash
cd /
mkdir /cam
chmod 777 /cam
cd /cam
```

Anschließend legen Sie in diesem Verzeichnis für die angeschlossene Kamera einen symbolischen Link auf die entsprechende Gerätedatei an:

```
[    3.188351] usb 1-1.2: new high-speed USB device number 4 using dwc_otg
[    3.301224] usb 1-1.2: New USB device found, idVendor=1415, idProduct=2000
[    3.312303] usb 1-1.2: New USB device strings: Mfr=1, Product=2, SerialNumber=0
[    3.322710] usb 1-1.2: Product: USB Camera-B4.09.24.1
[    3.331992] usb 1-1.2: Manufacturer: OmniVision Technologies, Inc.
[    3.438372] usb 1-1.3: new high-speed USB device number 5 using dwc_otg
[    3.551396] usb 1-1.3: New USB device found, idVendor=1415, idProduct=2000
[    3.561394] usb 1-1.3: New USB device strings: Mfr=1, Product=2, SerialNumber=0
[    3.572700] usb 1-1.3: Product: USB Camera-B4.09.24.1
[    3.580758] usb 1-1.3: Manufacturer: OmniVision Technologies, Inc.
[    9.248225] EXT4-fs (mmcblk0p2): ext4_orphan_cleanup: deleting unreferenced inode 100
[    9.248399] EXT4-fs (mmcblk0p2): ext4_orphan_cleanup: deleting unreferenced inode 99
[    9.248473] EXT4-fs (mmcblk0p2): ext4_orphan_cleanup: deleting unreferenced inode 98
[    9.248547] EXT4-fs (mmcblk0p2): ext4_orphan_cleanup: deleting unreferenced inode 77
[    9.248640] EXT4-fs (mmcblk0p2): ext4_orphan_cleanup: deleting unreferenced inode 73
[    9.248704] EXT4-fs (mmcblk0p2): 5 orphan inodes deleted
[    9.256863] EXT4-fs (mmcblk0p2): recovery complete
[    9.299558] EXT4-fs (mmcblk0p2): mounted filesystem with ordered data mode. Opts: (null)
[    9.313429] VFS: Mounted root (ext4 filesystem) on device 179:2.
[    9.324354] devtmpfs: mounted
[    9.331115] Freeing init memory: 124K
[   10.546118] udevd[138]: starting version 175
[   11.695227] Linux video capture interface: v2.00
[   11.903032] gspca_main: v2.14.0 registered
[   11.983821] gspca_main: ov534-2.14.0 probing 1415:2000
[   12.792880] gspca_main: ov534-2.14.0 probing 1415:2000
[   13.178709] usbcore: registered new interface driver snd-usb-audio
[   13.188369] usbcore: registered new interface driver ov534
[   19.185691] EXT4-fs (mmcblk0p2): re-mounted. Opts: (null)
[   19.722215] bcm2835 ALSA card created!
[   23.120334] Adding 131068k swap on /var/swapfile.  Priority:-1 extents:2 across:139260k SS
[   27.994773] smsc95xx 1-1.1:1.0: eth0: link up, 100Mbps, full-duplex, lpa 0x41E1
[   34.409714] Adding 102396k swap on /var/swap.  Priority:-2 extents:1 across:102396k SS
root@raspberrypi:/home/pi# ls /dev/video*
/dev/video0  /dev/video1
root@raspberrypi:/home/pi# ls /dev/v4l/by-path/
platform-bcm2708_usb-usb-0:1.2:1.0-video-index0  platform-bcm2708_usb-usb-0:1.3:1.0-video-index0
root@raspberrypi:/home/pi# sudo mkdir /cam
root@raspberrypi:/home/pi# sudo chmod 777 /cam
root@raspberrypi:/home/pi# cd /cam
root@raspberrypi:/cam# ln -s /dev/v4l/by-path/platform-bcm2708_usb-usb-0:1.2:1.0-video-index0 c1
root@raspberrypi:/cam# ln -s /dev/v4l/by-path/platform-bcm2708_usb-usb-0:1.3:1.0-video-index0 c2
root@raspberrypi:/cam#
```

Bild 8.63: Mit dem ln-Befehl legen Sie einen symbolischen Link hier (c1 und c2) auf die entsprechende Gerätedatei im /dev/v4l-Verzeichnis an.

Hier nutzen Sie für jede angeschlossene Kamera jeweils ein eigenes Verzeichnis. Mit dem ln-Befehl linken Sie das Verzeichnis von /cam/c1 auf den langen Pfad /dev/v4l/by-path/platform-bcm2708_usb-usb-0:1.2:1.0-video-index0:

```
ln /dev/v4l/by-path/platform-bcm2708_usb-usb-0:1.2:1.0-video-index0 c1
```

```
root@raspberrypi:/home/pi# cd /cam
root@raspberrypi:/cam# ln -s /dev/v4l/by-path/platform-bcm2708_usb-usb-0:1.2:1.0-video-index0 c1
root@raspberrypi:/cam# ln -s /dev/v4l/by-path/platform-bcm2708_usb-usb-0:1.3:1.0-video-index0 c2
root@raspberrypi:/cam# ls
c1  c2
root@raspberrypi:/cam#
```

Bild 8.64: In diesem Beispiel wurden zwei symbolische Links für die beiden angeschlossenen Kameras erstellt.

Nun kann das Ergebnis des Tricks auch in Zoneminder genutzt werden. Starten Sie jetzt den Webbrowser auf dem Computer.

8.5.5 Raspberry-Webcam in Zoneminder einbinden

Um auf das Webfrontend von Zoneminder zuzugreifen, tragen Sie einfach die IP-Adresse des Raspberry Pi in die Adresszeile des Webbrowsers ein. Standardmäßig ist Zoneminder nämlich so konfiguriert, dass Sie ohne zusätzliche Authentifizierung auf sämtliche Bereiche von Zoneminder zugreifen können. Standardmäßig läuft die Zoneminder-Installation über

```
http://<IP-Adresse-raspberry-pi>/zm
```

Welche IP-Adresse der Raspberry Pi verwendet, erfahren Sie in der Konsole per `ifconfig`-Befehl. In diesem Beispiel nutzt der Raspberry Pi die IP-Adresse `192.168.123.47`:

```
http://192.168.123.47/zm
```

Haben Sie den Apache-Hack aus dem Abschnitt »Apache-Feintuning und Bug-Behebung« (Seite 203) durchgeführt und nutzen Zoneminder direkt als root-Verzeichnis für den Webserver, ist das `zm`-Kürzel in der Adresse überflüssig. In diesem Fall verwenden Sie einfach die Adresse

```
http://192.168.123.47
```

um auf die Zoneminder-Übersichtsseite zu gelangen.

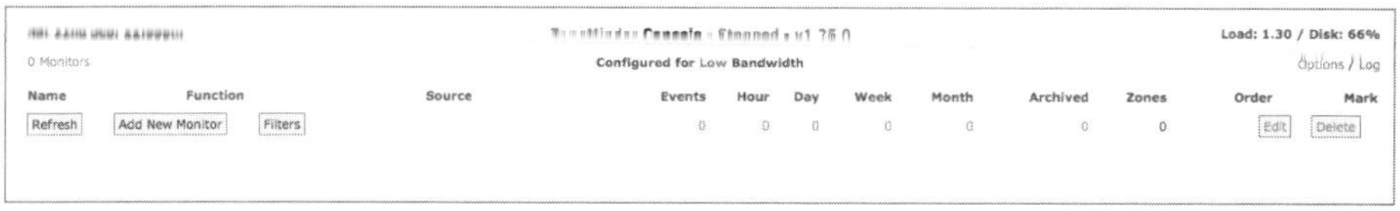

Bild 8.65: Übersichtlich und aufgeräumt: Erst wenn einer oder mehrere Monitore (Bildschirme) hinzugefügt und eingerichtet sind, erscheint der Montage-Link, der für die Darstellung der Bild-/Videoaufnahmen zuständig ist.

Hier sind zunächst noch weitere kleinere Arbeiten zu erledigen, bevor Sie erstmalig das Videobild der Webcam zu sehen bekommen. Zunächst fügen Sie einen neuen Monitor (Button *Add New Monitor*) hinzu. In diesem neuen Dialogfenster tragen Sie bei *Name* zunächst einen aussagekräftigen Namen für den Monitor ein.

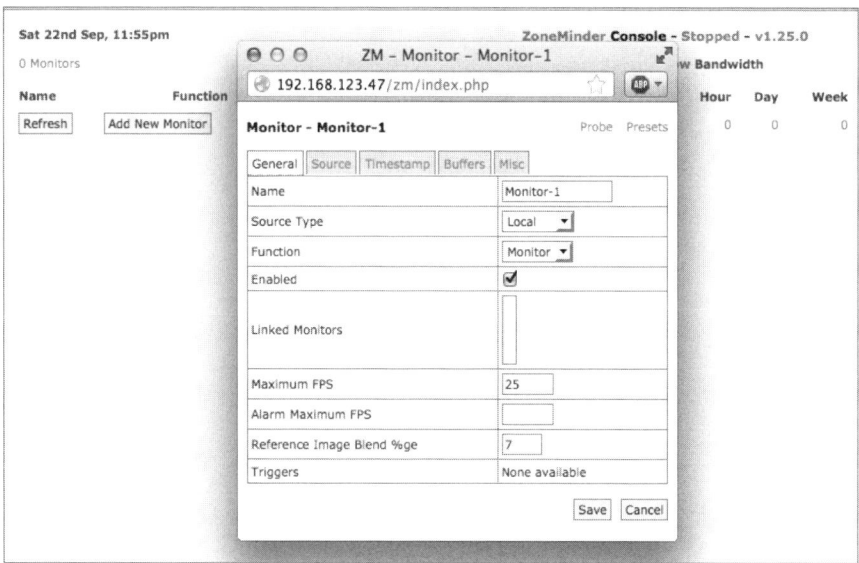

Bild 8.66: Für *Source Type* wählen Sie beim am Raspberry Pi angeschlossenen Kameramodell hier *Local* und prüfen, ob das Häkchen bei *Enabled* gesetzt ist.

Im Register *Source/Quelle* tragen Sie zunächst den erstellten Gerätepfad (in diesem Beispiel den symbolischen Link */cam/c1*) ein und wählen bei *Capture Method* den Eintrag *Video For Linux version 2* aus. Für die Kamera (hier: PS3 Eye) werden das Geräteformat *PAL* sowie die Farbpalette *YUYV* eingetragen.

Für die Auflösung werden 320 bzw. 240 Pixel genutzt – hier ist die PS3 Eye-Kamera bereits am Limit. Für die kameraspezifischen Werte in diesem Dialog finden Sie im Zoneminder-Wiki (*http://www.zoneminder.com/wiki/*) für viele Modelle die richtigen Parameter.

Wer noch nicht im Besitz einer Webcam ist und für den Raspberry eine passende Kamera benötigt, findet auch hier Informationen darüber, ob das gewünschte Modell auch mit Zoneminder zusammenarbeitet.

Wer an den Raspberry Pi mehr als eine Webcam anschließen und mit Zoneminder nutzen möchte, fügt wie oben beschrieben die zweite Webcam der Zoneminder-Konfiguration hinzu. Obwohl technisch machbar, lassen sich mithilfe eines aktiven USB-Hubs auch mehrere USB-Kameras (bis zu vier) an den Raspberry anschließen, die Systemperformance des Raspberry Pi und der Zoneminder-Betrieb leiden dann jedoch merklich. Nach Eintragen und Konfiguration der Monitore erscheinen diese nun in der Zoneminder-Übersichtsseite – auch der Link *Montage* ist nun sichtbar.

Bild 8.67: Die übrigen Werte können voreingestellt übernommen werden. Klicken Sie auf die *OK*-Schaltfläche, um den Konfigurationsdialog zu schließen.

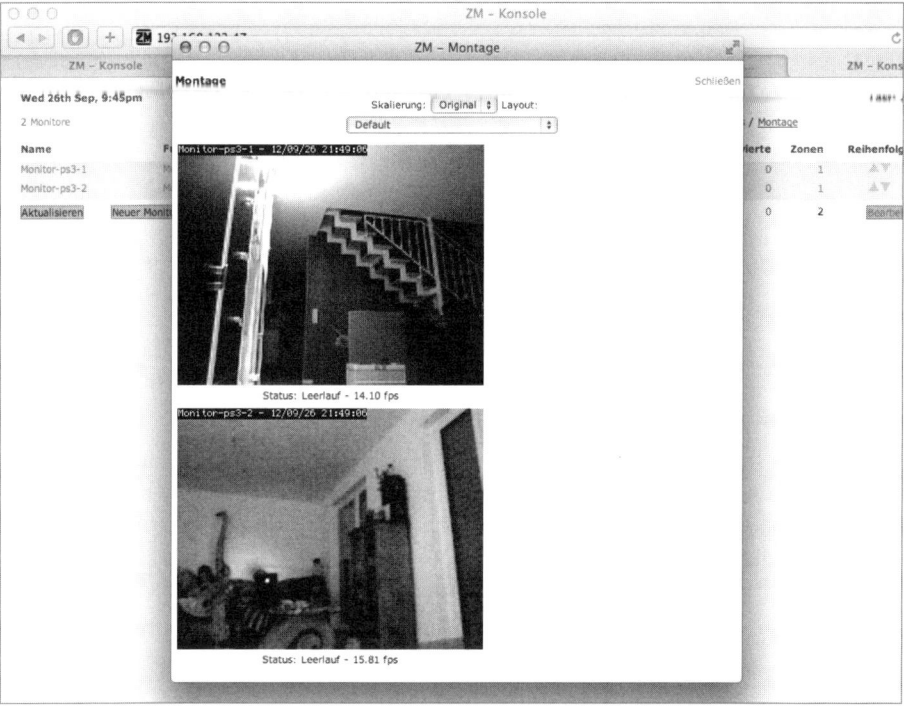

Bild 8.68: Hinter dem Link *Montage* versteckt sich die eigentliche Kameraansicht der am Raspberry angeschlossenen Webcams. Hier lassen sich noch die Skalierung sowie das Darstellungslayout festlegen.

Ist Zoneminder konfiguriert, muss noch lange nicht der Monitor in Betrieb und ein Bild auf der Montage-Webseite zu sehen sein. Aber auch wenn auf Anhieb ein Bild übertragen wird und sichtbar ist, ist es ratsam, zunächst anfangs die Logdatei zu sichten – allein schon aus Gründen der begrenzten Systemressourcen des Raspberry Pi.

8.5.6 Webcam-Bug von Zoneminder fixen

Um die Logdatei bzw. den fortlaufenden Inhalt zu sehen, reicht der simple Klick auf den *Log*-Link im oberen rechten Bereich von Zoneminder, um die Systemmeldungen von Zoneminder zu verfolgen. In diesem Fall fällt sofort die wiederkehrende *Shared data size conflict*-Fehlermeldung auf.

Date/Time	Component	PID	Level	Message	Datei	Line
2012-09-26 21:25:38.897440	zmwatch	2591	ERR	Shared data size conflict in shared_data for monitor Monitor-ps3-2, expected 328, got 316	zmwatch.pl	
2012-09-26 21:25:38.867820	zmwatch	2591	ERR	Shared data size conflict in shared_data for monitor Monitor-ps3-1, expected 328, got 316	zmwatch.pl	
2012-09-26 21:25:28.842910	zmwatch	2591	ERR	Shared data size conflict in shared_data for monitor Monitor-ps3-2, expected 328, got 316	zmwatch.pl	
2012-09-26 21:25:28.803260	zmwatch	2591	ERR	Shared data size conflict in shared_data for monitor Monitor-ps3-1, expected 328, got 316	zmwatch.pl	
2012-09-26 21:25:21.156902	zmc_dc2	2886	INF	Monitor-ps3-2: 52000 - Capturing at 20.00 fps	zm_monitor.cpp	2598
2012-09-26 21:25:18.785500	zmwatch	2591	ERR	Shared data size conflict in shared_data for monitor Monitor-ps3-2, expected 328, got 316	zmwatch.pl	
2012-09-26 21:25:18.754960	zmwatch	2591	ERR	Shared data size conflict in shared_data for monitor Monitor-ps3-1, expected 328, got 316	zmwatch.pl	
2012-09-26 21:25:08.726320	zmwatch	2591	ERR	Shared data size conflict in shared_data for monitor Monitor-ps3-2, expected 328, got 316	zmwatch.pl	
2012-09-26 21:25:08.678610	zmwatch	2591	ERR	Shared data size conflict in shared_data for monitor Monitor-ps3-1, expected 328, got 316	zmwatch.pl	
2012-09-26 21:25:01.413554	zmc_dc1	2916	INF	Monitor-ps3-1: 49000 - Capturing at 17.24 fps	zm_monitor.cpp	2598
2012-09-26 21:24:58.666010	zmwatch	2591	ERR	Shared data size conflict in shared_data for monitor Monitor-ps3-2, expected 328, got 316	zmwatch.pl	
2012-09-26 21:24:58.634860	zmwatch	2591	ERR	Shared data size conflict in shared_data for monitor Monitor-ps3-1, expected 328, got 316	zmwatch.pl	
2012-09-26 21:24:48.606080	zmwatch	2591	ERR	Shared data size conflict in shared_data for monitor Monitor-ps3-2, expected 328, got 316	zmwatch.pl	
2012-09-26 21:24:48.585500	zmwatch	2591	ERR	Shared data size conflict in shared_data for monitor Monitor-ps3-1, expected 328, got 316	zmwatch.pl	
2012-09-26 21:24:38.555440	zmwatch	2591	ERR	Shared data size conflict in shared_data for monitor Monitor-ps3-2, expected 328, got 316	zmwatch.pl	
2012-09-26 21:24:38.539850	zmwatch	2591	ERR	Shared data size conflict in shared_data for monitor Monitor-ps3-1, expected 328, got 316	zmwatch.pl	
2012-09-26 21:24:31.445354	zmc_dc2	2886	INF	Monitor-ps3-2: 51000 - Capturing at 16.95 fps	zm_monitor.cpp	2598
2012-09-26 21:24:28.508340	zmwatch	2591	ERR	Shared data size conflict in shared_data for monitor Monitor-ps3-2, expected 328, got 316	zmwatch.pl	
2012-09-26 21:24:28.468190	zmwatch	2591	ERR	Shared data size conflict in shared_data for monitor Monitor-ps3-1, expected 328, got 316	zmwatch.pl	
2012-09-26 21:24:18.405620	zmwatch	2591	ERR	Shared data size conflict in shared_data for monitor Monitor-ps3-2, expected 328, got 316	zmwatch.pl	
2012-09-26 21:24:18.382820	zmwatch	2591	ERR	Shared data size conflict in shared_data for monitor Monitor-ps3-1, expected 328, got 316	zmwatch.pl	
2012-09-26 21:24:08.343220	zmwatch	2591	ERR	Shared data size conflict in shared_data for monitor Monitor-ps3-2, expected 328, got 316	zmwatch.pl	
2012-09-26 21:24:08.281240	zmwatch	2591	ERR	Shared data size conflict in shared_data for monitor Monitor-ps3-1, expected 328, got 316	zmwatch.pl	
2012-09-26 21:24:03.118664	zmc_dc1	2916	INF	Monitor-ps3-1: 48000 - Capturing at 19.61 fps	zm_monitor.cpp	2598
2012-09-26 21:23:58.235270	zmwatch	2591	ERR	Shared data size conflict in shared_data for monitor Monitor-ps3-2, expected 328, got 316	zmwatch.pl	
2012-09-26 21:23:58.187560	zmwatch	2591	ERR	Shared data size conflict in shared_data for monitor Monitor-ps3-1, expected 328, got 316	zmwatch.pl	
2012-09-26 21:23:48.176450	zmwatch	2591	ERR	Shared data size conflict in shared_data for monitor Monitor-ps3-2, expected 328, got 316	zmwatch.pl	
2012-09-26 21:23:48.145950	zmwatch	2591	ERR	Shared data size conflict in shared_data for monitor Monitor-ps3-1, expected 328, got 316	zmwatch.pl	

Bild 8.69: Echt nervig: In der Logdatei werden nun Fehler der `zmwatch.pl`-Datei mit *Shared data size conflict in shared_data for monitor [Ihr Monitor-Name], expected 328, got 316* angezeigt.

Um diesen Fehler zu beheben, öffnen Sie mit einem Editor Ihrer Wahl – in diesem Beispiel nano – die Datei `Memory.pm`, die für die Speicherverwaltung von Zoneminder zuständig ist:

```
sudo bash
nano /usr/local/share/perl/5.12.4/ZoneMinder/Memory.pm
```

Ist die Datei geöffnet, suchen Sie nach dem Abschnitt

```
$arch = int(3.2*length(~0));
```

und ersetzen diesen mit

```
$arch = 32;
```

Die bequemste Möglichkeit ist, den (für den Raspberry Pi fehlerhaften) Eintrag einfach per Lattenzaunsymbol # auszukommentieren und auf der darauffolgenden Zeile die arch-Variable auf den neuen Wert zu setzen.

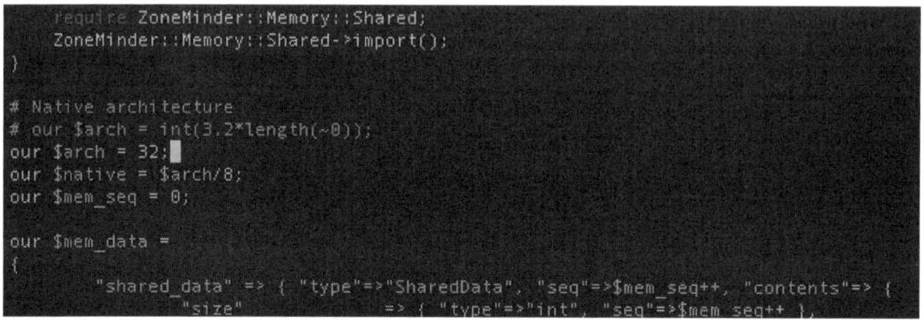

Bild 8.70: Haben Sie die Änderung im nano-Editor durchgeführt, beenden Sie per Strg + X die Eingabe, bestätigen per Enter -Taste das Speichern der Datei sowie die Dateibezeichnung und beenden damit den nano-Editor.

Bild 8.71: Nach der Anpassung der arch-Variablen speichern Sie die Datei Memory.pm.

Im nächsten Schritt starten Sie Zoneminder per Befehl

```
service zoneminder restart
```

neu und prüfen anschließend die Zoneminder-Logdatei.

Bild 8.72: Per `success`-Meldung sollte der Zoneminder-Neustart quittiert werden.

Um sich die Logdatei erneut anzusehen, klicken Sie wieder auf den *Log*-Link von Zoneminder.

Bild 8.73: Änderung erfolgreich: Nun gehört die lästige *Shared data size conflict*-Fehlermeldung der Vergangenheit an.

Jeder Eintrag in die Logdatei – also das Schreiben der Logdateien mit allem, was dazugehört – zieht Systemressourcen, und die sind auf dem Raspberry Pi bekanntlich rar. Hier sollten Sie alle sichtbaren Fehlermeldungen ausmerzen, um dann später darüber nachzudenken, das Schreiben der Logdatei in den Optionen von Zoneminder abzuschalten.

8.5.7 Lib-JPEG-Fehlermeldung eliminieren

Wer neben einer lokal am Raspberry Pi angeschlossenen Webcam eine sogenannte IP-Kamera mit dem Raspberry koppelt, kommt in der Logdatei womöglich auch mit einem weiteren Phänomen in Berührung: Eine weitere wiederkehrende Fehlermeldung im Log deutet auf ein Problem in der JPEG-Library hin, doch in der Praxis – in der Konsole – sind die übertragenen Dateien in Ordnung. Ein weiterer Grund, hier die Fehlermeldung auszumerzen und somit die Logdatei von Zoneminder zu entrümpeln.

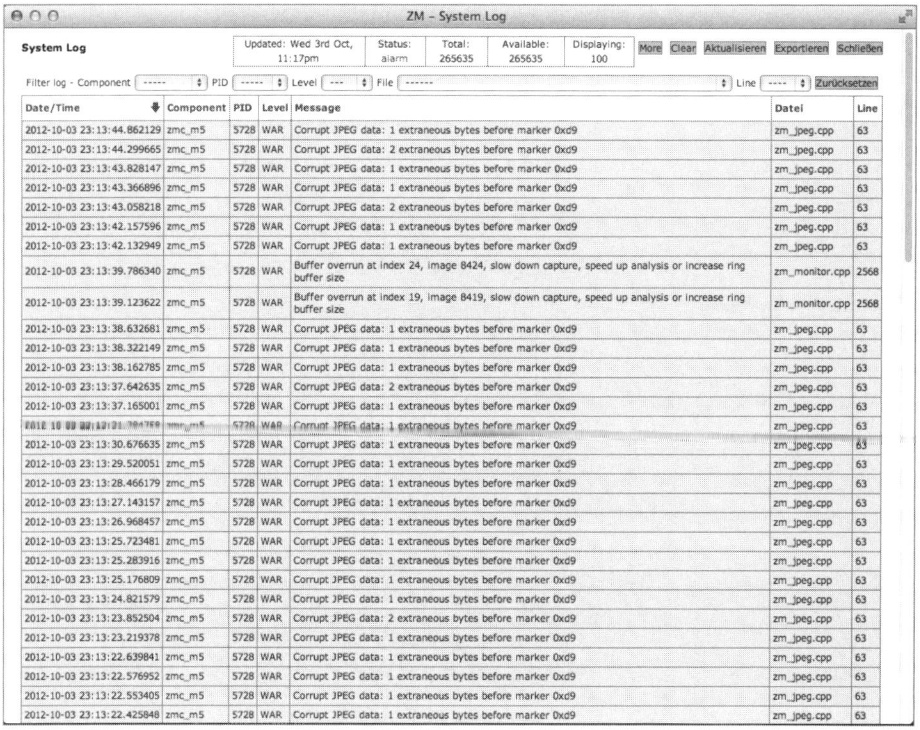

ZM – System Log

System Log | Updated: Wed 3rd Oct, 11:17pm | Status: alarm | Total: 265635 | Available: 265635 | Displaying: 100 | More | Clear | Aktualisieren | Exportieren | Schließen

Filter log - Component ----- | PID ----- | Level --- | File ------ | Line ---- | Zurücksetzen

Date/Time	Component	PID	Level	Message	Datei	Line
2012-10-03 23:13:44.862129	zmc_m5	5728	WAR	Corrupt JPEG data: 1 extraneous bytes before marker 0xd9	zm_jpeg.cpp	63
2012-10-03 23:13:44.299665	zmc_m5	5728	WAR	Corrupt JPEG data: 2 extraneous bytes before marker 0xd9	zm_jpeg.cpp	63
2012-10-03 23:13:43.828147	zmc_m5	5728	WAR	Corrupt JPEG data: 1 extraneous bytes before marker 0xd9	zm_jpeg.cpp	63
2012-10-03 23:13:43.366896	zmc_m5	5728	WAR	Corrupt JPEG data: 1 extraneous bytes before marker 0xd9	zm_jpeg.cpp	63
2012-10-03 23:13:43.058218	zmc_m5	5728	WAR	Corrupt JPEG data: 2 extraneous bytes before marker 0xd9	zm_jpeg.cpp	63
2012-10-03 23:13:42.157596	zmc_m5	5728	WAR	Corrupt JPEG data: 1 extraneous bytes before marker 0xd9	zm_jpeg.cpp	63
2012-10-03 23:13:42.132949	zmc_m5	5728	WAR	Corrupt JPEG data: 1 extraneous bytes before marker 0xd9	zm_jpeg.cpp	63
2012-10-03 23:13:39.786340	zmc_m5	5728	WAR	Buffer overrun at index 24, image 8424, slow down capture, speed up analysis or increase ring buffer size	zm_monitor.cpp	2568
2012-10-03 23:13:39.123622	zmc_m5	5728	WAR	Buffer overrun at index 19, image 8419, slow down capture, speed up analysis or increase ring buffer size	zm_monitor.cpp	2568
2012-10-03 23:13:38.632681	zmc_m5	5728	WAR	Corrupt JPEG data: 1 extraneous bytes before marker 0xd9	zm_jpeg.cpp	63
2012-10-03 23:13:38.322149	zmc_m5	5728	WAR	Corrupt JPEG data: 1 extraneous bytes before marker 0xd9	zm_jpeg.cpp	63
2012-10-03 23:13:38.162785	zmc_m5	5728	WAR	Corrupt JPEG data: 1 extraneous bytes before marker 0xd9	zm_jpeg.cpp	63
2012-10-03 23:13:37.642635	zmc_m5	5728	WAR	Corrupt JPEG data: 2 extraneous bytes before marker 0xd9	zm_jpeg.cpp	63
2012-10-03 23:13:37.165001	zmc_m5	5728	WAR	Corrupt JPEG data: 1 extraneous bytes before marker 0xd9	zm_jpeg.cpp	63
[illegible]	[illegible]	[illegible]	WAR	Corrupt JPEG data: 1 extraneous bytes before marker 0xd9	zm_jpeg.cpp	63
2012-10-03 23:13:30.676635	zmc_m5	5728	WAR	Corrupt JPEG data: 1 extraneous bytes before marker 0xd9	zm_jpeg.cpp	63
2012-10-03 23:13:29.520051	zmc_m5	5728	WAR	Corrupt JPEG data: 1 extraneous bytes before marker 0xd9	zm_jpeg.cpp	63
2012-10-03 23:13:28.466179	zmc_m5	5728	WAR	Corrupt JPEG data: 1 extraneous bytes before marker 0xd9	zm_jpeg.cpp	63
2012-10-03 23:13:27.143157	zmc_m5	5728	WAR	Corrupt JPEG data: 1 extraneous bytes before marker 0xd9	zm_jpeg.cpp	63
2012-10-03 23:13:26.968457	zmc_m5	5728	WAR	Corrupt JPEG data: 1 extraneous bytes before marker 0xd9	zm_jpeg.cpp	63
2012-10-03 23:13:25.723481	zmc_m5	5728	WAR	Corrupt JPEG data: 1 extraneous bytes before marker 0xd9	zm_jpeg.cpp	63
2012-10-03 23:13:25.283916	zmc_m5	5728	WAR	Corrupt JPEG data: 1 extraneous bytes before marker 0xd9	zm_jpeg.cpp	63
2012-10-03 23:13:25.176809	zmc_m5	5728	WAR	Corrupt JPEG data: 1 extraneous bytes before marker 0xd9	zm_jpeg.cpp	63
2012-10-03 23:13:24.821579	zmc_m5	5728	WAR	Corrupt JPEG data: 1 extraneous bytes before marker 0xd9	zm_jpeg.cpp	63
2012-10-03 23:13:23.852504	zmc_m5	5728	WAR	Corrupt JPEG data: 2 extraneous bytes before marker 0xd9	zm_jpeg.cpp	63
2012-10-03 23:13:23.219378	zmc_m5	5728	WAR	Corrupt JPEG data: 1 extraneous bytes before marker 0xd9	zm_jpeg.cpp	63
2012-10-03 23:13:22.639841	zmc_m5	5728	WAR	Corrupt JPEG data: 1 extraneous bytes before marker 0xd9	zm_jpeg.cpp	63
2012-10-03 23:13:22.576952	zmc_m5	5728	WAR	Corrupt JPEG data: 1 extraneous bytes before marker 0xd9	zm_jpeg.cpp	63
2012-10-03 23:13:22.553405	zmc_m5	5728	WAR	Corrupt JPEG data: 1 extraneous bytes before marker 0xd9	zm_jpeg.cpp	63
2012-10-03 23:13:22.425848	zmc_m5	5728	WAR	Corrupt JPEG data: 1 extraneous bytes before marker 0xd9	zm_jpeg.cpp	63

Bild 8.74: *Corrupt JPEG data*: Diese Meldung wird von Zoneminder zwar als Warnung (*WAR*) eingestuft, sie nimmt aber nahezu die komplette Logdatei von Zoneminder in Beschlag.

Im ersten Schritt holen Sie sich den passenden Download-Link, um die JPEG-Quellen per `wget`-Befehl auf den Raspberry Pi herunterladen zu können. Suchen Sie auf Ihrem Computer einfach nach dem Dateinamen `jpegsrc.v8d.tar.gz` oder wechseln Sie mit dem Browser auf die Webseite *www.ijg.org/files*. Dort ist die Datei oder gar eine aktuellere Version zu finden – laden Sie diese nun über die Konsole des Raspberry mit dem Befehl

```
wget http://www.ijg.org/files/ jpegsrc.v8d.tar.gz
tar -xzvf jpegsrc.v8d.tar.gz
```

in das Home-Verzeichnis des Users `Pi`. Nach dem Entpacken per `tar`-Befehl navigieren Sie in das `/home/pi/jpeg-8d`-Verzeichnis und öffnen die Datei `jdmarker.c` mit dem nano-Editor:

```
sudo bash
/home/pi/jpeg-8d
nano jdmarker.c
```

Dort suchen Sie mit der Tastenkombination ⌷Strg⌷+⌷W⌷ nach der Zeichenkette `if (cinfo->marker->discarded_bytes)` und kommentieren, wie in nachstehender Abbildung zu sehen, per Eingabe der Kommentarzeichen `/*` und `*/` den Eintrag

```
WARNMS2(cinfo, JWRN_EXTRANEOUS_DATA, cinfo->marker->discarded_bytes, c);
```

aus.

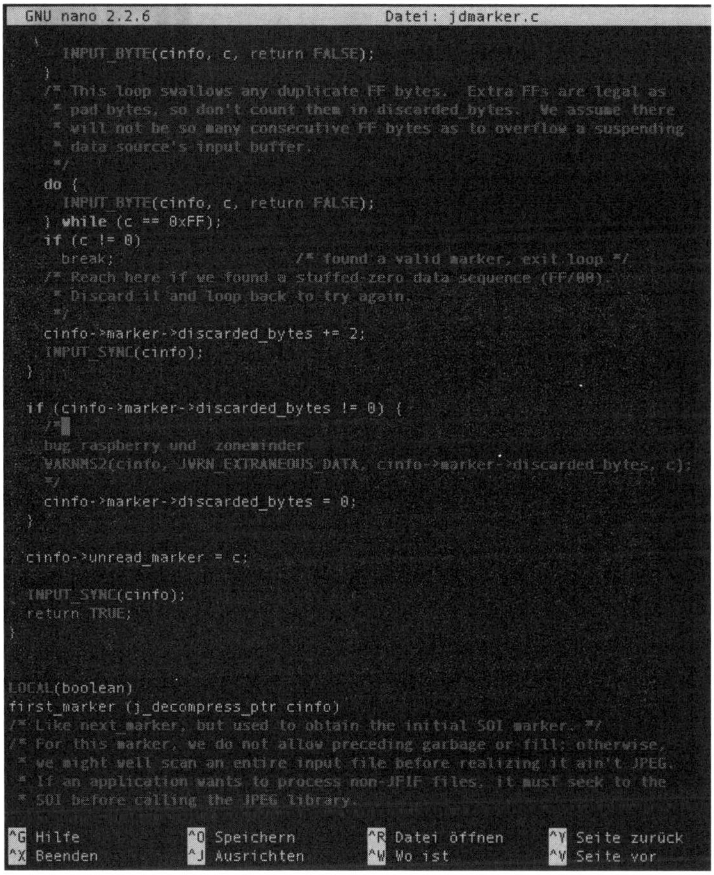

Bild 8.75: Nach der Änderung speichern Sie die Datei per Tastenkombination ⌷Strg⌷+⌷X⌷ und verlassen den nano-Editor.

Nach der Änderung des Quellcodes erstellen Sie eine eigene Version des angepassten JPEG-Pakets. Zunächst bereiten Sie die verfügbaren Quellen per

```
./configure
```

auf, um dann im nächsten Schritt mit

```
make && make install
```

das JPEG-Paket zu kompilieren.

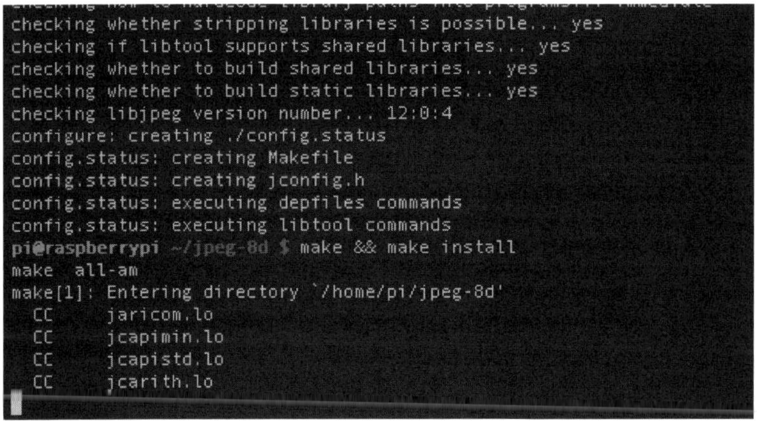

Bild 8.76: Das Kompilieren dauert auf dem Raspberry trotz der begrenzten Hardwarevoraussetzungen nur wenige Minuten.

Im nächsten Schritt ersetzen Sie die ursprünglichen durch die eben kompilierten Lib-JPEG-Dateien. Um einen problemlosen Zugriff auf die Dateien zu erhalten, gehen Sie wie folgt vor: Starten Sie eine root-Shell, beenden Sie den Zoneminder-Dienst, erstellen Sie eine Sicherheitskopie, um gegebenenfalls die durchgeführten Änderungen rückgängig machen zu können, und kopieren Sie die beiden Dateien an ihren neuen Ort:

```
sudo bash
service zoneminder stop
mv ./usr/arm-linux-gnueabi/lib/libc.so.8 ./usr/arm-linux-
gnueabi/lib/libc.so.8.old
mv ./usr/arm-linux-gnueabi/lib/libc.so.8.4.0 ./usr/arm-linux-
gnueabi/lib/libc.so.8.4.0.old
cp ./home/pi/jpeg-8/libc.so.8 ./usr/arm-linux-gnueabi/lib/libc.so.8
cp ./home/pi/jpeg-8/libc.so.8.4.0 ./usr/arm-linux-gnueabi/lib/libc.so.8.4.0
service zoneminder start
```

Nach dem Neustart von Zoneminder sollten die JPEG-Fehler nun der Vergangenheit angehören. Wer den Raspberry zu einer Wohnungs-/Hausüberwachungszentrale ausbauen möchte, der hat mit Zoneminder nun alle Möglichkeiten, die jedoch den Rahmen dieses Buchs sprengen würden. Doch auch das Hinzufügen von externen IP-

Kameras für den Innen- und Außeneinsatz lässt sich problemlos bewerkstelligen – und diese sind nicht mal teuer: So finden sich in der 50-Euro-Preisklasse durchwegs brauchbare Modelle, die in der vorgestellten Zoneminder-Konfiguration (fast) auf Anhieb in Betrieb genommen werden können.

8.6 IP-Kamera mit Raspberry Pi koppeln

Ist das Budget für die Anschaffung einer IP-Kamera in der 50-Euro-Preisklasse angesiedelt, landet man in der Regel bei den Chinamodellen, die im Großen und Ganzen zwar identisch sind, jedoch von unterschiedlichen Herstellern und Händlern wiederum zu unterschiedlichen Preisen auf unterschiedlichen Plattformen wie Amazon, eBay etc. vertickt werden.

So sind die Hersteller EasyN, Foscam und Wansview mit den gleichen Kameramodellen mit nahezu dem gleichen Lieferumfang am Markt vertreten – im Oktober 2012 jedoch mit Preisunterschieden von bis zu 20 Euro. In diesem Beispiel war die IP-Kamera NC541/W des Herstellers Wansview bei Amazon für 57 Euro der Gewinner – der technisch beispielsweise der Foscam-Kamera FI8908W entspricht.

8.6.1 IP-Kamera in Betrieb nehmen

Egal für welche Kamera man sich in dieser Preisklasse entscheidet, allen gemeinsam ist, dass die Ersteinrichtung nach dem Willen des Herstellers über Windows zu erledigen ist. Ein Vorkonfigurieren der Kamera ist unter anderem notwendig, da diese sich ab Werk in einem eigenen Subnetz (192.168.0.X) befindet und die IP-Adresse dort fest eingetragen ist.

Entweder Sie ändern kurzzeitig die IP-Adresse des Computers, um diesen ebenfalls in diesem Subnetz zu betreiben, oder Sie behelfen sich unter Mac OS mit einem Kameratool von Foscam (*www.foscam.de/index.php/foscam-service-und-support/download/viewdownload/19-software/15-ip-camera-tool-fuer-mac*), mit dem Sie die IP-Adresse der IP-Kamera anpassen können. Ist die Kamera ausgepackt und aufgestellt, hat sie grundsätzlich im Lieferzustand folgende Einstellungen:

```
IP-Adresse: 192.168.0.178
http-Port 80
Username: admin
Password: 123456
```

Für Windows und Mac OS X nutzen Sie also das Kameratool, um die Netzwerkeinstellungen der Kamera anzupassen. Nach dem Download starten Sie das Werkzeug, das anschließend eine Suche nach der Kamera im heimischen Netzwerk durchführt. Nach einem kurzen Augenblick ist sie bereits gefunden.

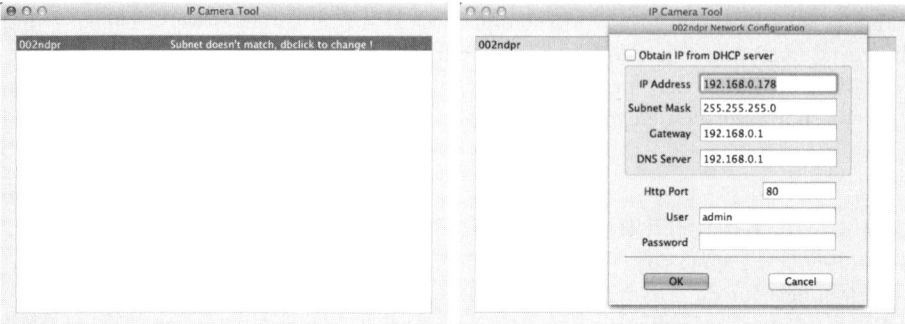

Bild 8.77: Nach einem Klick auf die im Heimnetz gefundene Kamera erscheint ein Konfigurationsdialog, in dem Sie entweder die IP-Adresse für Ihr Heimnetz statisch anpassen oder das Häkchen bei *Obtain IP from DHCP server* setzen, damit die Kamera die dynamische IP-Adresse automatisch vom heimischen DHCP-Server des Routers bezieht.

Ist die IP-Kamera einmal im »richtigen« Netz, sind Änderungen zukünftig kein Problem mehr, da die Kamera eine eigene Administrationsoberfläche mitbringt. Dort lässt sich dann auch das Standardpasswort *123456* für den *admin*-User auf ein sicheres Kennwort ändern.

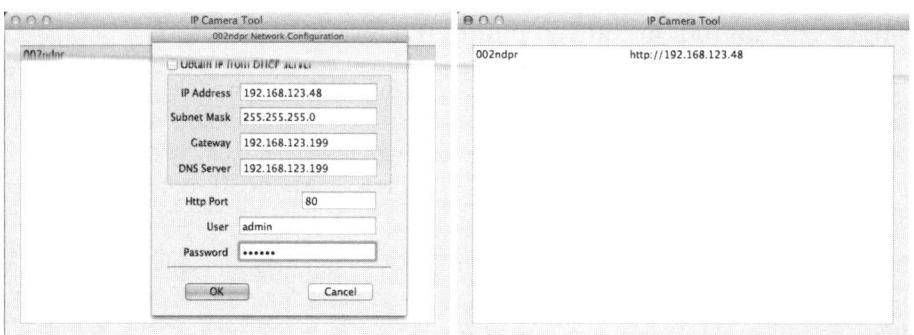

Bild 8.78: Änderung erfolgreich: Ein erneutes Scannen des Tools zeigt nun die geänderte IP-Adresse an.

Im nächsten Schritt öffnen Sie die Konfigurationsseite der IP-Kamera – hierzu geben Sie einfach die IP-Adresse im Adressfeld des Webbrowsers ein.

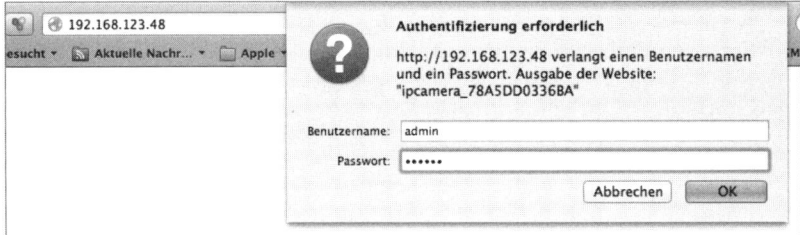

Bild 8.79: Für die Anmeldung ist der *admin*-Benutzer sowie das dazu passende Kennwort (Standard: *123456*) erforderlich.

Das Wichtigste liegt nun hinter Ihnen. Die IP-Kamera befindet sich jetzt im gleichen Subnetz wie der Raspberry Pi, auf dem Zoneminder läuft. Doch ein Blick hinter die Kulissen kann nicht schaden, vielleicht tun sich ja hier neue Möglichkeiten auf.

8.6.2   IP-Kamera konfigurieren

Grundsätzlich fällt nach der Anmeldung sofort auf, dass die Kamera abhängig vom Webbrowser zwei unterschiedliche Modi anbietet. Mode 1 ist für Computer mit Internet-Explorer-Nutzung, Mode 2 ist für die Firefox-, Chrome- und Safari-Konkurrenz vorgesehen. Die dritte Option ist für Mobilgeräte gedacht – im Folgenden wird ausschließlich Mode 2 (Firefox, Chrome, Safari) verwendet.

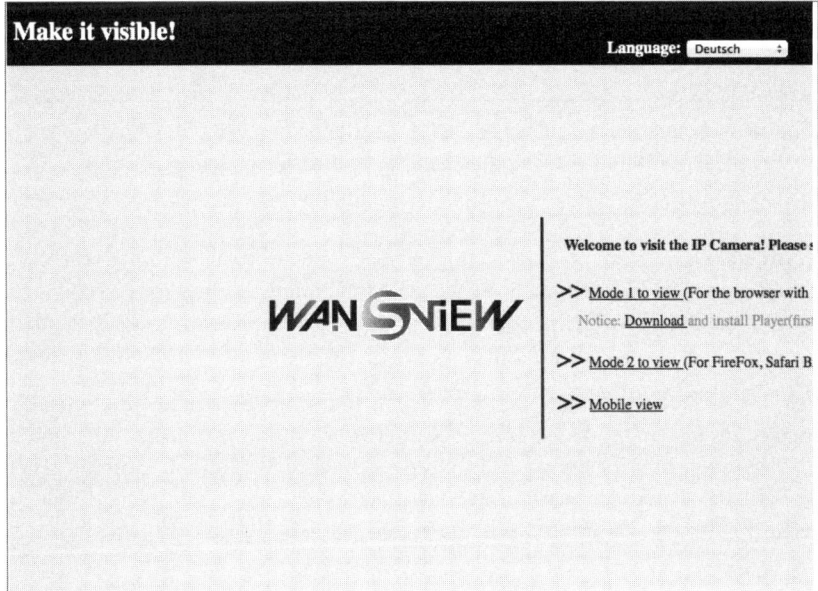

Bild 8.80: Für Mode 1 ist noch die Installation eines IE-Plug-ins erforderlich, in den nachfolgenden Dialogen wird jedoch Mode 2 genutzt.

Zunächst wird geprüft, ob die IP-Kamera überhaupt auf dem aktuellen Stand in Sachen Firmware und Benutzeroberfläche ist. Dies erfahren Sie im Register *Maintain* unter *Gerätestatus*. Der Sprachenmix von Deutsch und Englisch ist wohl dem Umschalten auf Deutsch auf dem Startbildschirm zuzuschreiben.

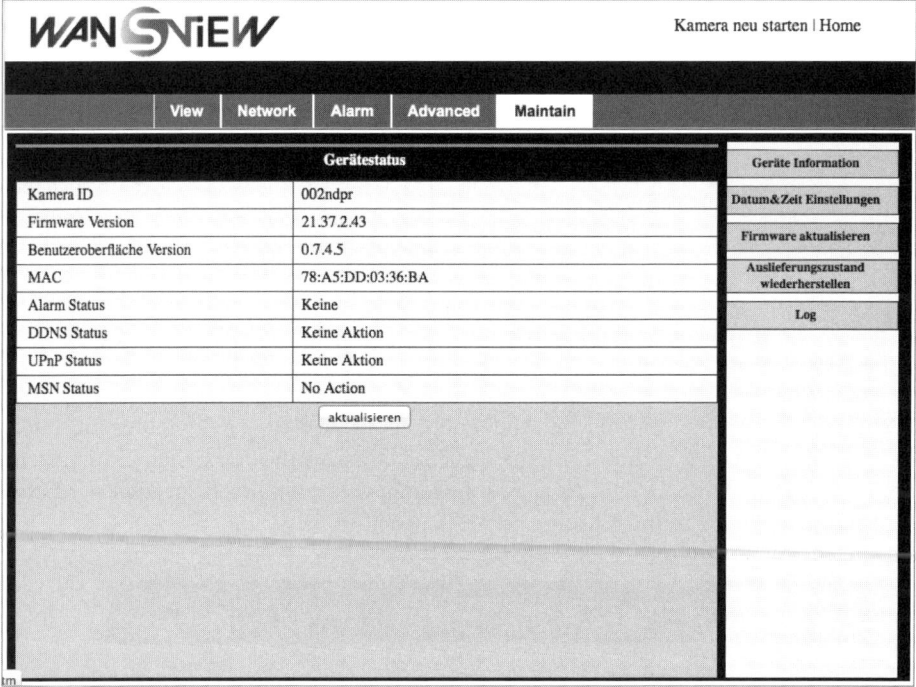

Bild 8.81: Spartanisch: Zunächst nichtssagende Informationen tauchen unter *Maintain* auf – ob die Firmware nun aktuell ist oder nicht, dies herauszufinden bleibt dem Anwender überlassen.

In Sachen Firmware und Version der Weboberfläche wäre es zwar schön, wenn man wüsste, ob die eingesetzte Version auch die aktuelle ist – mangels eines entsprechenden Hinweises in der Benutzeroberfläche oder in den Unterlagen im Karton muss dazu aber später das Internet zurate gezogen werden.

Nun geht es zunächst darum, die Kamera wie auch immer in Betrieb zu nehmen: Grundsätzlich ist an Orten, an denen eine IP-Kamera zum Einsatz kommen soll, in den wenigsten Fällen auch eine passende RJ45-Netzwerkbuchse vorhanden. Somit ist die Einrichtung bzw. das Funktionieren des WLAN erste Pflicht einer passablen Wireless-LAN-IP-Network-Kamera. Dafür wechseln Sie in den Bereich *Network /Wireless Lan.*

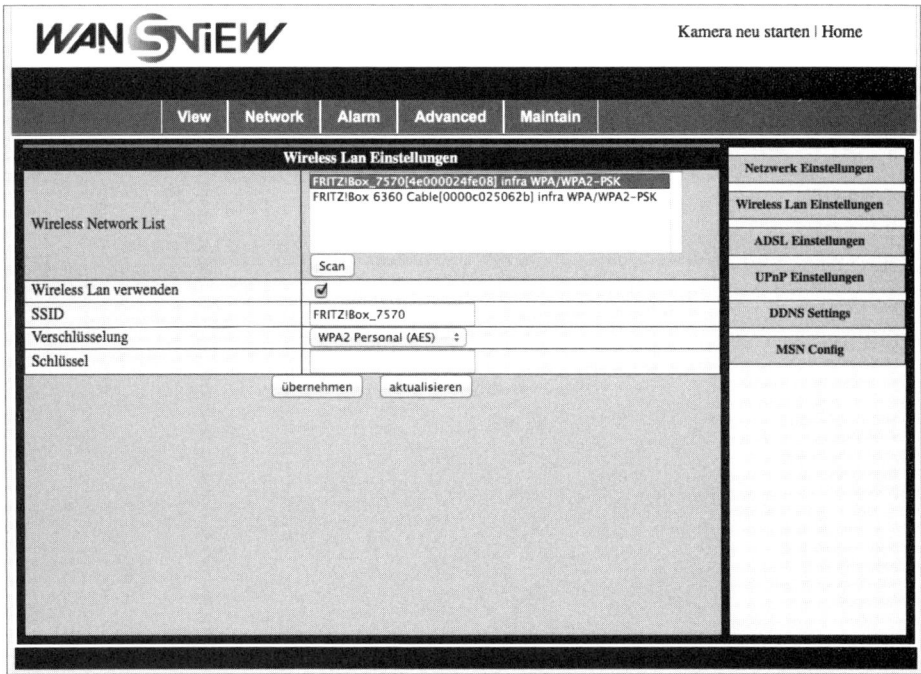

Bild 8.82: Per Klick auf die *Scan*-Schaltfläche prüfen Sie die nähere Umgebung auf verfügbare WLAN-Netze. Wurde das passende Wireless-Netz mit der passenden SSID gefunden, markieren Sie es und stellen die entsprechend genutzte Verschlüsselung des WLAN-Routers ein.

Die Überraschung folgt sogleich: Hier schlug schon der Verbindungsaufbau zum WLAN-Router fehl – trotz aktuellster Firmwareversion des FRITZ!Box-Routers. Nach mehreren Versuchen und Änderungen war die Ursache dieses ominösen Verhaltens schnell gefunden: Das zugehörige Kennwort, also der Schlüssel der WLAN-Verbindung, darf in diesem Fall kein Sonderzeichen enthalten.

Das sorgt für Verwunderung, da die Nutzung von Sonderzeichen das Sicherheitsniveau solcher Kennwörter doch drastisch erhöht. In diesem Fall heißt es jedoch fürs Erste: in den sauren Apfel beißen oder auf die WLAN-Funktion verzichten. Hat man noch den sauren Geschmack im Mund, könnte beim nächsten relevanten Konfigurationsdialog bei manchen bereits Sodbrennen entstehen: Die Anpassung der dynamischen DNS-Adresse ist alles andere als benutzerfreundlich und vertrauenerweckend.

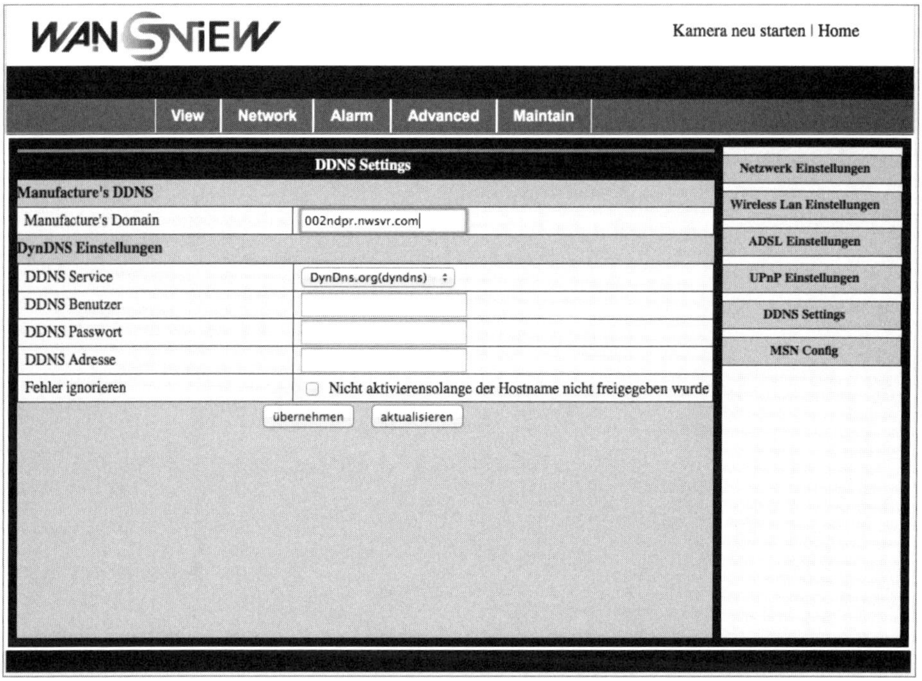

Bild 8.07: In diesem Dialog könnten Sie den dynamischen DNS-Namen der Kamera eintragen, falls diese exklusiv aus dem Internet erreichbar sein soll. In der Regel übernimmt diese Aufgabe jedoch bereits der angeschlossene DSL/WLAN-Router im Heimnetz.

Missverständlich ist die Option *Nicht aktivieren solange der Hostname nicht freigegeben wurde*. Heißt dies, dass Fehler bei der DynDNS-Nutzung von der Kamera zu ignorieren sind, falls die konfigurierte DynDNS-Adresse nicht erreichbar ist? Zudem ist unklar, wann die eigentliche Aktivierung des Hostnamens bzw. die Freigabe hier erfolgt. Außerdem sticht hier die Adresse *002ndpr.nwsvr.com* ins Auge. Sucht man im Internet nach den Domainnamen *nwsvr.com*, kommt relativ schnell zum Vorschein, wo sich diese Domain versteckt:

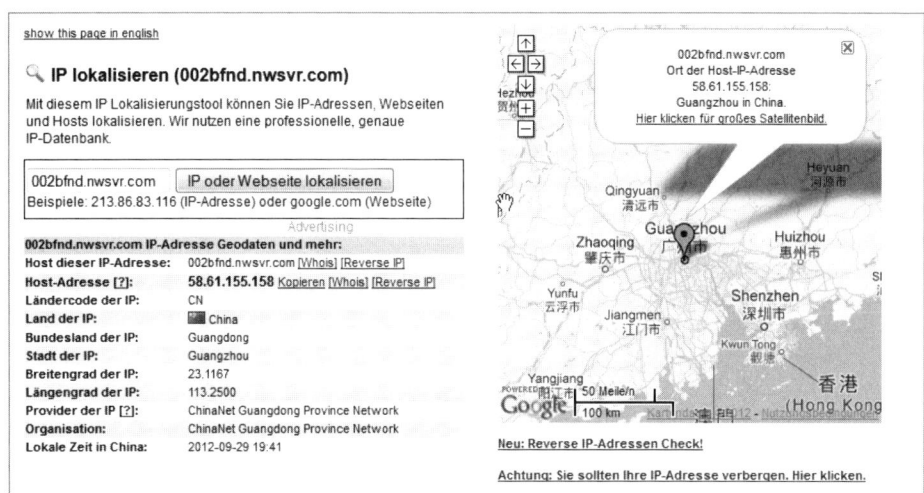

Bild 8.84: Nun sollte jeder selbst entscheiden, ob er diese DNS-Adresse nutzen möchte, um den externen Zugriff auf seine IP-Kamera zu Hause zu steuern.

In diesem Beispiel sollten Sie zumindest den Eintrag bei *Manufacture's Domain* entfernen und auch den DynDNS-Service der Kamera zunächst ausgeschaltet lassen. Dieser ist für den Zoneminder-Betrieb unter Raspberry Pi nicht notwendig. Doch grundsätzlich ist der direkte Internetzugriff auf die Kamera für Sicherheitsbewusste unzureichend: Hier bietet die Kamera keinerlei Möglichkeiten – weder über SSL noch über andere Verschlüsselungstechnologien. So ist das Parsen und Mitlesen der Datenpakete inklusive entsprechender Kennwörter für den Kamerazugriff keine große Wissenschaft, da hier das unsichere HTTP-Protokoll verwendet wird.

Grundsätzlich sollte somit der Zugriff auf die Kamera über einen anderen Computer im Heimnetz wie beispielsweise den Raspberry Pi gesteuert werden, oder es sollte eine Sicherheitslösung wie ein VPN-Tunnel o. Ä. »drum herumgebaut« werden, um den öffentlichen Zugriff auf die IP-Kamera zu verhindern.

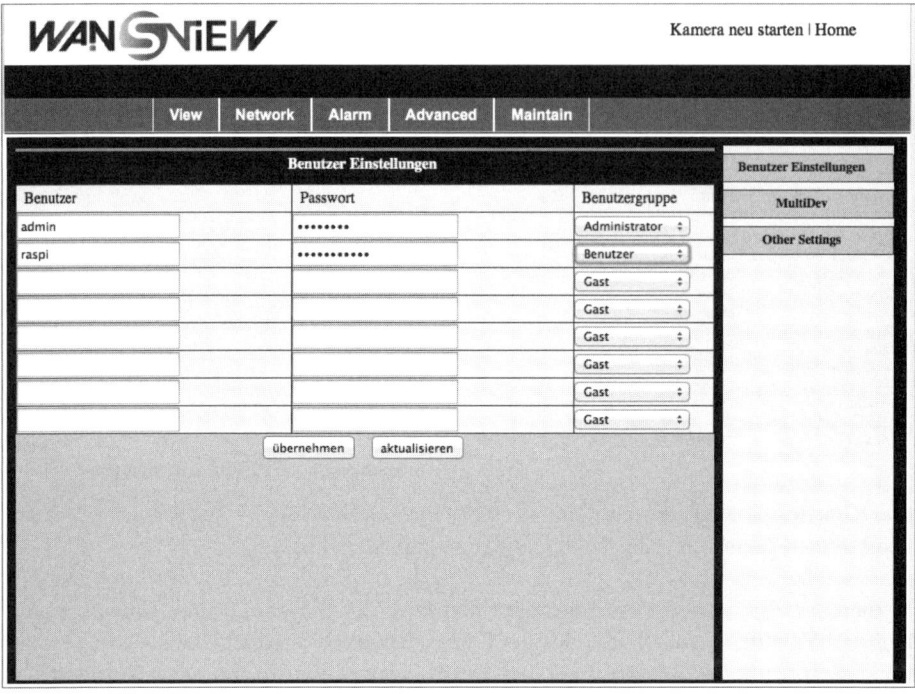

Dild 8.85: Für den Betrieb mit Zoneminder legen Sie in diesem Dialog einen neuen Benutzer an. In diesem Dialog wird er *raspi* genannt und der Benutzergruppe *Benutzer* zugeordnet. Als Kennwort wird hier *raspi123456* verwendet.

Für das Zoneminder-Projekt sind nun die wesentlichen Schritte erledigt – Sicherheitsbewusste ändern noch das Standardpasswort für den Kamerauser *admin* von *123456* auf ein beliebiges Kennwort. Im nächsten Schritt fügen Sie die IP-Kamera der Zoneminder-Konfiguration hinzu und integrieren sie in die Monitoransicht

8.6.3 IP-Kamera mit Zoneminder koppeln

Das Eintragen der IP-Kamera erfolgt bei gestartetem Zoneminder über das Webfrontend per Klick auf den Link *Add New Monitor*. In diesem Konfigurationsfenster tragen Sie dazu zunächst im Register *Allgemeines* bei *Name* eine aussagekräftige Bezeichnung für die Kamera ein. Hier wurde die einfache Bezeichnung *Eingang* gewählt. Für den *Quellentyp* ist *Entfernt/Remote* der richtige Eintrag, und bei *Aktiviert/Enabled* ist das Häkchen zu setzen, um die Kamera für Zoneminder zu aktivieren. Im Register *Quelle/Source* wählen Sie für das Übertragungsprotokoll *HTTP* für die Kommunikation von der IP-Kamera zum Raspberry Pi aus.

Bild 8.86: Hier passen Sie den Hostnamen sowie gegebenenfalls den entsprechenden Port für die Übertragung von der IP-Kamera zum Raspberry Pi an.

Je nach konfiguriertem Port der IP-Kamera (hier: *8088*) tragen Sie diesen bei *Remote Port/Entfernter Hostport* ein – für den entfernten Hostnamen verwenden Sie die Syntax *user:passwort@<ip-adresse-der-ip-kamera>*. Haben Sie für den Zugriff auf die IP-Kamera wie im obigen Beispiel eigens einen Benutzer (User: *raspi*, Passwort: *raspi123456*) angelegt, nutzen Sie die Syntax *raspi:raspi123456@192.168.123.44* – in diesem Beispiel ist *192.168.123.44* die IP-Adresse der IP-Kamera im Heimnetz.

Bei *Entfernter Hostpfad/remote path* tragen Sie hier */videostream.cgi* ein, für die Farbtiefe nutzen Sie *24-Bit* und für das Videoformat zunächst 320 x 240 Pixel.

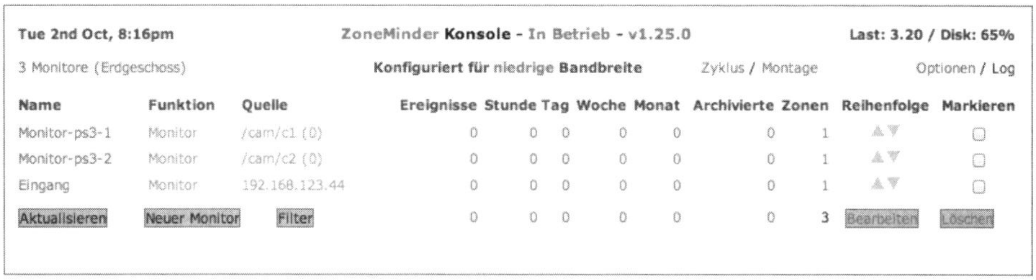

Tue 2nd Oct, 8:16pm		ZoneMinder **Konsole** - In Betrieb - v1.25.0						Last: 3.20 / Disk: 65%		
3 Monitore (Erdgeschoss)			Konfiguriert für niedrige **Bandbreite**			Zyklus / Montage			Optionen / Log	
Name	Funktion	Quelle	Ereignisse	Stunde	Tag	Woche	Monat	Archivierte Zonen	Reihenfolge	Markieren
Monitor-ps3-1	Monitor	/cam/c1 (0)	0	0	0	0	0	0	1 ▲▼	☐
Monitor-ps3-2	Monitor	/cam/c2 (0)	0	0	0	0	0	0	1 ▲▼	☐
Eingang	Monitor	192.168.123.44	0	0	0	0	0	0	1 ▲▼	☐
Aktualisieren	Neuer Monitor	Filter	0	0	0	0	0	0	3 Bearbeiten	Löschen

Bild 8.87: Wenn die in Zoneminder angeschlossenen Geräte sauber konfiguriert sind, wird das durch den farblich hinterlegten Status dargestellt.

Nach dem Klick auf die *OK*-Schaltfläche erscheint nun die IP-Kamera als zusätzliche Kamera in der Zoneminder-Konfiguration. Einen Moment später passt sich der Status der eben konfigurierten Kamera im Zoneminder-Frontend farblich an die bereits konfigurierten Geräte an.

Bild 8.88: Per Klick auf den *Montage*-Link in der Zoneminder-Übersicht sollten nun sämtliche Kamerabilder der mit dem Raspberry Pi verbundenen Geräte erscheinen.

Mehr Pixel, mehr Bildqualität: In diesem Konfigurationsbeispiel hatten wir jedoch den Zustand, dass die beiden am Raspberry Pi angeschlossenen Webcams mit der Auflösung 320 x 240 Pixel konfiguriert waren – erst durch den Wechsel von 640 x 480 auf 320 x 240 Pixel konnte auch die IP-Kamera zur Zusammenarbeit mit den anderen beiden lokalen Kameras überredet werden. Offensichtlich unterstützt Zoneminder keinen Mischbetrieb von Kameras bei unterschiedlicher Bildformatkonfiguration.

8.6.4 Zoneminder-Feintuning: mehr Bandbreite, mehr Qualität

Je mehr Kameras mit dem Raspberry Pi und Zoneminder genutzt werden, desto mehr Leistung und Bandbreite sind für die ruckelfreie Wiedergabe notwendig. Hier ist auch die Art der Nutzung entscheidend: Video-/Bildaufnahmen benötigen in diesem Fall mehr I/O-Ressourcen und dafür weniger CPU-Power – eine Bewegungserkennung hingegen ist vergleichsweise sehr CPU-lastig und schreibt dafür weniger auf die SD-Karte.

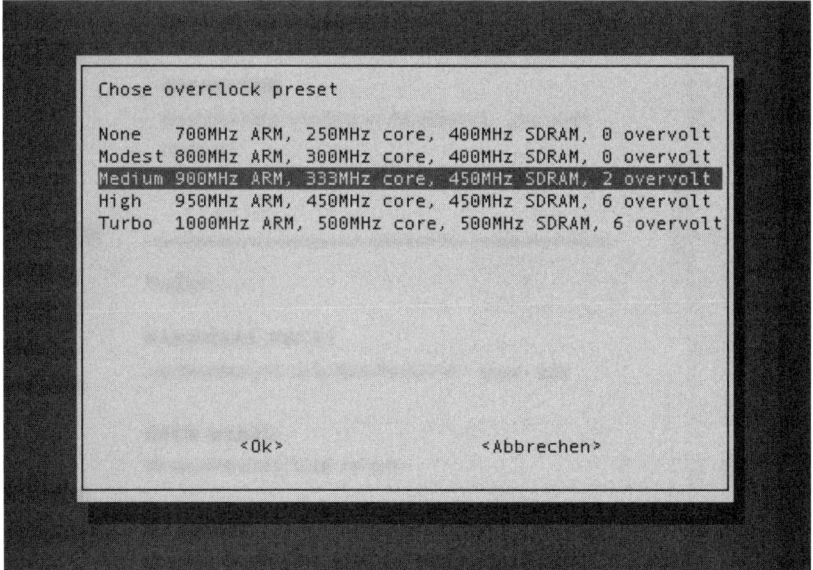

Bild 8.89: Behutsam und in kleinen Schritten: Über die Konsole starten Sie mit dem Kommando `raspi-config` über den Punkt `Overclocking` den Übertakten-Dialog des Raspberry Pi. Zunächst sollten Sie aus Stabilitäts- und Analysegründen mit kleineren Übertaktungsschritten beginnen.

Planen Sie also ein Überwachungssystem vorwiegend mit Bewegungserkennung (beispielsweise einen Türspion), bringt das dezentere Overclocking des Raspberry Pi einen spürbaren Leistungskick. Umgekehrt lohnt sich die Anschaffung einer größeren und schnelleren SD-Karte, falls es beim Speichern der Dateien hin und wieder zu Wacklern kommt.

Auch gerade bei längeren Aufnahmen kommt es vor, dass der vorhandene Speicherplatz auf dem Raspberry Pi nicht ausreicht. Hier sollten Sie darauf achten, dass das Verzeichnis `/var/cache/zoneminder` ausreichend dimensioniert ist. Haben Sie im Heimnetz noch einen NAS-Server im Einsatz, können Sie auch dieses Zoneminder-Verzeichnis (und andere) über einen symbolischen Link auf das Netzwerklaufwerk umleiten.

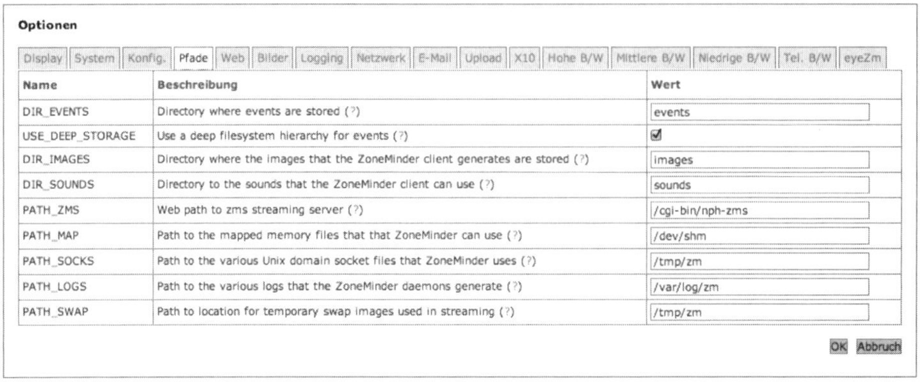

Optionen														
Display	System	Konfig.	Pfade	Web	Bilder	Logging	Netzwerk	E-Mail	Upload	X10	Hohe B/W	Mittlere B/W	Niedrige B/W	Tel. B/W	eyeZm

Name	Beschreibung	Wert
DIR_EVENTS	Directory where events are stored (?)	events
USE_DEEP_STORAGE	Use a deep filesystem hierarchy for events (?)	☑
DIR_IMAGES	Directory where the images that the ZoneMinder client generates are stored (?)	images
DIR_SOUNDS	Directory to the sounds that the ZoneMinder client can use (?)	sounds
PATH_ZMS	Web path to zms streaming server (?)	/cgi-bin/nph-zms
PATH_MAP	Path to the mapped memory files that that ZoneMinder can use (?)	/dev/shm
PATH_SOCKS	Path to the various Unix domain socket files that ZoneMinder uses (?)	/tmp/zm
PATH_LOGS	Path to the various logs that the ZoneMinder daemons generate (?)	/var/log/zm
PATH_SWAP	Path to location for temporary swap images used in streaming (?)	/tmp/zm

OK Abbruch

Bild 8.90: Zoneminder speichert die Aufnahmen in `/var/cache/zoneminder`.

Hier ist die Umkonfiguration von Zoneminder sinnvoll, um die Ablagepfade des Heimnetzes und die dort verfügbaren Freigaben nutzen zu können. Alternativ können Sie natürlich auch entfernte FTP-Verzeichnisse und Ablagen verwenden – diese müssen jedoch vorher auf dem Raspberry Pi per `mount` bekannt gemacht werden.

8.6.5 Elektronischer Wachhund auf dem Raspberry Pi

Egal ob Sie eine lokal angeschlossene Webcam oder eine IP-Kamera auf dem Raspberry Pi betreiben, beide können Sie via Zoneminder auch als Bewegungsmelder konfigurieren und sie darauf basierend anschließend weitere definierte Dinge tun lassen – beispielsweise bestimmte Personen benachrichtigen oder das Beweismaterial sichern. Ist die Bewegungserkennung (*Motion Detection*) bei Zoneminder eingeschaltet, aktiviert Zoneminder dafür grundsätzlich das komplette Kamerabild.

Überwachen Sie beispielsweise Ihre Haustür, würde in diesem Fall auch die Hausdecke mit überwacht, und je nach konfigurierter Sensibilität der Erkennung wird jeder Fliegenschlag im Bild als neues Ereignis gemeldet – unabhängig davon, ob jemand vor der Haustür steht oder nicht. Aus diesem Grund ist es sinnvoll, bei fest installierten Kameras für die Überwachung einen fixen Bildbereich festzulegen, nicht nur um Fehlalarme zu vermeiden, sondern auch um Speicherplatz für die Ereignisse zu sparen.

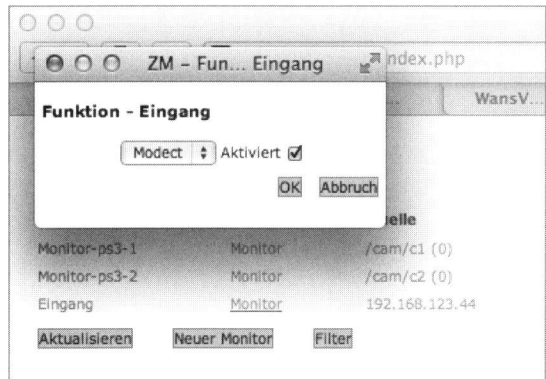

Bild 8.91: Hier wird die Kamera mit der Bezeichnung *Eingang* auf *Modect* umgestellt und per Häkchen aktiviert.

Grundsätzlich muss jede angeschlossene Kamera, die als Bewegungsmelder fungieren soll, entsprechend umkonfiguriert werden. Im Zoneminder-Hauptfenster wählen Sie einen bereits vorhandenen Monitor aus. Für die Funktion stehen hier folgende Möglichkeiten zur Verfügung:

Funktion	Bemerkung
None	Der Monitor ist abgeschaltet. In diesem Fall werden keine Bilderstreams aufgezeichnet und übertragen. Auch werden keine Aktionen angetriggert.
Monitor	Die Standardeinstellung *Monitor* stellt Bilderstreams bereit – hier wird jedoch keine Analyse der Aufzeichnung bzw. der Bilder vorgenommen (Bewegungserkennung).
Modect	Hiermit wird die Bewegungserkennung eingeschaltet. Die eingefangenen Bilder werden analysiert, und gegebenenfalls werden entsprechend definierte Aktionen ausgelöst.
Record	In dieser Einstellung dient der konfigurierte Geräteanschluss als simpler Videorekorder. Hier erfolgt eine permanente Aufzeichnung – also für die Ablage auf der Speicherkarte des Raspberry Pi abhängig von der eingesetzten Kapazität nur eine Sache von kurzer Dauer. In diesem Fall ist die Ablage auf einer Netzwerkfreigabe deutlich sinnvoller. Im Aufnahmemodus wird die Bewegungserkennung nicht unterstützt.
Mocord	Der Begriff *Mocord* bezeichnet die gemeinsame Funktion der Bewegungserkennung (*Motion Detection*) mit der dauerhaft eingeschalteten Aufnahme (*Record*). Hier erfolgt die Aufnahme auf jeden Fall, auch wenn die Bewegungserkennung nicht anschlägt.
Nodect	In diesem Fall ist die eigentliche Bewegungserkennung abgeschaltet, jedoch ist trotzdem die Aufnahme und Verarbeitung von Events möglich, falls diese von einem beliebig verbundenen Gerät angetriggert werden. So bieten beispielsweise manche IP-Kameras solche Schnittstellen, die sich für den Anschluss von Sensoren, Türklingeln etc. eignen. Wird hier das Relais aktiv, startet das *Nodect*-konfigurierte Gerät die Aufnahme bzw. die Übertragung der Bilder.

Ist nun die Bewegungserkennung per Wechsel auf *Modect* eingeschaltet, klicken Sie im rechten Bereich der Webseite auf den kleinen, unscheinbaren *Zonen*-Link bei dem entsprechenden Gerät. Damit gelangen Sie zum Konfigurationsdialog, um anschließend im Bildbereich eine oder mehrere Zonen für die Bewegungserkennung festzulegen.

Bild 8.92: Rechts im Bild in der Spalte *Zonen* verbirgt sich hinter der Zahl ein Link, über den Sie für jedes angeschlossene und mit *Modect* konfigurierte Gerät eine oder mehrere Zonen festlegen können.

Tragen Sie für jeden Bereich, den Sie mit der Bewegungserkennung erfassen wollen, eine aussagekräftige Bezeichnung ein. Hier übernehmen Sie grundsätzlich die Einstellungen aus dem nachstehenden Dialog – die Konfiguration *Fast, high sensitivity* ist jedoch für manche Anwendungsbereiche über das Ziel hinaus geschossen. Damit wird sogar die Bewegung einer Stubenfliege als Bewegung registriert – genug Grund für Sie, mit den Einstellungen etwas zu experimentieren.

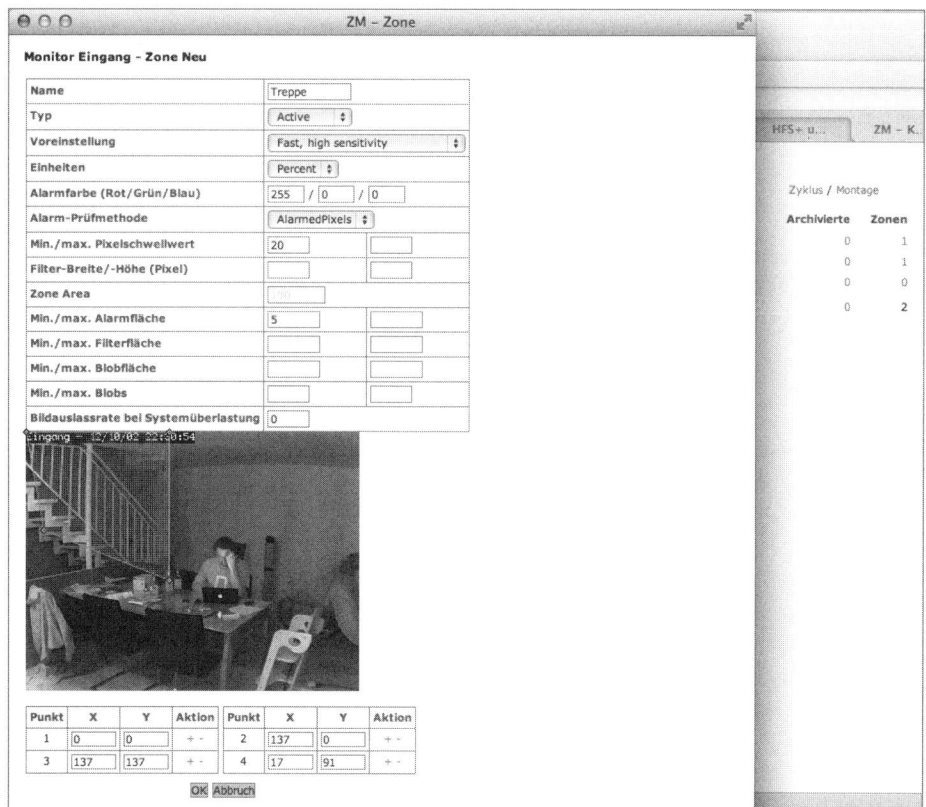

Bild 8.93: Nach dem Ausrichten der Kamera können Sie einfach mit dem Koordinatensystem des Bewegungserkennungsrasters die Ecken festlegen, bis genau der zu überwachende Bildbereich markiert ist.

Nach dem Festlegen einer Zone klicken Sie im obigen Konfigurationsfenster auf die *OK*-Schaltfläche, um zum Ausgangsdialog zurückzukehren. Nach Wunsch können Sie per Klick auf *Neue Zone* noch weitere Zonen für die Bewegungserkennung konfigurieren.

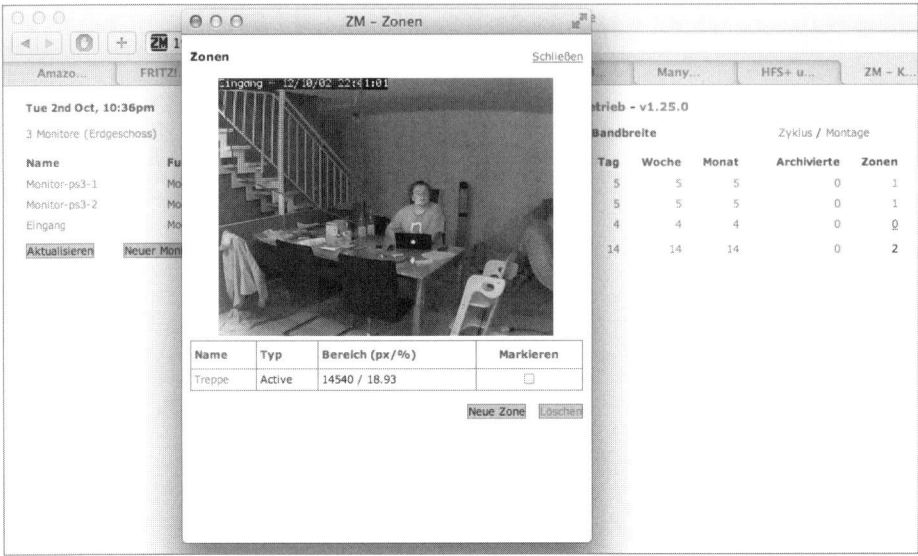

Bild 8.94: Nach dem Festlegen der Zone können weitere zu überwachende Bereiche per Klick auf die Schaltfläche *Neue Zone* hinzugefügt werden.

Weniger ist mehr: Nach dem Einrichten der Zonen im Bild wird die Konfiguration umgehend aktiv. Jede Bewegung in diesem Bereich löst eine Aktion aus und kostet somit Ressourcen in Sachen Speicherplatz, CPU- und Speicherbelastung, die bei einem Raspberry Pi nicht endlos zur Verfügung stehen. Aus diesem Grund sollten Sie – bevor Sie hier Qualität und Bandbreite nach oben drehen – die Einstellungen optimieren.

Überlegen Sie gegebenenfalls, ob die Kamera wirklich ein 24-Bit-Farbbild erzeugen muss oder ob auch ein Graustufenbild ausreichend ist. In diesem Fall würden der Speicher- und CPU-Bedarf und somit auch die Übertragungsbandbreite auf dem Raspberry Pi spürbar entlastet werden. Auch spielt die Anzahl der genutzten Kameras auf dem Raspberry Pi eine Rolle: Mehr als zwei Geräte sollten in diesem Fall nicht mit aktivierter Bewegungserkennung oder gar mit der Aufnahmefunktion konfiguriert sein.

8.6.6   Raspberry Pi als Fernbedienung für die Webcam nutzen

Bessere über das Netzwerk erreichbare IP-Kameras sind die sogenannten PTZ-Kameras, die Funktionen wie Pan, Tilt, Zoom (schwenken, neigen, zoomen) mitbringen. Hier schwankt der Leistungs- und Qualitätsumfang je nach eingesetztem Kapital – die günstigere Preisklasse kommt jedoch ohne optischen Zoom aus. Egal ob mit oder ohne Zoom – mit implementierter Pan/Tilt-Unterstützung können Sie mit dem Raspberry Pi auch die Fernsteuerungsfunktionen der Kamera mithilfe des installierten Zoneminder nutzen.

Bild 8.95: Öffnen Sie die Geräteeinstellungen via Zoneminder, hier ist noch kein Dialog für die Steuerungsfunktionen der Kamera zu finden.

Die Fernsteuerungsfunktionen müssen zunächst bei den Zoneminder-Optionen im *System*-Register mit einem Häkchen bei *OPT_CONTROL* explizit aktiviert werden. Nach dem Zoneminder-Neustart via `service zoneminder restart` steht Zoneminder für die PTZ-Funktion zur Verfügung.

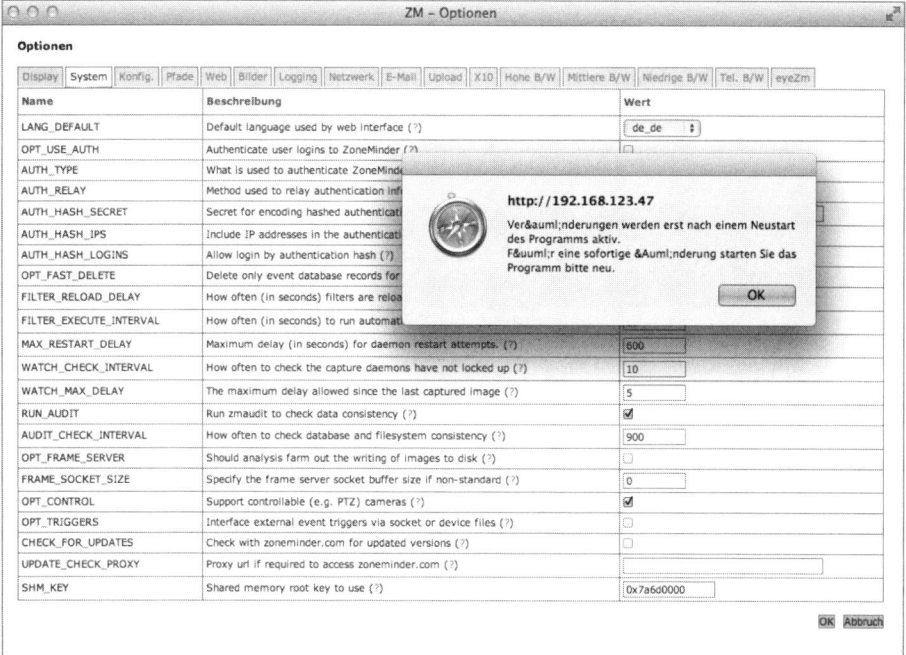

Bild 8.96: Nach dem Setzen des Häkchens weist Zoneminder darauf hin, dass Änderungen erst nach dem Neustart aktiv werden.

Zoneminder bringt bereits in der Grundinstallation ein kleines Set an vorkonfigurierten steuerbaren PTZ-Kameras mit, die jeweils als Perl-Modul im Verzeichnis `/usr/share/perl5/ZoneMinder/Control/` zu finden sind. Hier ist gegebenenfalls für Ihre Kamera auch ein passendes Control-Modul enthalten – um das herauszufinden, ist zunächst das Zoneminder-Wiki (*www.zoneminder.com/wiki/*) eine gute Anlaufstelle.

Suchen Sie dort einfach nach der Bezeichnung Ihrer eingesetzten Kamera. Manchmal kommt es vor, dass Sie hier nicht fündig werden und selbst aktiv werden müssen. In diesem Fall wählen Sie in der Raspberry Pi-Konsole im Verzeichnis ein bereits bestehendes Kontrollskript aus und passen dieses an Ihre Bedürfnisse an. Wichtig ist, dass Sie hier mit einer Kopie arbeiten. Geben Sie folgenden Befehl ein:

```
sudo bash
cd /usr/share/perl5/ZoneMinder/Control/
cp AxisV2.pm IhreCAM.pm
nano IhreCAM.pm
```

Hier ist wichtig, dass der Dateiname mit dem Package-Namen in der entsprechenden Datei übereinstimmt: In diesem Fall ist per nano-Editor die Package-Bezeichnung

```
ZoneMinder::Control::AxisV2;
```

auf

```
ZoneMinder::Control::IhreCAM;
```

zu ändern. Diese Bezeichnung nutzen Sie später auch bei der Auswahl des Protokolls bei der Zoneminder-Konfiguration des Kamerasteuerung.

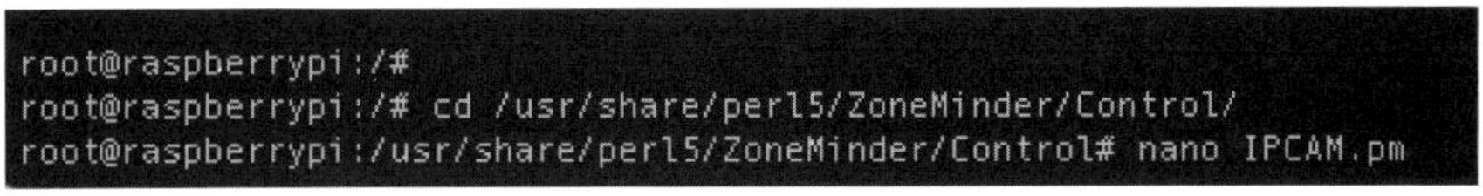

```
root@raspberrypi:/#
root@raspberrypi:/# cd /usr/share/perl5/ZoneMinder/Control/
root@raspberrypi:/usr/share/perl5/ZoneMinder/Control# nano IPCAM.pm
```

Bild 8.97: In diesem konkreten Beispiel mit der Kamera NCB541W (Wansview) wird die Datei `IPCAM.pm` erzeugt.

Da die in diesem Beispiel genutzte Kamera nahezu baugleich mit Modellen aus dem Hause Foscam, Hootoo, Trendcam, Apexis etc. ist, kann aus dem Zoneminder-Wiki das IPCAM-Kamera-Control-Modul genutzt und gegebenenfalls an die Kamerafunktionen angepasst werden.

Zunächst suchen Sie im Zoneminder-Wiki (*www.zoneminder.com/wiki/*) das dafür vorhandene Perl-Modul, markieren den Inhalt und kopieren diesen in die Zwischenablage des Computers. Haben Sie eine SSH-Terminalverbindung zum Raspberry Pi geöffnet, starten Sie eine root-Shell mit `sudo bash` und legen mit `nano IPCAM.pm` eine neue Datei an. Über das Kontextmenü der rechten Maustaste fügen Sie den Inhalt der Zwischenablage in das Terminalfenster ein.

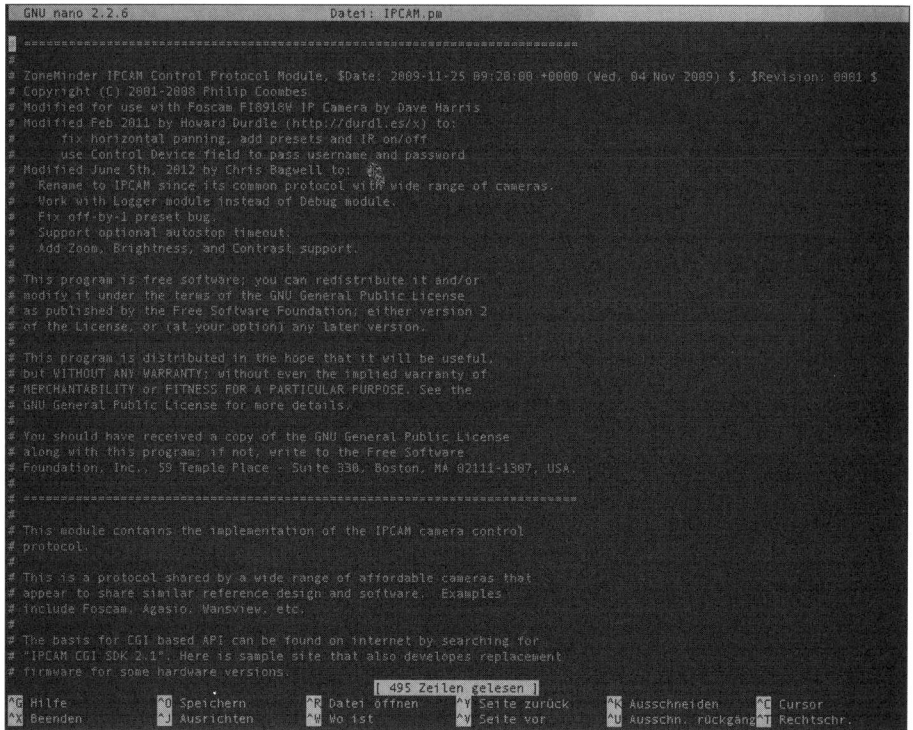

Bild 8.98: Ist die Datei `IPCAM.pm` mit `nano` geöffnet, kopieren Sie den Inhalt der Zwischenablage in das Fenster hinein. Per `Strg` + `X` beenden Sie die Eingabe und speichern die Datei ab.

Anschließend setzen Sie gegebenenfalls die Dateiberechtigungen der neuen Datei `IPCAM.pm` per `chmod`. Geben Sie in dem Verzeichnis den Befehl `ls -latr` ein, sollten alle `*.pm`-Dateien die gleichen Berechtigungen und Eigentümer besitzen.

Im nächsten Schritt öffnen Sie die Konfiguration des Monitors und setzen im Register *Kontrolle* unter *Kontrollierbar* erst einmal das Häkchen, um die Kontrollfunktionen einzuschalten. Das Feld *Kontrolltyp* beinhaltet das verwendete Perl-Kamerasteuermodul, das Sie bereits per nano-Editor erzeugt haben.

In diesem Schritt machen Sie es Zoneminder bekannt und klicken zunächst im Bereich *Kontrolltyp* auf den *Bearbeiten*-Link. Nun öffnet sich das Dialogfenster *ZM – Kontroll- möglichkeiten*, in dem Sie per Klick auf die Schaltfläche *Neues Kontrollelement hinzufügen* ein neues entsprechendes Kontrollgerät erstellen können.

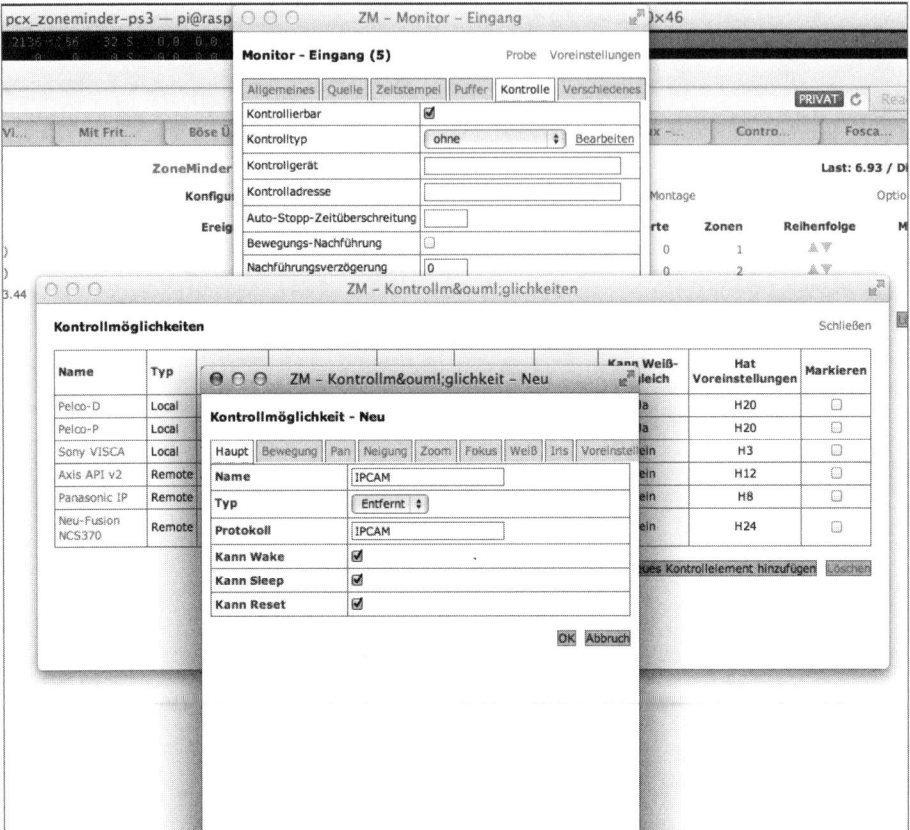

Bild 8.99: Für das Protokoll tragen Sie die Bezeichnung des Perl-Moduls (in diesem Beispiel ebenfalls *IPCAM*) ein.

Nun steht Ihnen eine Vielzahl an Konfigurationsmöglichkeiten für die Kamera in den jeweiligen Registern zur Verfügung. Setzen Sie hier die Häkchen gemäß dem Leistungsumfang der angeschlossenen Kamera.

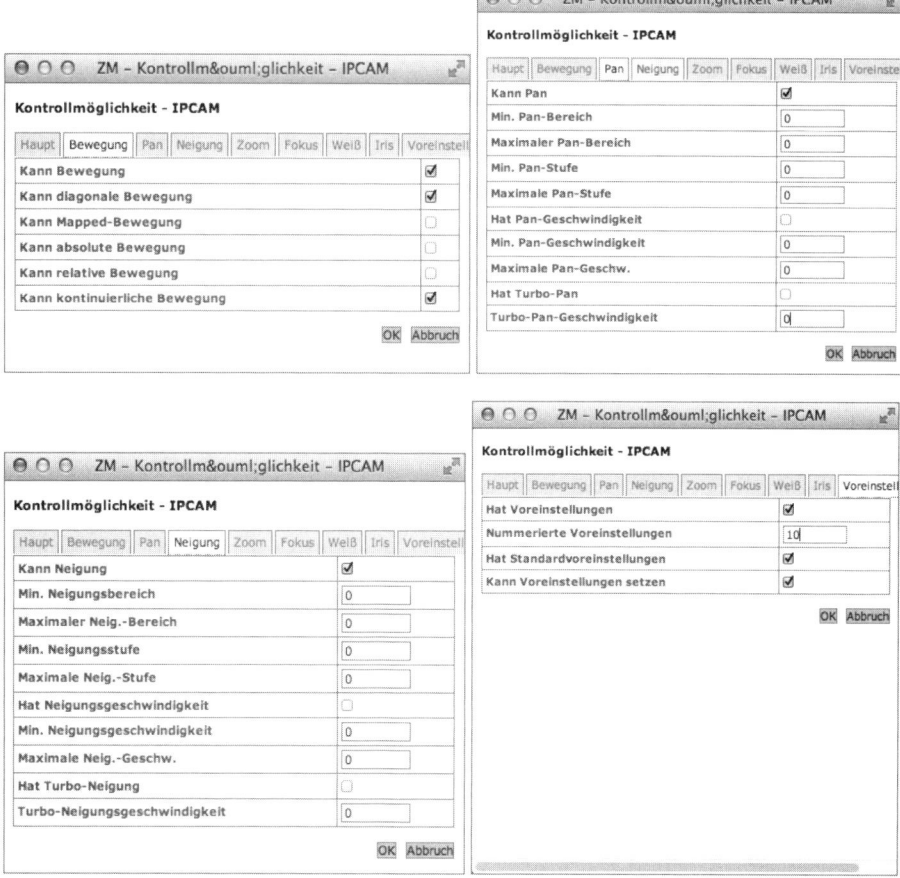

Bild 8.100: *Bewegung*, *Pan*, *Neigung* und gegebenenfalls *Voreinstellungen* – diese Standardregister sind bei der Neuanlage einer Kamerakontrollmöglichkeit Pflicht.

Sind die Register durchkämmt und die entsprechenden Häkchen gesetzt, sichern Sie die Einstellungen per Klick auf die *OK*-Schaltfläche. Anschließend erscheint die konfigurierte Kamerasteuerung im Zoneminder-Übersichtsdialog.

Name	Typ	Protokoll	Kann Bewegung	Kann Zoom	Kann Fokus	Kann Iris	Kann Weiß-Abgleich	Hat Voreinstellungen	Markieren
Pelco-D	Local	PelcoD	Ja	Ja	Ja	Ja	Ja	H20	☐
Pelco-P	Local	PelcoP	Ja	Ja	Ja	Ja	Ja	H20	☐
Sony VISCA	Local	Visca	Ja	Ja	Ja	Nein	Nein	H3	☐
Axis API v2	Remote	AxisV2	Ja	Ja	Ja	Ja	Nein	H12	☐
Panasonic IP	Remote	PanasonicIP	Ja	Nein	Nein	Nein	Nein	H8	☐
Neu-Fusion NCS370	Remote	Ncs370	Ja	Nein	Nein	Nein	Nein	H24	☐
IPCAM	Remote	IPCAM	Ja	Nein	Nein	Nein	Nein	H10	☑

Bild 8.101: Ein neues Perl-Modul ist in Zoneminder konfiguriert – der damit korrespondierende Eintrag *IPCAM* ist nun auch hier zu finden.

Sind die Eigenschaften der neuen Kontrollmöglichkeiten eingestellt, schließen Sie den Übersichtsdialog per Klick rechts oben auf die *Schließen*-Schaltfläche und wählen anschließend im Feld *Kontrolltyp* nun den erzeugten *IPCAM*-Eintrag aus.

Bild 8.102: Haben Sie den Standardport 80 für den Kamerazugriff geändert, tragen Sie den geänderten Port (hier: *8088*) nach der IP-Adresse im Feld *Kontrolladresse* im Format X.X.X.X:YY ein.

Nun sind die Kontrollfunktionen konfiguriert, und der Konfigurationsdialog kann geschlossen werden. Beachten Sie, dass die für die IP-Kamera genutzte Porteinstellung im Feld *Kontrolladresse* im Format X.X.X.X:YY eingetragen werden muss. So geben Sie beispielsweise für die IP-Adresse *192.168.123.44* und Port *8088* den Eintrag *192.168.123.44:8088* ein. Damit sind die Voraussetzungen geschaffen, dass Sie die im Heimnetz befindliche Kamera bequem per Zoneminder über den Raspberry Pi fernbedienen können.

8.6.7 Alles unter Kontrolle: IP-Kamera aus der Ferne steuern

Um den Zugriff auf die Kontrollfunktion zu erhalten, klicken Sie auf den *Montage*-Link im Zoneminder-Hauptdialog. Anschließend öffnet sich die gewohnte Monitoransicht aller angeschlossenen und aktiven Monitore. Hier klicken Sie auf den *Kontrolle*-Link. Damit erscheinen die konfigurierte Ansicht mit den Steuerungs- und Richtungssymbolen sowie die Links *Aufwachen*, *Schlaf*, *Zurücksetzen* und, falls ausgewählt, die konfigurierten Voreinstellungen.

Bild 8.103: Alles unter Kontrolle: Die Steuerung der IP-Kamera erfolgt hier einfach per Mausklick über die Richtungspfeile.

Bewegt sich die Kamera und ist die Bewegung im Zoneminder-Fenster sichtbar, dürfte alles in Butter sein. In diesem Beispiel wurde nicht nur der Zugriff auf die Kamera per Passwort eingeschränkt, sondern auch der Standardport 80 auf den alternativen Port 8088 geändert. Dies sorgte anfangs für Fehlermeldungen und Fehlfunktionen.

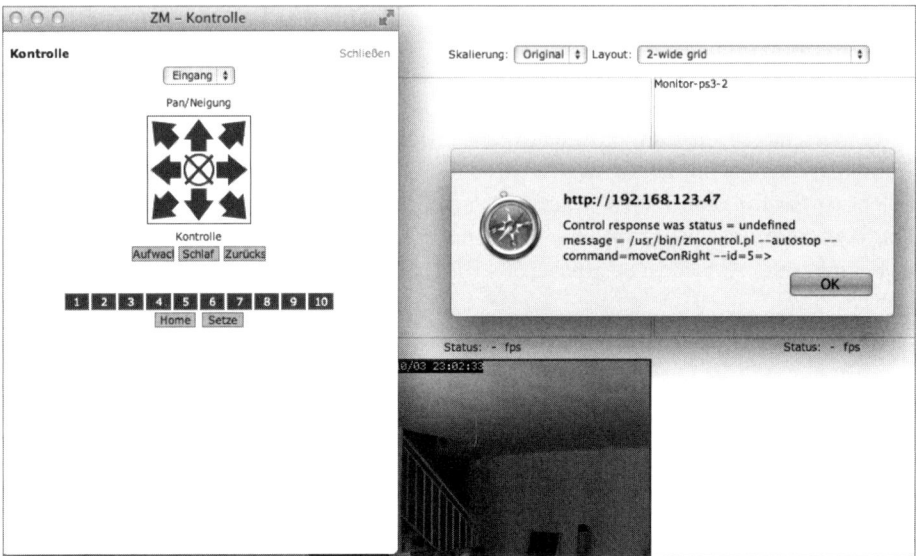

Bild 8.104: Keine Reaktion und eine Fehlermeldung: Hier scheint der Zugriff auf die Kamera noch nicht zu klappen.

Die erste Anlaufstelle bei Fehlern ist bei Zoneminder natürlich zunächst die Logdatei:

System Log			Updated: Wed 3rd Oct, 9:09pm	Status: alarm	Total: 259091	Available: 11	Displaying: 11	More Clear Aktualisieren Exportieren Schließen		

Date/Time	Component	PID	Level	Message	Datei	Line
2012-10-03 20:42:26.655060	zmcontrol	20317	FAT	Can't connect: No such file or directory	zmcontrol.pl	
2012-10-03 20:42:16.653490	zmcontrol	20320	INF	Control server 5/IPCAM starting at 12/10/03 20:42:16	zmcontrol.pl	
2012-10-03 20:42:16.387480	zmcontrol	20317	INF	Starting control server 5/IPCAM	zmcontrol.pl	
2012-10-03 02:05:29.217610	zmcontrol	20076	ERR	Error check failed:'500 Can't connect to 192.168.123.44:80 (Connection refused)'	zmcontrol.pl	
2012-10-03 01:41:04.290350	zmcontrol	20076	ERR	Error check failed:'500 Can't connect to 192.168.123.44:80 (Connection refused)'	zmcontrol.pl	
2012-10-03 01:40:12.044750	zmcontrol	20076	ERR	Error check failed:'500 Can't connect to 192.168.123.44:80 (Connection refused)'	zmcontrol.pl	
2012-10-03 01:32:40.128510	zmcontrol	20076	ERR	Error check failed:'500 Can't connect to 192.168.123.44:80 (Connection refused)'	zmcontrol.pl	
2012-10-03 01:31:07.478780	zmcontrol	20076	ERR	Error check failed:'500 Can't connect to 192.168.123.44:80 (Connection refused)'	zmcontrol.pl	
2012-10-03 01:19:13.152800	zmcontrol	20076	ERR	Error check failed:'500 Can't connect to 192.168.123.44:80 (Connection refused)'	zmcontrol.pl	
2012-10-03 01:19:00.047520	zmcontrol	20076	INF	Control server 5/IPCAM starting at 12/10/03 01:19:00	zmcontrol.pl	
2012-10-03 01:18:59.982800	zmcontrol	20055	INF	Starting control server 5/IPCAM	zmcontrol.pl	

Bild 8.105: Can't connect: In diesem Fall kann Zoneminder die Kontrollfunktionen der IP-Kamera nicht erreichen. Hier liegt in der Regel ein Konfigurationsproblem vor – womöglich ist die Authentifizierung nicht erfolgreich, und die Verbindung wird abgewiesen.

In diesem Beispiel war die Nutzung der Kontrollfunktion nur mit dem *admin*-Benutzerkonto der IP-Kamera, nicht aber mit dem eigens zuvor eingerichteten *raspi*-Benutzer (Hauptbenutzerrechte auf der IP-Kamera) möglich. Dies deutet darauf hin, dass für die Steuerung der Kamera wohl root-/admin-Berechtigungen notwendig sind, die der verwendete Hauptbenutzeraccount der IP-Kamera nicht standardmäßig besitzt.

8.6.8 Nadelöhr oder nicht? – DSL-Geschwindigkeit testen

Da bei einer Videobildübertragung vom Raspberry, egal ob über eine Zoneminder- oder Webcam/FFMpeg-Verbindung, in der Regel ein höheres Datenaufkommen zustande kommt, sollten auch aus Performancegründen auf beiden Seiten – beim Sender und beim Empfänger – schnelle Internetzugänge zur Verfügung stehen. Das Nadelöhr ist hier der Datendurchsatz – trotz schneller 16er-DSL-Anschlüsse und mehr ist bekanntlich seit Jahren die Upload-Geschwindigkeit das Nadelöhr: Je nach Anbieter und Zugang ist bei manchen Anbietern bereits bei 384 KBit/s Schluss.

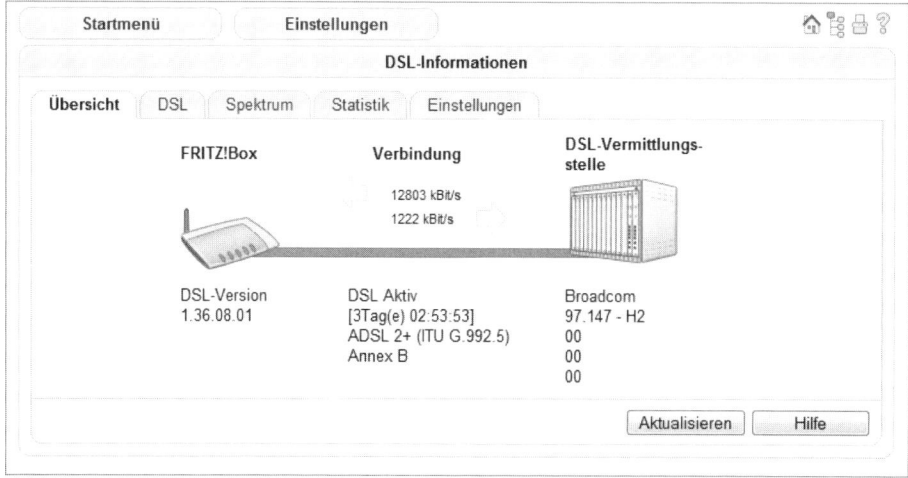

Bild 8.106: Jeder DSL-Router zeigt die Verbindungsdaten und die Geschwindigkeit zur Vermittlungsstelle in seinem Konfigurationsmenü an.

Bei einem dicken DSL-Anschluss mit 50 MBit (Download) bieten die meisten Anbieter eine Upload-Geschwindigkeit von 1 MBit/s – die Praxiswerte schwanken jedoch stark. Wie schnell Ihr DSL-Anschluss tatsächlich ist, lässt sich mithilfe diverser Testseiten im Internet überprüfen.

DSL Speed-Test: Geschwindigkeit Ihrer Internet-/DSL-Verbindung messen

Und so funktioniert's:

o Schließen Sie alle Programme und lassen Sie sie geschlossen, bis der Speedtest fertig ist. Nur so erhalten Sie unverfälschte Messergebnisse.

o Wählen Sie im Menü Ihren Provider und Ihre Verbindungsgeschwindigkeit aus. Wenn Sie sich dabei nicht sicher sind, schauen Sie in Ihrem DSL-Vertrag oder der Monatsrechnung nach.

Ihr Land: Deutschland (ändern)

Provider: T-Com & T-Online

Geschwindigkeit*: T-DSL 16000

Ihre Postleitzahl: 80636

Test jetzt starten

Uns wurde berichtet, dass bei Verwendung von Sicherheits-Software (z.B. **GData, ZoneAlarm** und anderen) zu hohe Geschwindigkeiten gemessen werden können. Diese Programme können die Messung beeinflussen. Falls Sie diese Software oder eine ähnliche im Einsatz haben, sollten Sie sie für die Dauer des Tests nicht nur deaktivieren, sondern komplett ausschalten. Nach dem Test aber bitte wieder einschalten!

Internet Geschwindigkeitsmessung

Bei dem DSL Speed-Test wird eine Reihe von Testdaten unterschiedlicher Größe vom Server geladen (Download-Test) bzw. zum Server gesendet (Upload-Test). Parallel dazu wird die dafür benötigte Zeit gemessen, woraus sich die Geschwindigkeit (Download-Rate und Upload-Rate) errechnen lässt. Die unterschiedliche Größe der Testdaten stellt sicher, dass der Test ausreichend lange dauert, um ein sehr genaues Messergebnis zu erhalten, im Vergleich zu anderen Verfahren. Der Internet-Speedtest erkennt folgende Verbindungsarten: Breitband, VDSL2 25000, DSL 16000, DSL 6000, DSL 3000, DSL 2000, DSL 1500, DSL 1000, DSL 768 und Modem/ISDN. Der Test ist kostenlos.

Die Auswertung des Speedtests

Die Bandbreite Ihrer Internet-Verbindung kann niemals 100% genau bestimmt werden, da zu viele andere Faktoren die Auswertung beeinflussen. Zu diesen Faktoren zählen z.B. die Auslastung des messenden Servers und Ihre aktuelle Netzwerkauslastung. Sie sollten während des Tests keine anderen Webseiten abrufen oder Daten herunterladen! Schließen Sie daher alle Hintergrundprogramme wie E-Mail oder andere Web-Browser, um Störungen während der Messung zu vermeiden. Die Auslastung unseres Servers sehen Sie am Ende des Speedtests.

Bild 8.107: Geben Sie auf der Seite *www.wieistmeineip.de/speedtest/* den Namen Ihres Providers, die angegebene Geschwindigkeit sowie die Postleitzahl ein und klicken Sie auf die Schaltfläche *Test jetzt starten*.

Nach wenigen Minuten erhalten Sie eine Auskunft darüber, ob der DSL-Zugang das leistet, was er verspricht.

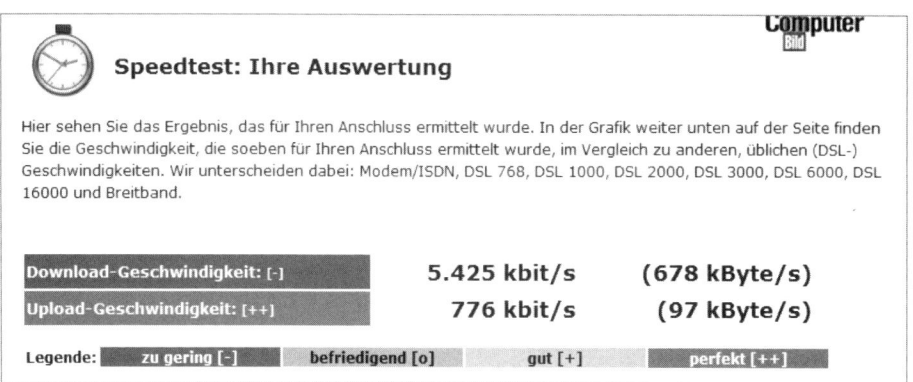

Bild 8.108: Zu gering: Für einen 16.000er-Anschluss ist das Testergebnis ernüchternd. Hier sorgt eventuell ein Anruf bei der Provider-Hotline für Abhilfe.

Liegt die Upload-Geschwindigkeit des DSL-Anschlusses im Bereich um die 500 KBit/s – je mehr, desto besser –, läuft auch die Geschwindigkeit des VPN-Zugriffs zumindest zufriedenstellend ab. Damit lässt sich einigermaßen arbeiten, doch möchten Sie beispielsweise sehr große Dateien im GByte-Bereich aus Ihrem Heimnetz herunterladen, bleibt die DSL-Upload-Geschwindigkeit Ihres DSL-Anschlusses der limitierende Faktor.

8.7 Raspberry Pi-Zugriff per DynDNS

Jedes Mal, wenn Sie sich in das Internet einloggen, bekommt Ihr Computer oder der DSL/WLAN-Router automatisch vom Provider eine IP-Adresse zugeteilt. TCP und IP sind die wichtigsten Protokolle, die für die Kommunikation zwischen Rechnern möglich sind. Es gibt jedoch auch weitere Protokolle wie beispielsweise SSH, mit denen Sie beim Lesen dieses Buchs in Berührung kommen. TCP/IP kommt in einem Netzwerk zum Einsatz, und jeder Computer, der in einem Netzwerk TCP/IP nutzen möchte, braucht eine IP-Adresse.

Diese IP-Adresse lautet bei jeder Einwahl anders – sie stammt aus einem IP-Adressen-pool, den der Provider reserviert hat. Eine DNS-Serveradresse ist notwendig, um überhaupt im Internet surfen zu können. Nur mit DNS weiß der Rechner, welche zugehörige IP-Adresse beispielsweise der Name *www.franzis.de* besitzt. Der DNS-Server des Internetanbieters löst den Namen in einer IP-Adresse auf und leitet die Anfrage an den entsprechenden Rechner weiter. Dank der DNS-Technik funktioniert das alles automatisch, und Sie brauchen sich keine komplizierten IP-Adressen zu merken. Ist die IP-Adresse eines Rechners bekannt, ist dieser eindeutig identifizierbar.

Möchte jemand auf Ihren Rechner zugreifen – vielleicht wollen Sie einem Bekannten Dokumente, Musik oder eben den Raspberry Pi mit Zoneminder-Funktionen zur Verfügung stellen –, benötigt er die IP-Adresse Ihres Rechners. Genau diese IP-Adresse ist abhängig von der Internetverbindung und ändert sich bei jedem Einloggen ins Netz, da Sie keine Standleitung und keine feste IP-Adresse haben.

Bei einem DSL-Router schauen Sie einfach in das Statusfenster auf den DSL/WLAN-Routerkonfigurationsseiten – hier ist die aktuelle Internet-IP-Adresse zu sehen. Der Anbieter teilt DSL/WLAN-Routern bei jeder neuen Einwahl eine IP-Adresse aus seinem Adressenpool zu, und Ihre Bekannten müssen nochmals bei Ihnen die aktuelle IP-Adresse nachfragen, wenn sie von Ihnen Musik und Daten oder anderes laden wollen. Damit Sie nicht täglich damit belästigt werden müssen, können Sie mit dem dynamischen DNS Ihrem Rechner einen individuellen, festen Domainnamen zuweisen, auch wenn dieser keine feste IP-Adresse im Internet besitzt.

8.7.1 DNS: Namen statt Zahlen

Der Vorteil von DNS ist, dass Sie den Computer auch über seinen Namen ansprechen können. Es ist einfacher, statt einer IP-Adresse wie *http://192.168.123.1* die Adresse *http://IHRDOMAINNAME.dyndns.org* einzutippen. Man kann sich nämlich Namen leichter merken als Zahlen bzw. IP-Adressen. Für das dynamische DNS gibt es verschiedene Anbieter, die ihre Dienste zum Teil kostenlos anbieten.

```
C:\>ping www.franzis.de

Ping www.franzis.de [80.237.189.137] mit 32 Bytes Daten:

Antwort von 80.237.189.137: Bytes=32 Zeit=37ms TTL=54
Antwort von 80.237.189.137: Bytes=32 Zeit=37ms TTL=54
Antwort von 80.237.189.137: Bytes=32 Zeit=37ms TTL=54
Antwort von 80.237.189.137: Bytes=32 Zeit=36ms TTL=54

Ping-Statistik für 80.237.189.137:
    Pakete: Gesendet = 4, Empfangen = 4, Verloren = 0 (0% Verlust),
Ca. Zeitangaben in Millisek.:
    Minimum = 36ms, Maximum = 37ms, Mittelwert = 36ms

C:\>
```

Bild 8.109: Mit dem Befehl `ping -a DNS-Name` finden Sie die IP-Adresse eines DNS-Namens heraus. In diesem Beispiel, *www.franzis.de,* lautet die IP-Adresse *80.237.189.137*.

Geben Sie beispielsweise *http://IHRDOMAINNAME.dyndns.org* in die Adressleiste des Webbrowsers ein, erkennt dieser am *http*-Kürzel, dass er das HTTP-Protokoll verwenden muss. Der doppelte Schrägstrich // bedeutet, dass es sich um eine absolute URL handelt. Mit der URL *IHRDOMAINNAME.dyndns.org* wird ein Kontakt zu dem DNS-Server Ihres ISP (*Internet Service Provider*) hergestellt. Damit wird dieser DNS-Name in eine IP-Adresse umgewandelt.

Neben DynDNS gibt es noch weitere Anbieter, die eine solche Funktionalität zur Verfügung stellen. Drei typische, kostenlose sind die in der folgenden Tabelle aufgeführten. Die Vorgehensweise ist im Prinzip immer die gleiche, für welche Sie sich entscheiden, bleibt Ihnen überlassen.

Anbieter (kostenlos)	
no-ip.com	*www.no-ip.com*
DynDNS	*www.dyndns.org*
Open DNS Belgien	*www.opendns.be*

Egal für welchen Anbieter Sie sich entscheiden, die nachstehende Prozedur des Registrierens und Einrichtens sowie die Konfiguration des Clients bleiben Ihnen nicht erspart. Anhand des Anbieters DynDNS finden Sie die notwendigen Schritte im Detail, bei anderen Anbietern läuft es analog ab.

Bei DynDNS können Sie nach der Anmeldung über den Menüpunkt *Dynamic DNS* kostenlos bis zu fünf Subdomainadressen anlegen. Als Domainerweiterung stehen diverse Namen wie *dyndns.org, dnsalias.net, homeftp.net* und viele mehr zur Auswahl.

Ihr eigener PC zu Hause wäre dann zum Beispiel unter der Webadresse *IHRDOMAINNAME.dyndns.org* im Internet zu erreichen. Für den privaten Anwender reicht das aus. Wer mehr haben möchte, muss Geld bezahlen. Dafür können Sie dann einen »echten« Domainnamen ohne Erweiterung wie *dyndns.org* mit der wechselnden IP-Adresse verbinden.

8.7.2 Dynamische DNS-Adresse einrichten

Egal ob DynDNS, no-ip.com oder andere – das Einrichten einer dynamischen DNS-Adresse erfolgt prinzipiell immer nach folgendem Schema:

1. Account anlegen, Domain reservieren.

2. Domain aktivieren und bestätigen.

3. DNS-Update-Client installieren.

4. DNS-Update-Client einrichten.

DynDNS-Webseite aufrufen

Bild 8.110: Gehen Sie auf *www.dyndns.org* und klicken Sie auf *Account*, um einen neuen Zugang einzurichten.

Account einrichten und Geschäftsbedingungen lesen

Mit dem Klick auf *Create Account* gelangen Sie zum Onlineregistrierungsformular.

Bild 8.111: Zunächst wählen Sie einen aussagekräftigen Benutzernamen aus und geben sowohl eine Mailadresse als auch ein Passwort an.

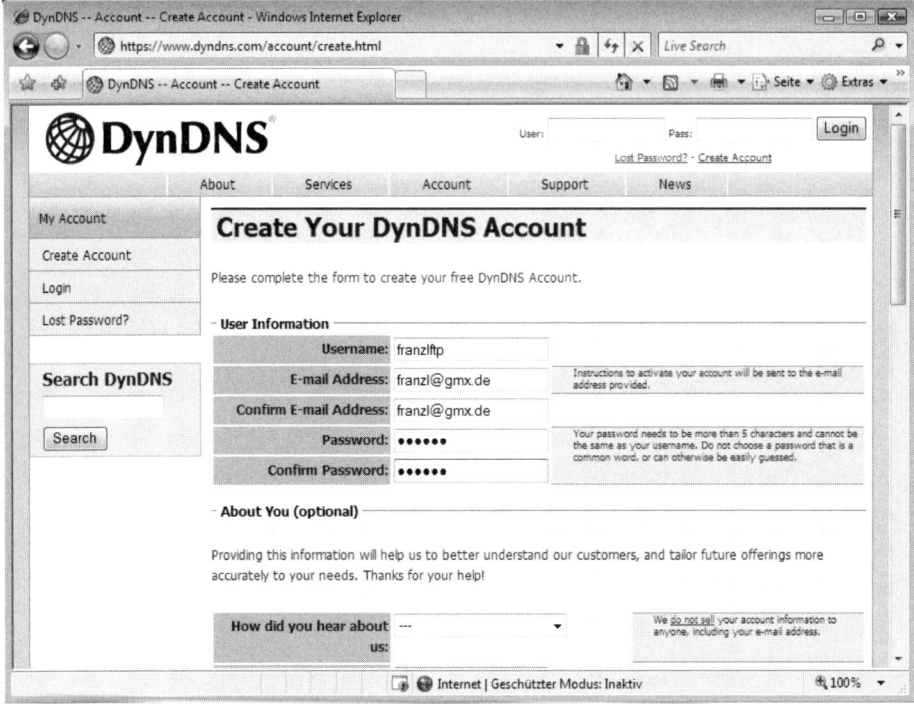

Bild 8.112: Damit niemand mit dem eingerichteten Zugang Unsinn anstellt, ist er mit einem Passwort geschützt. Dieses ist dafür hier festzulegen.

Mit einem Klick auf *Create Account* schließen Sie die Registrierung ab.

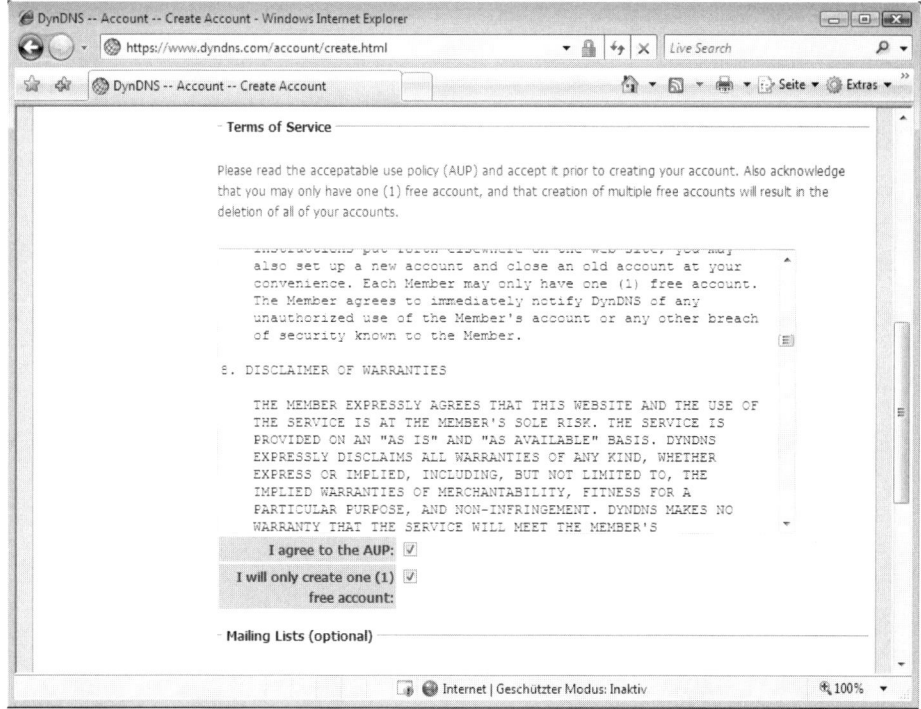

Bild 8.113: Nach dem Lesen willigen Sie mit dem Setzen des Häkchens in die Geschäftsbedingungen ein. Hier schließt der Anbieter Haftungsansprüche bezüglich der Inhalte, die Sie zur Verfügung stellen, aus. Sie selbst sind für die Inhalte Ihrer Internetseiten verantwortlich.

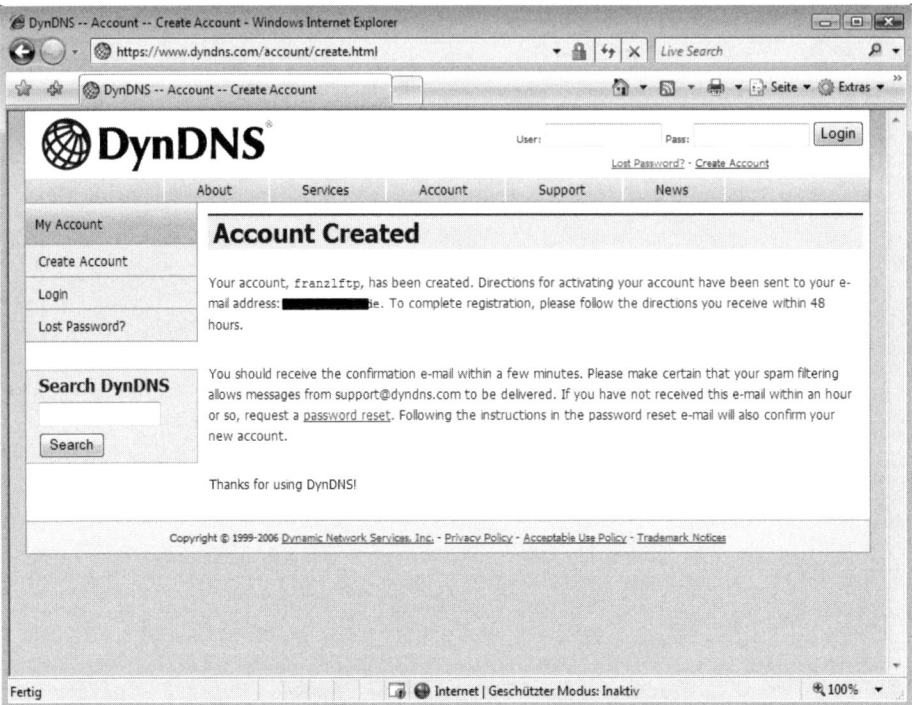

Bild 8.114: Nun beginnen die Mühlen beim Anbieter zu mahlen. Der Account wird eingerichtet, muss aber noch von Ihnen bestätigt werden. Der Anbieter schickt die Freischaltung und weitere Informationen auf den persönlichen Mailaccount.

Nach kurzer Zeit erhalten Sie eine E-Mail vom Anbieter. Sie werden gebeten, den erstellten Account zu bestätigen. Dies bewerkstelligen Sie mit einem einfachen Klick auf die Rückantwortadresse, die in der E-Mail unter *confirm your account* zu finden ist.

Account bestätigen und aktivieren

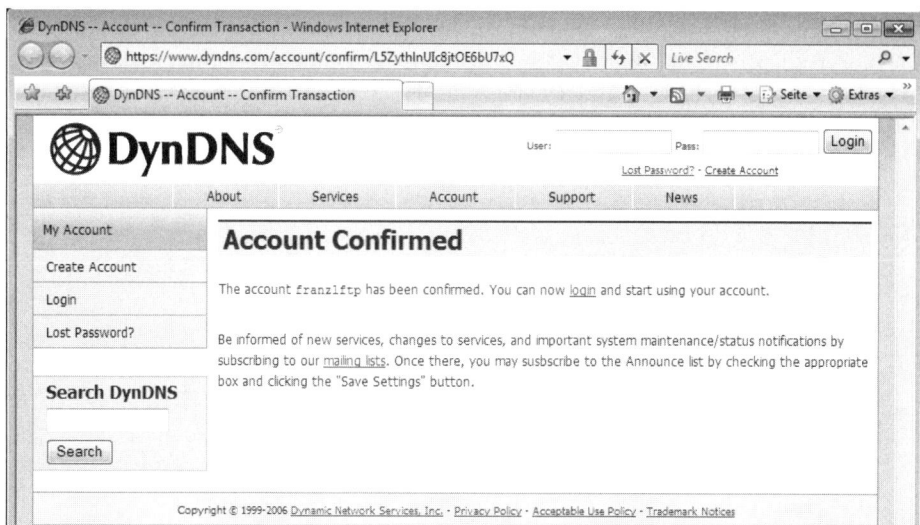

Bild 8.115: Nun loggen Sie sich bei DynDNS ein und erstellen einen DNS-Namen. Hier können Sie kreativ sein: Verwenden Sie einen aussagekräftigen Namen.

Der DNS-Name, den Sie jetzt festlegen, wird Ihr Internet-Domainname, der mit der Endung *dyndns.org* komplettiert wird. Per *My Account* und *Login* kommen Sie an die persönlichen Einstellungen. Über *My Services/My Hosts/Dynamic DNS/New Dynamic DNS Host* tragen Sie den Namen der gewünschten Domain ein.

DNS-Namen auswählen

Anschließend wählen Sie den Domainnamen (hier: *dyndns.org*) Ihrer Wahl aus. Das war's. Per Klick auf *Add Host* ist Ihre dynamische Domain im Internet aktiv. Jetzt brauchen Sie nur noch einen Mechanismus für das Übermitteln Ihrer IP-Adresse an den Anbieter.

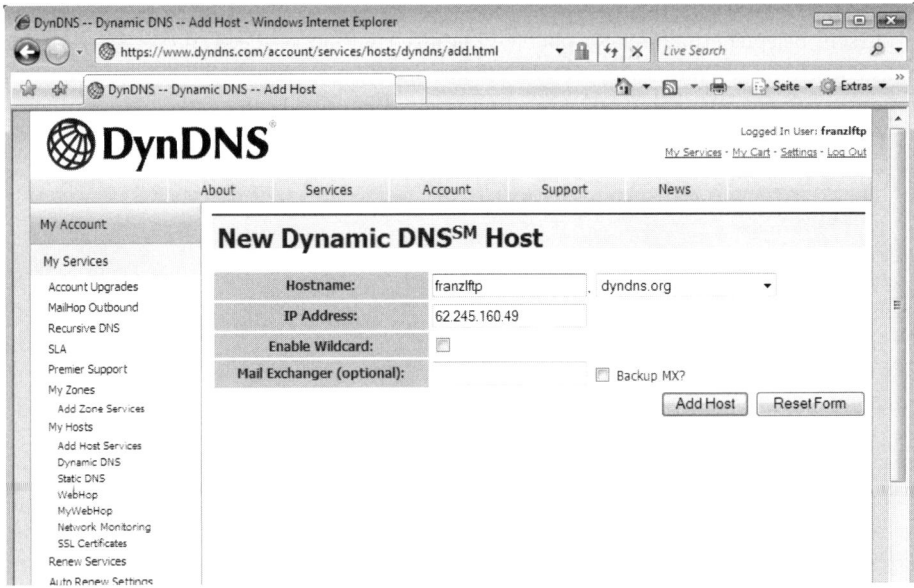

Bild 8.116: In das Feld *Hostname* tragen Sie den gewünschten DNS-Namen für Ihren PC ein. Daneben wählen Sie die gewünschte Domain aus.

Client konfigurieren und Verbindungsdaten eintragen

Ändert sich die IP-Adresse, sollte der heimische Rechner die neue IP-Adresse dem DNS-Anbieter automatisch mitteilen. Dies geschieht über einen Agenten, der im Hintergrund läuft. Unter *www.dyndns.org/services/dyndns/clients.html* ist der passende Client für das Betriebssystem zu finden. Wer einen DSL-Router mit entsprechender DynDNS-Funktionalität im Einsatz hat, braucht natürlich keinen Client auf dem Rechner zu installieren. Hier übernimmt der DSL-Router die Arbeit.

8.7.3 Portweiterleitung für Raspberry im DSL/WLAN-Router freigeben

Mit dem Befehl `ifconfig` erfahren Sie in der Konsole die aktuelle IP-Adresse des Raspberry Pi. Diese benötigen Sie später bei der Einrichtung der Portweiterleitung im entsprechenden Konfigurationsdialog im DSL/WLAN-Router, an dem der Raspberry Pi angeschlossen ist.

In diesem Beispiel erhält der Raspberry Pi vom DHCP-Server des DSL/WLAN-Routers automatisch die IP-Adresse *192.168.123.47*. Im nächsten Schritt starten Sie den Konfigurationsdialog des DSL/WLAN-Routers und wechseln in den Dialog, in dem es um Portweiterleitungen/Freigaben geht.

Im nachstehenden Beispiel sehen Sie den dazu passenden Dialog der FRITZ!Box von AVM, den Sie über *Erweiterte Einstellungen/Internet/Freigaben/Portfreigaben* erreichen.

Bild 8.117: Wer einen alternativen Port für den Zugriff auf den Raspberry Pi nutzen möchte, trägt diesen hier ein.

Bei der Konfiguration des DSL/WLAN-Routers achten Sie im Fall einer FRITZ!Box darauf, das die Portfreigabe vom externen Port (hier: *8088*) an den passenden internen Port (hier: Port *80*) des Zielgeräts weitergeleitet wird. In diesem Fall ist der Raspberry Pi über die externe DNS-Adresse, beispielsweise die obige *franzlftp.dyndny.org:8088*, erreichbar. Der Portweiterleitungsmechanismus leitet die Anfragen von diesem Port an den internen Port 80 weiter und wieder zurück.

Stichwortverzeichnis

Dieses Franzis Lernpaket enthält eine spezielle Arduino™-kompatible Platine mit 20 integrierten Leuchtdioden. Damit sind die Experimente ohne aufwendige Vorbereitungen sofort nachvollziehbar. Ein Handbuch mit über 25 Experimenten und Lightpaintings für den schnellen und einfachen Einstieg ist beigefügt.

Lichteffekte mit Arduino™

2012; Arduino™ kompatible Platine mit 20 integrierten Leuchtdioden, Handbuch, CD-ROM

unverbindliche
Preisempfehlung

ISBN 978-3-645-**65130-1**

€ **79,95**

Besuchen Sie uns im Internet – www.franzis.de

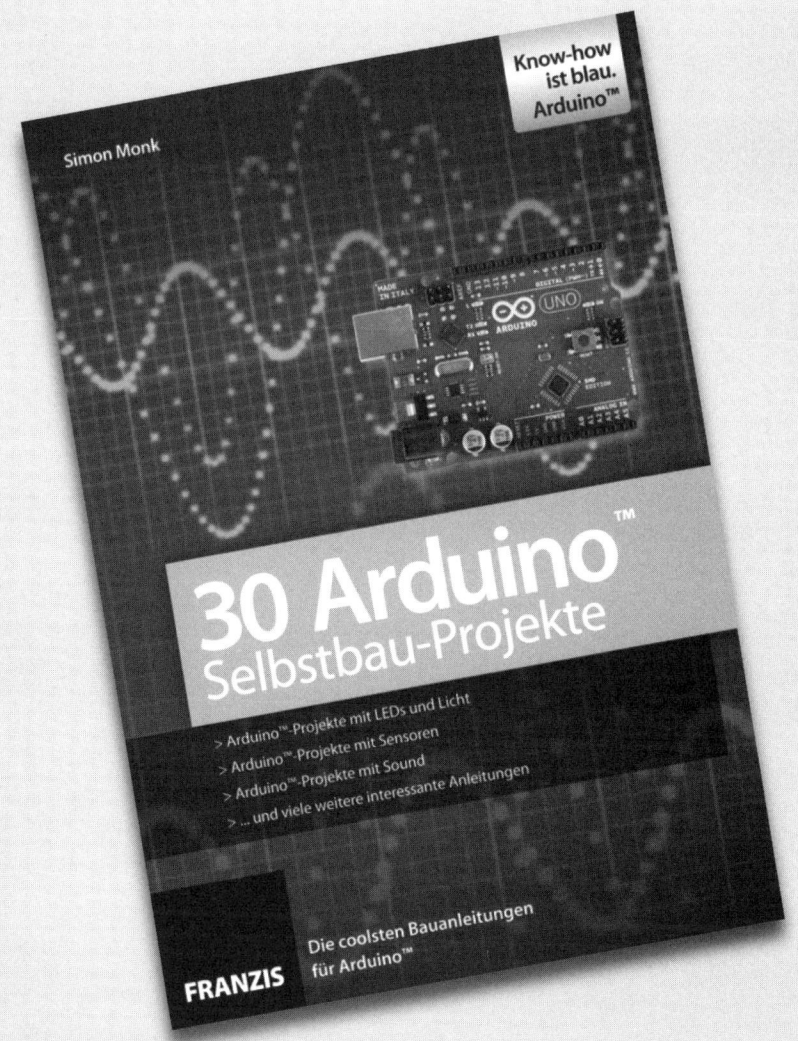

Sie schmieden finstere Pläne, um die Weltherrschaft an sich zu reißen? Dann lassen Sie sich nicht länger aufhalten: Mit Arduino (und natürlich Ihrer eigenen Genialität) schaffen Sie es spielend, elektronische Teufeleien auszuhecken und die Mächtigen dieser Erde damit in Atem zu halten. Dank der fortgeschrittenen Technologie des Arduino-Mikrocontroller-Entwicklungssystems lassen sich Projekte von ganz neuer Tragweite realisieren und mit dem eigenen Computer steuern.

30 Arduino™ Selbstbau-Projekte

Simon Monk; 2012; 254 Seiten

ISBN 978-3-645-**65136-3**

€ **39,95**

Besuchen Sie uns im Internet – www.franzis.de

Mit Arduino™ in der Praxis setzen Sie Ihre Ideen in die Realität um. Lernen Sie, so-
lide technische Grundsätze auf all Ihre Arduino™-Projekte anzuwenden - egal, ob
Sie nur zum Spaß Geräte bauen oder sie verkaufen oder den Code veröffentlichen
wollen. Harold Timmis zeigt Ihnen, wie Sie einen einwandfreien Entwurf für Ihr Ar-
duino™-Projekt erstellen und gründliche Tests durchführen, bevor Sie sich auf
einen speziellen Prototyp festlegen.

Arduino™ in der Praxis

Harold Timmis; 2012; 288 Seiten

ISBN 978-3-645-**65132-5**

€ **39,95**

Besuchen Sie uns im Internet – www.franzis.de